國朝興亡史

THE RISE AND FALL OF THE DYNASTY

開國

前言　創業垂統承敝拓新

趙國華、韓敏

君主專制政體權力系統的結構，如同一個金字塔，位於塔尖的最高統治者是君主，在中華歷史上或稱「王」，或稱「帝」，自秦代開始，專稱為「皇帝」，還有「天子」等別稱。天子、帝王，威震天下，富有四海，高踞「九五之尊」，俯視億兆百姓。提到他們，人們就會想起那巍峨的宮殿，宏大的苑囿，肅穆的禮儀，威風凜凜的出巡，三公九卿，屏息叩首，三宮六院，佳麗無數……當然，這只是一般人的聯想，而身為帝王到底是什麼滋味，只有親身經歷過的人，才有真實的體會。漢高祖劉邦當了皇帝，大臣叔孫通為他制禮，隆重的儀式結束後，劉邦深有感觸地說了一句：「吾乃今日知為皇帝之貴也。」這就是他當皇帝的感受。

「古者未有君臣上下之別」（《管子．君臣》），遠古時代，並沒有高踞於眾人頭上的君主。司馬遷作《史記》，開首就是《五帝本紀》，記述的是黃帝、顓頊、帝嚳、堯、舜五帝之事。其實，他們都是原始部落或者部落聯盟的首領，和後來的專制帝王有著本質的區別。

根據古代文獻的記載，原始社會是實行「禪讓制」的，部落或部落聯盟的首領通過民主推舉的方式產生。據說堯傳位於舜，舜傳位於禹，都是按此方式進行的。禹死，王位的繼承者本應是他生前選定的伯益，但伯益被迫把權位交還給了禹的兒子啟，啟確立了一家一姓的帝王式統治，夏朝就成了中國歷史上的第一個「家天下」的專制朝代。

前　言
創業垂統承敝拓新

商湯用暴力推翻夏朝末代暴君桀的統治，這是歷史上改朝換代的第一個成功的例子，古人稱之為「革命」。後來，周武王又效此先例，伐紂滅商。這些都是被古代的「民主派」認可和讚揚的。商帝、周王都自稱「余（予）一人」，表示自己是天下獨一無二的。到了春秋時期，除了周天子仍然稱王外，有的諸侯國首領也敢於稱王，如楚國、吳國、越國的國君就是這樣。到了戰國時期，則是七王並立，都傾盡全力去奪取統治天下的最高權力。一直到「六王畢，四海一」（杜牧《阿房宮賦》）。

西元前二二一年，秦統一中國，秦始皇確定以「皇帝」作為幅員廣大的帝國的最高統治者的稱號。按照他的設想，他自己是「始皇帝」，其後繼者「二世三世至於萬世，傳之無窮」（《史記·秦始皇本紀》）。果能如此，豈不是中國永遠只有一位開國皇帝了嗎？歷史無情地嘲笑了秦始皇，秦朝只傳了二世，在他死後三年就滅亡了。

此後的中國，或統一，或分裂，改朝換代，司空見慣。早在春秋時代就有「社稷無常奉，君臣無常位」之說（見《左傳·昭公三十二年》），秦以後仍是這樣，一個朝代，長久的可至二、三百年，短命的只維持三、五年。正因為這樣，中國古代政治思想中便有受命易姓的觀念，認為「帝王之興，不常一姓」（《三國志·文帝紀》裴注引《獻帝傳》），又出現了「天下大勢，分久必合，合久必分」的歷史循環論，甚至在老百姓中都流傳著「皇帝輪流做，明年到我家」之類的說法。

從秦代算起，統一或基本統一的朝代有秦、西漢、王莽的新朝、東漢、西晉、隋、唐、北宋、元、明、清，較長時間統治中國局部地區的朝代有三國時期的魏、蜀、吳，西晉滅亡後在江南延續的東晉，南北朝時期的南方政權宋、齊、梁、陳，北方政權北魏、東魏、西魏、北齊、北周，唐宋間在北方依次更替的梁、唐、晉、漢、周五個政權，北宋滅亡後在南方重建的南宋，先後與宋朝對峙的遼（契丹）、西夏、金，這樣算來，總計就有三十三個了，還沒有包括一些在華夏分裂情況下建立的地方性政權。

開國帝王的出現，多數是由於新政權的建立，而少數是原有政權的更新，在這種重要關頭，大多要發生政權易手之事。政權易手的方式是多種多樣的，但大致可以分為兩類：一類是非暴力的和平的轉移，一類是用暴力奪取，或者是主要依靠暴力建立起來的新政權取代舊政權。

非暴力的和平的轉移，就是某一位君主讓出皇（王）位，把權力交給另一個人。這種皇位更迭方式，與原始民主制度下的「禪讓制」看起來相似，於是被冠以「禪讓」之名，而其實質和原始社會的軍事民主制度是完全不同的。在那柴燎告天、升壇祭拜的莊嚴儀式背後，閃耀著刀光劍影，所謂「禪讓」，其實是強迫交權。王莽原是西漢朝廷的執政大臣和外戚，他就是利用這一身分，由「安漢公」而「假皇帝」，再到廢黜孺子嬰而自立為皇帝。曹丕也是通過這種方式逼漢獻帝退位的，而過了四十五年，他的後人又被司馬炎用同樣的方式趕下了台。還有像趙匡胤之建立北宋王朝，就是通過所謂「黃袍加身」來實現的，真可謂是朝為臣而暮已為君。這裡所謂的「和平方式」，指的是在沒有發生直接的大規模的流血衝突，沒有經過戰爭的情況下的政權轉移，並不是說這後面沒有武力背景。

更多的政權轉移，是通過戰爭等暴力手段完成的。中國歷史上大多數統一的朝代，都是在長期的戰爭之後建立的，也就是說，這些新王朝的天下都是打出來的。這其中約略又有以下幾種情況。

一、是從先前長期存在的地區性政權，通過兼併和統一戰爭，奪取對全國的統治權。歷史上第一個完成統一的秦朝就是如此，後來，隋朝也是從統治北方到用武力統一全國的。

二、是少數民族政權由佔領部分地區到佔有中國的半壁江山甚至全部。在中國歷史上政權轉移的過程中，少數民族表現得非常活躍，起了十分重要的作用。由於少數民族主要居住於邊疆地區，先進的中原文明對他們有極強的吸引力。當統治中原的漢族政權無法再維持統治時，少數民族的政治軍事集團就會問鼎中原。歷史上鮮卑族之建立北魏並統一北方，女真族之建立金朝，後來（改為滿洲，簡稱滿族）又建立清朝，蒙古族之建立元朝，都是這樣。

三、是在反抗舊王朝的大規模農民起義的基礎上發展起來，甚或直接憑藉農民武裝而形成了勢力，再消滅其他集團，進而完成國家的統一。

中國歷史上有多次意義重大的改朝換代，都是通過以農民為主體的人民起義的形式完成的。參加這種一般被稱之為「農民起義」的鬥爭的社會成員很廣泛，其中也有從舊統治集團中分化出來的上層貴族。在暴力革命推翻了腐朽殘暴的政權之後，往往會經歷一段混亂無序的時期，若干政治軍事集團再作較量，最後產生出一個有能力統治全國的政權。一些全國性的、建立後一度表現較佳的政權，常是這樣建立起來的，如西漢之代秦、東漢之代王莽的新朝、唐之起於隋亡之後、明之興於元朝滅亡。這些政權的開國皇帝，有的就是起義的參加者和起義軍的領袖人物，如劉邦、劉秀、朱元璋，其中，朱元璋還是一個貧苦農民出身的起義軍領袖。

從中國歷史上看，皇位的更迭，政權的易手，還有一種情況值得注意，那就是當一個政權及其統治集團在遭遇沉重打擊時，往往還能保存部分力量，產生新的領袖人物，使這個政權在保留原有名稱的情況下延續下去，並努力再圖恢復。由於正統觀念和民族感情，相當一部分人對這一政權的擁戴還繼續存在，加上其他種種條件，一些實際上已經遭受滅頂之災的政權又會延續下來，發展成一個新政權。西周滅亡，周幽王被殺後繼位的平王，東遷洛邑，把周王室保存下來。建立東晉的晉元帝司馬睿原是西晉的琅琊王，建立南宋的宋高宗趙構原是北宋的康王，都是如此。

政權的轉移，也就是王朝的更替。一個新王朝，其核心就是一個新的政治集團。這一政治集團可能已經存在了很長的時間，也可能是剛產生不久，因而新的帝王所在和所領導的政治集團，從建立或形成到奪得政權，時間可長至幾個世紀，也可能只有數年之久。

商和周，都是很早就形成的古老部落，後來轉化成國家，它們從佔據天下一隅的方國，到成為天下的共主，經歷了許多世代。正因為如此，《詩·大雅·文王》才有「周雖舊邦，其命維新」之句。秦，由古老部落發展為地區性的諸侯國，經歷了將近千年的時間，直到秦始皇，才完成了統一天下的大業。中國歷史上的少數民族政權，大多是在原有部落和國家的基礎上，經歷了許多世代的發展後才壯大起來，利用某一契機統一了中國的全部或一部分。而反觀另一類，曹丕在他父親曹操之後取東漢而代之，經兩代；司馬炎代魏，從他祖父司馬懿開始，曆三世。劉邦從亭長到天子，只經過了七、八年。而在五代這樣的政權像走馬燈一樣迅速轉換的時期，有的人幾乎是一夜之間，奇跡般地取得了政權，當上了皇帝。

中國歷史上政權更迭、改朝換代的情況很複雜，既要注意其形式，更要看到其本質。周平王東遷，興亡繼絕，周天子的地位一直保留到西元前二五六年。但是，自平王東遷後，周王室一蹶不振，而且每況愈下，連一個中等的諸侯都不如，只是名義上的天下「共主」。劉秀建立東漢王朝，形式上看是西漢的延續，古人也常視為漢之「中興」，但劉秀本來只是西漢皇室的旁系遠裔，他出生於西漢末年，在王莽統治下僅是「白衣」，即無官無職的平民，連他的大臣都說他「興於匹庶」，因此，東漢王朝從實質上說，並不是西漢劉氏政權的自然延續。

歷史上來看，大多數開國帝王都有比較積極的姿態，或精心謀劃，取得政權；或戎馬倥傯，戰勝敵手。在登上皇位後，大多數開國帝王也能勵精圖治，奮發有為，大致有以下四大特徵。

一、他們大多是出類拔萃的傑出人物。

「帝王之起，必承衰亂」（《貞觀政要》卷一《君道》）。開國就是創業，這需要優乎常人的素質，相當強的能力，如果不具備勇敢、機智、果斷、沉穩等優秀品質，沒有遠見卓識和寬廣的胸懷，那是很難勝任的。因此，在開國帝王中，就有一些中國歷史上最優秀的政治家、軍事家。諸如秦始皇嬴政、漢高祖劉邦、漢光武帝劉秀、隋文帝楊堅、宋太祖趙匡胤、明太祖朱元璋，以及少數民族的忽必烈、皇太極等，都是人所熟知的。

二、他們通常是一個新的政治軍事集團的核心人物。

君主不只是一個單個的人，任何君主都是一定的政治利益集團的代表。開國帝王要開創基業，安邦定國，必須善於籠絡人才，盡可能地把當時第一流的優秀人才吸引到自己的集團和陣營中來，並讓他們充分發揮作用。歷史上表現出色、獲得成功的劉邦、劉秀、朱元璋等人，無不是這樣。

三、他們大多成為世所公認的領袖人物。

開國帝王的功業，並不只是體現他們的意志和作為，而是在背後隱藏著歷史發展的需要，從根本上說，是歷史所作出的選擇。歷史總是千方百計為自己的發展開闢道路。在舊的政權再也無法統治下去的時候，需要新的政權來取代它。當各種形式的衝突、戰爭、動亂把社會搞得精疲力盡的時候，需要一個新的政權來收拾殘局。當漢族地區的社會發展出現糜爛式的嚴重惡果時，風格迥然不同的少數民族統治集團給這裡注入了新鮮血液。重建社會秩序，挽救社會頹勢，緩和社會衝突，都需要一個強有力的新政權，也需要一位傑出的領袖人物。經過一段時間，這樣的集團和人物就出現了。開國的成功，也就是世所公認的領袖人物湧現和對歷史發展產生作用的過程。

四、他們又經常被當作「替天行道」的神話人物。

秦末大起義的鬥爭宗旨就是「伐無道，誅暴秦」。舊政權為什麼不行了？是因為它「無道」。新政權是幹什麼的？「替天行道」。既能替天行道，必為「天命」所膺，因此，「君權神授」的理論也就出現了，幾乎所有的開國帝王都有「誕膺天命」的種種神話。每一個新政權、新天子都聲稱自己是天命所繫。歷朝歷代為此造輿論的大有人在，連有「實錄」之譽的《史記》的作者司馬遷也不能免。兩漢之際的史學家班彪還寫了《王命論》，不顧事實，硬說劉邦之所以取天下，起根本性作用的是所謂「王命」，他聲稱「神器有命，不可以智力求也」（《漢書．敘傳》）。晉代史學家干寶也說「帝王之興，必俟天命，苟有代謝，非人事也」（《晉武帝革命論》）。但也有人是不同意這類說法的，如歐陽脩就說「盛衰之理，雖曰天命，豈非人事哉？」（《新五代史．伶官傳》序）

開國帝王難道真是什麼「天命」的化身嗎？對於這個問題，當今人們已經不難回答了。「天命」之說是沒有道理的。若要說「替天行道」，這種古老的說法，其中或許包含了這樣一層真理：歷史上較有生氣的統治集團代替腐朽的統治集團，這種新陳代謝，反映了歷史前進的規律，也在一定程度上反映了廣大人民的意願。我們應當這樣去理解古人評價大多數開國帝王時常說的「應天順人」。

開國帝王成就帝業，確實是不容易的。無論是「撥亂誅暴，平定海內」，還是「以佚代勞，以治易亂」，都需要超常的能力。從這一意義上說，歷史上成功的開國帝王，確實都是成就「非常之功」的「非常之人」。神化他們是不對的，但硬要看輕他們，像阮籍那樣隨意評說劉邦，說什麼「時無英雄，使豎子成名」（《晉書．阮籍傳》），也是偏激之辭。

開國帝王的成功，有其客觀因素，也有其主觀因素。客觀因素很多，這裡就不說了，從主觀因素來看，主要是有智謀，有魄力，有刻苦無畏的精神，有超常的耐心和毅力，有很強的應變能力，還要有遠見卓識，在遭受困難挫折時不失信心，堅定不移。這些還只是他們的個人素質，除此之外，還至少應有以下這些取得成功的基本條件。

他們必須能團結一大批人，特別是擁有一批像劉邦稱為「三人傑」的張良、韓信、蕭何那樣的優秀人才，並且信任他們，使他們各盡其才，充分發揮作用，這叫「延攬英雄」，各盡其能。

他們必須了解當時社會的基本情況，知道民心所思，民願所望，並且努力順應社會發展的趨勢，在一定程度上滿足民眾的需求，這叫「務悅民心」，贏得擁護。

他們必須有戰略全域觀念，「知彼知己，知天知地」，熟悉天下大勢，充分發揮自身的長處，逐步壯大自己的力量，打敗對手，穩操勝券，這叫審時度勢，把握主動。

當然，開國帝王的表現是很不相同的，有的很平庸，像周平王就算不得什麼「英雄人物」，晉元帝是靠南遷的琅琊王氏而登上帝位的，當時就有「王與馬，共天下」之譏。也有的很糟糕，如晉武帝司馬炎，其荒淫腐朽的程度不亞於任何亡國君主，在政治上也是昏暗不明事理，因此「良由失慎於前，所以貽患於後」（《晉書・武帝紀》）。南宋高宗趙構，一生都與屈辱苟安相聯繫。但是，多數開國君主在政治上的表現還是比較好或者是相當不錯的。一般說來，在取得政權、登基開國之後，能夠推動和實現國家的統一，結束戰亂，讓人民休養生息，使社會生產力得到恢復發展，解決當時社會最迫切需要解決的一些問題，這就很不錯了。對於能這樣做的君主的歷史作用，我們還是應當實事求是地、恰如其分地給予肯定，對於他們成功的經驗，也是值得重視、總結乃至借鑒的。

目錄

第五章

秦始皇　嬴政

第六章

漢高祖　劉邦

第七章

漢光武帝　劉秀

第八章

晉武帝　司馬炎

第十三章

宋高宗　趙構

第十四章

元世祖　忽必烈

第一章

夏王　大禹

越過時空，回首遠古，一位伸出雙手迎接中華文明曙光的巨人，挺立在我們面前。他將華夏民族吃苦耐勞、勤勞勇敢、堅定無畏的民族精神發揮得淋漓盡致，是中國古代最典型的英雄神話中的主人；他帶領華夏先民跨入文明國家的門檻，是中國歷史上第一位文明國家的君王。他，就是大禹。

大禹，本稱禹，人們敬仰他的偉大，故稱他為大禹。姒姓，名文命，一名高密。其父名鯀，母女志。相傳生於西羌（今甘肅、寧夏、內蒙古南部一帶），後遷至嵩山下（今河南登封）。初為夏後氏部落酋長，後為夏朝第一代王。

受命治水

先民在與洪水的鬥爭中，湧現了不少治水的專家和英雄。傳說中，「煉五色石以補天」的著名女神女媧，「積蘆灰以止淫水」（《淮南子・覽冥訓》）。以頭怒觸不周山的共工，其氏族以治水聞名於世，主持治水的職務連同共工這一名稱被後世子孫繼承，代代相傳。然而，在這些治水英雄的群像中，大禹以其突出的人格魅力、空前的成功業績而為人敬仰。

大禹受命治水，相傳正是堯擔任華夏部落聯盟領袖的時候。

當時洪水氾濫，沖毀了房屋，淹沒了莊稼，人煙蕭肅，而野獸橫行。這就是《孟子・滕文公上》所說的：「當堯之時，天下猶未平，洪水橫流，氾濫於天下。草木暢茂，禽獸繁殖，五穀不登，禽獸逼人，獸蹄鳥跡之道交於中國。」一大片土地被洪水侵吞，而在尚未淹沒的地方，又被禽獸所佔領，先民處於十分困迫的境況之中。於是，堯就任命禹的父親鯀去負責治理洪水。

鯀，號若陽，亦作鮌，又稱崇伯、禱杌，是黃帝族的後裔，其祖先由西北方戎人地區，遷到伊水和洛水流域（今河南西部）定居。堯時鯀為夏部落酋長，封於崇（今河南登封崇山附近）為崇伯，賜姓姒。

鯀接受了堯的命令後，就採用古老的傳統治水方法，屯土築堤，以堤防水，保護氏族的聚落（村落）和土地。這是從前共工治水的辦法。但是，洪水太大，鯀用築堤圍堵的方法，不僅沒有將洪水堵住，反而使被堤圍堵的水越積越多，堤防一次次被沖垮，洪水更加氾濫。鯀雖然奮鬥了九年，修築了大大小小數不清的堤防，但始終沒有把洪水治服。

這時堯由於年老而傳位給舜。舜看到鯀治水無功，使人民不能安居，於是治鯀之罪，將之殺於羽山（今江蘇贛榆西南）。對於鯀被誅殺的原因，學者們有不同的看法，但鯀治洪水失敗的傳說，應該是有一定事實作依據的。

在舜主持的議事會上，舜問四岳（主管四方事務的酋長）：「有誰能繼續負責治理水患呢？」四岳向舜推薦了鯀的兒子禹。舜雖然心懷疑慮，但見大家眾口一詞，盛讚禹的才能和勤奮，便順從眾意，命禹負責治水，以平息水患。禹在父親治水不成、身遭殺戮之後，受命治水，當此之時，他是否有過猶豫和遲疑，今人已不得而知。但他畢竟接受了這一項艱難的任務，可以想像，這是需要何等的勇氣和獻身精神！

禹接受治水任務後，作了相當充分的前期準備工作。首先是人員的配置，他向舜提出請契、后稷、皋陶三位氏族酋長協助管理治水之事，舜欣然同意。禹還邀請了益（即伯益）參與治水。據說，這些部落酋長在部落聯盟議事會中各有職務。契即商族的始祖，任主管教化的司徒；后稷即周族的始祖，任農官；皋陶是東夷部族少昊氏的後代，任獄官；益是嬴姓各族之祖，任掌管山林鳥獸的虞官。禹邀請這些各有專長的酋長們加盟領導治水，對於調動各方力量，協調各種關係，顯然是很有利的。

此外，禹還組織了一支治水的技術隊伍，傳說中，禹受命治水時，帶領了以應龍為首的一群大大小小的龍。群龍的任務是導引水路，應龍導引主流，其餘的龍導引支流。在巫山三峽，有一條導引水路的龍錯行了水路，開鑿出一道不必要的峽谷。禹很生氣，就將這條做事漫不經心的龍斬殺在一座山崖上，現在巫山縣還有「錯開峽」、「斬龍台」這樣的古跡。剔除這個傳說中的神話成分，這些被譽為應龍或龍的原型，實際上是一群負責勘測規劃水路的水利專家。

禹還從能工巧匠那裡得到了治水的地圖和丈量、勘測的工具。傳說中，禹在黃河邊的高崖上觀察水勢，河伯從水波中躍出，送給禹一塊畫著治水地圖的石頭，即「河圖」。而在龍門山，禹從伏羲那裡得到了度量水土天地的尺子，即「玉簡」。河圖和玉簡應是民間熟悉水路地理和懂得度量勘測的人獻給禹的。這些傳說表明，禹在調動和發揮眾人力量共同治水上，做了大量的工作，組成了有各方酋長、各類專門人才，以及受洪水威脅的各氏族、部落人民參與的治水大軍，這就比其父鯀那種自恃其能、單幹獨行，要強得多。

治水隊伍集結以後，禹的下一步準備工作便是制定最佳的治水方案。禹從小跟隨其父鯀治水，積累了許多實踐經驗，也汲取鯀治水不成而受誅的教訓，認為鯀治水之所以失敗，主要在於其沒有了解水流的自然情況，沒有對山川澤藪的自然狀況進行測量，因勢利導地排出四處橫流的洪水，而只是一味築堤堵塞。於是，禹揹著乾糧，拿著工具，親自率領大家勘察山川地勢，並把大樹剝掉皮，刻上標記，以作標誌。勘測清楚洪水區的自然山勢和水流以後，就一改鯀的做法，制定了「疏川導滯、鐘水豐物」的治水方案。這是一個變水害為水利的方案，它不但能使氾濫成災的水流，通過開導阻滯後，由小歸大，流入河床，同時還利用聚積於澤藪的一定水量，在需要時，有豐富的水源供給百姓使用，即灌溉農田、供人畜用水等。在天旱缺水時，又能發揮作用。後來的事實證明，禹的這個治水方案是正確的。

就在禹進行治水準備工作的過程中，他遇到了來自另一位水官共工的阻礙和挑釁，他不得不分出精力來對付這場內耗。傳說中，共工因為禹受命治水，自己受到冷落，心中憤憤不平，便故意製造事端，他「振滔」洪水，一直淹到空桑，中原一帶又變成澤國。共工出於一己私念，給人民帶來巨大的災難，由此引發了禹與共工之間的一場大戰，不得人心的共工最終失敗了。

萬事俱備，禹一聲令下，華夏人民順應自然、征服自然的一場空前規模的治水工程開始了！

「三過家門而不入」

禹家居陽城，在嵩山之下，潁水之濱有他其樂融融的家園。他奉命治水時，年僅二十歲，尚未婚娶，從此辭別母親，櫛風沐雨，奔波忙碌，在外治水十三年。這十三年間，他「身執耒鍤，以為民先」（《韓非子．五蠹》），吃苦勞累在民之前，為參加治水的民眾做出了榜樣。艱苦而繁忙的生活，使禹由一個翩翩少年變得面目黧黑，憔悴消瘦，他的手上佈滿老繭和裂口，他的小腿上，汗毛被泥土石頭磨光，就連頭上束髮的簪子、帽子掉了，都顧不得去拾起來。

然而，操勞與繁忙並沒能阻擋住美好的愛情悄悄進入他的心中。在治水的第十個年頭，治水工程已進展到塗山。塗山下，禹遇到了美麗的塗山姑娘女嬌。他一眼就認定這位窈窕淑女是自己寤寐求之的意中佳人。但禹還沒來得及向女嬌表白心跡，便因治水事務急迫，離開塗山到南方去了。美麗的女嬌姑娘早已仰慕眾口稱頌的英雄大禹，這次邂逅禹，仰慕之心在不自覺中已轉換為愛戀之情。她日夜思念大禹，盼望大禹能再至塗山，她派了一位使女到塗山南麓去等候禹回來。漫長而焦急的等待中，女嬌將自己的思念作成了樂歌，時時吟唱，以抒發對禹的思念之情：

等候的人啊，
多麼長久喲！

禹終於再次來到了塗山，無需更多的語言，無需更多的禮儀程式，兩個相戀的人很快結成眷屬，長久的相思在極度濃縮的新婚繾綣中得到了補償。

然而，身負治水重任的禹雖然無限眷戀他的愛妻，卻不得不在新婚的第四天再度起程，趕赴治水的前線。對於女嬌而言，新的等待再次開始，而這次等待更為漫長。在此期間，禹曾經三次路過自己的家門，第一次經過家門，女嬌正在分娩，禹聽到了兒子「哇哇」的哭聲。哭聲牽動著大禹的腳步，他情不自禁地向家門走去。也許是他手中的工具提醒了他，也許是他又想起了急待處理的治水公務，他已走近家門的腳，又毅然折轉方向。鄉鄰們勸他進去看看，禹搖頭拒絕，鄉鄰們又要他給兒子取個名字，禹脫口而出說：「就叫『啟』吧！」意思是治水啟行。

禹第二次路過家門，兒子啟已經幾歲了，正依偎在女嬌的懷裡，向他招著手。禹腳步匆匆，一樁緊急的治水事務正等待著他趕去處理，他沒來得及多想，只是揮手向愛妻、愛子打了個招呼，就急匆匆地走過去了。女嬌目送丈夫漸漸遠去的背影，熱淚交流，無限惆悵和絲絲幽怨在她胸中湧動。

大禹第三次經過家門時，兒子啟已經會跑會跳，他跑過來拉父親回家，禹說水未治平，沒空回家。他抱抱兒子，向著家門深深地看了一眼，又轉身離去。此時的女嬌正在窗後暗暗飲泣，她知道她深愛的丈夫如此「絕情」，全因他將整個身心都投入治水的事業中了。禹三過家門而不入，在治水工地廣為流傳，並作為公而忘私的佳話，成為千古美談。

威嚴赫赫臣服萬邦

禹成為舜接班人時，中國古代社會正處於原始社會向階級社會過渡之際，原始社會的禪讓制逐漸被王位世襲制取代。五帝時代禪讓與爭奪是同時存在的，黃帝、顓頊、帝嚳期間許多戰爭的目的，就是為了佔有土地、掠奪財富和奴隸。堯、舜以後的爭奪集中表現在部落聯盟的首領職位上。

傳說舜代堯時，舜囚堯。舜囚堯的原因，可能是堯晚年將聯盟長的職位傳給他的兒子丹朱引起的。禹代舜，舜巡守南方，死於蒼梧，也可能是舜被禹流放，舜在流放中死去。禹守喪三年之後，辭避舜的兒子商均而到陽城去了，其實應該看作為了逃避商均的報仇。這說明禹時禪讓制業已結束，世襲制事實上已開始實行。五帝時代還是處於原始社會部落聯盟階段，儘管古書中稱他們為「帝」、「天子」，但是從他們的事蹟來看，當時仍然是處於「大同」時代。舜推薦禹做了華夏部落聯盟領袖後，經過幾十年的鬥爭，禹才在華夏部落聯盟的基礎上建立起了以中原地區為中心的夏王朝。

在夏禹建立國家和華夏民族形成的前夕，各地區性的氏族、部落聯盟之間的兼併戰爭日益加劇。各個部落聯盟都想擴大自己的地盤，增強自己的勢力。堯、舜在位時，中原華夏部落聯盟就同聚居在江、淮、荊州（今河南南部至湖南洞庭、江西鄱陽一帶）地區的三苗部落聯盟屢有衝突。三苗，在古史書中又稱有苗、蠻、南蠻，相傳為顓頊的後代，也有說他們的祖先是帝鴻氏，稱為三苗可能是因為其是由三個氏族或部落組成的一個部落聯盟。後來他們據有長江中游，成為一個強大的部落聯盟，文化頗為發達。

禹治水時，三苗也參加了，但在治水成功之後，各氏族、部落都得到獎賞，只有三苗未受賞。三苗因此不服而反。禹準備用武力去征伐，但舜制止說：「我們自己不對，反而要向三苗用兵，是不道德的事。」於是舜和禹做了文武兩方面的準備，一方面用了三年時間對三苗實行教化，另一方面又加強練兵。三苗見此，只好暫時歸順。

禹為華夏部落聯盟領袖時，三苗又起兵向華夏部落發動進攻。這時禹的權力擴大，已初具王權特徵。他掌握了領導中原地區各氏族、部落的大權。《史記・夏本紀》說：「皋陶於是敬禹之德，令民皆則禹，不如言，刑從之。」就是說專掌刑罰的皋陶就曾作出規定，各氏族、部落的人民，如有不聽從禹的號令調遣的，就要用刑罰來懲辦。這種用刑罰來強制民眾按禹的意志行事的做法，在禹以前是沒有先例的，它是禹的權力加強的反映。權力開始集中於禹一人之手。禹為了擴大統治區，統一長江流域，掠奪奴隸和財富，再也不像過去那樣先經過同參與出征的部落首領商量，再決定出征與否，而是發號施令，全由個人決定對三苗進行一次大規模的兼併戰爭。

出兵之前，禹在祖廟「玄官」裡舉行了一次重大的祭祀活動。先祭祀天地，後祭祀祖先，祈求天地祖先賜予力量，保佑戰勝三苗。祭祀後，進行了誓師大會。各氏族、部落的領袖，掌管各項事務的「百官」都參加了這次誓師會。禹在誓師會上，手持玄圭，登壇宣告：三苗為亂，上天要懲罰他們。在三苗那裡妖魔橫行，黑白顛倒，夜裡出太陽，下血雨，夏天有冰凍。大地開裂出水，五穀怪長。祖廟中青龍出現，狗在市中嚎哭，人民驚恐萬分。我代表上天的意志，前去給愚蠢的三苗以懲罰。希望大家同心協力，以誅有罪的三苗。

誓師會後，禹率軍五千人向南進發，一路聯合了各氏族、部落的兵力，與三苗部眾發生了一場激烈的戰鬥。戰爭中，禹軍射中了三苗的作戰首領。主帥倒下，苗師大亂，紛紛四處逃散。一部分逃亡了，逃到各地的苗民逐漸被融合到其他氏族、部落中去了，只有向南退卻的苗民得以保存下來。相傳後世生活在南方各地的苗族，其祖先就是三苗。另一部分被俘後而淪為奴隸，三苗屬黎人，因而古代又把奴隸稱作「黎民」。

禹伐三苗的勝利，進一步擴大了統治區域。禹的勢力已經達到江淮流域，同時北方和東夷的許多氏族部落，也都紛紛歸順禹。禹伐三苗的勝利，大大地加強了他的地位和權力。禹的個人權力也遠遠超出了在部落聯盟中行使的範圍，開始向君主轉化。華夏的奴隸制度在氏族、部落的聯合及兼併戰爭中發展建立起來。夏王朝也在氏族、部落的聯合及兼併戰爭中逐漸建立起來。

禹建國，其都城見於記載的有陽城、陽翟、平陽、安邑和晉陽五說。陽城在今河南登封告城鎮，陽翟在今河南禹州，平陽在今山西臨汾西南，安邑在今山西夏縣西北，晉陽在今山西太原南。此五處除晉陽外，皆在今河南西部和山西西南部。從目前對夏文化的探討來看，禹建都在河南西部的可能性較大。

禹建立的夏朝是在原華夏部落聯盟的基礎上正式建立起來的，其統治地區由原來的中原擴大到黃河上下，長江南北。面對當時小邦林立、各地社會發展不平衡的狀態，禹建國後，實行分封。他封堯的兒子丹朱於唐（今山西翼城西），封舜的兒子商均於虞（今河南虞城西北），使這些古帝之後，皆有疆土，以奉先祀。禹還分封早死的皋陶的後人於英（今河南固始東北）和六（今安徽六安）。同時又分封同姓的諸侯，就是司馬遷在《史記‧夏本紀》中稱之為「國」的氏族、部落。如有扈氏、有男氏、斟尋氏、彤城氏、褒氏、費氏、杞氏、繒氏、辛氏、冥氏、斟戈氏等。

為了進一步章顯國王的威嚴，禹還不斷到各地巡視。《淮南子‧精神訓》把這種巡視稱作「省方」。一次當禹走到塗山的時候就住了下來，召集各方諸侯定時來塗山聚會。塗山又名當塗山，在淮水中游今安徽蚌埠西。聚會之時，四方諸侯到會的多達萬人以上。他們都帶來了朝賀的禮物，有玉有帛。所以《左傳》說：「禹合諸侯於塗山，執玉帛者萬國。」這次塗山之會，舉行了盛大的祭天祀土儀式，表示禹是受命於天帝，是上天之子，代表天掌管天下。大會上還演奏了大夏之樂，表演了干羽之舞。這些樂舞歌頌了禹治水的功績，顯示了夏軍英武雄壯的威力。大會宣佈了各諸侯向夏王朝進納貢賦的種類和數量。各地諸侯都對禹歌功頌德，行臣服禮節，表示願意稱臣納貢。

塗山之會，是禹向天下四方宣告夏王朝建立的一個標誌，是禹的王權的一次檢驗。塗山之會以後，禹將各方諸侯、方伯進獻的青銅，鑄成了九個大鼎，用來代表九州萬國，成為統一的國家政權的象徵。

禹會塗山數年之後，再次出外巡視。這次巡視的重點是夏王朝的東南地區。這裡地處江淮流域，分佈著古夷人的許多氏族、部落。這些被稱為東夷、夷方的各部落，一般來說，在文化、禮教方面，比起中原地區要落後一些。禹這次出巡東南地區，除了加強政治上的統一以外，還有傳播中原地區先進文化的用意。

自塗山之會以來，夏王朝國力有了空前的發展，國家體制的設立進一步完善，因此禹的這次東南巡視比起前一次來規模更大，更加威嚴。禹時而江中乘船，時而岸上乘車，水陸並進。一路乘風破浪，披荊斬棘。相傳，一次禹和文武官員及軍隊乘船行駛江中，驚動了江裡的各種水生動物，有的跳出水面，有的翻水負浪。其中有兩條金色的大魚就要把禹乘的船弄翻，眾人認為是龍來了，十分驚慌。而禹鎮定自若地對大家說：「為了國家的事業，我生死都不怕，還怕龍嗎？」眾人在禹的鼓勵下，鎮定下來，船終於沖出了魚群，順江而下。

在夷人居住的地區，禹向夷人詢問當地習俗，傳播農業生產知識，教化其酋長們講禮儀，守法度，大家和睦相處，並宣佈不聽教化者，國家要以兵討之。所到之處，受到了當地人民的歡迎。

禹到了會稽山（即苗山，又稱茅山或防山，在今浙江紹興境），傳令各地諸侯、方伯於次年春天來此相會，計功行賞。各地諸侯、方伯們得知禹在會稽山上接見，紛紛準備進貢的土特產品，到時參加聚會。

會稽山聚會如期舉行，禹先接受諸侯、方伯們的朝見，然後舉行祭祀天地祖先儀式。祭祀後，舉行了慶功會。慶功會上，根據各諸侯對國家貢物的多少及功勞的大小進行計功封賞，還演奏了中原樂舞。在這些活動進行之後，才見一個叫防風氏的諸侯從遠處走來。

防風氏是汪芒氏之君，其族居地離會稽山不遠，在今浙江德清。他身材高大，自恃有勇力，常欺淩其他部落，企圖獨霸一方。上次塗山之會，鑒於三苗被禹打敗，懾於禹的威嚴，才被迫參加，接受封號，表示臣服於夏。但他不稱王總不甘心。這次禹巡視會稽山，防風氏本應先去朝見，而沒有去，反而有意在聚會完畢才到，而且態度傲慢，不認遲到之罪。

禹在這次巡視中，對防風氏的所作所為早有所聞，而無故遲到又為禹的法令所不容。為了殺一儆百，震懾各地諸侯、方伯，禹下令將其斬首。防風氏被殺，暴屍三日。諸侯、方伯們看見禹對防風氏如此處置，深感禹之王威神聖不可冒犯，大家都一再表示防風氏罪有應得。

禹誅殺防風氏，是他行使王權的一個例子，也是他成為專制君主的標誌。這表明禹這時已不是部落聯盟的領袖，而是名副其實的威嚴赫赫的國王。這也說明國家產生，王權出現，自禹開始。

禹在會稽山大會諸侯之後，許多未參加大會的氏族、部落也紛紛向夏王朝納貢稱臣。但禹由於操勞過度而成疾，病倒在會稽山。病中他還堅持處理政務，直到這年八月死於會稽山。臣下依照禹一生勤勞節儉的作風和禹生前的意願，只用衣衿三領、薄棺三寸將他裝殮後，安葬在會稽山之上。

禹在位時，曾舉皐陶為繼承人，皐陶未就任就早早去世了。禹又舉皐陶的兒子伯益為繼承人。故禹死後按慣例應由伯益繼位，但這只不過是僅保留的一點氏族社會舉賢能的空洞形式而已。實際上，禹已培植了其子啟的勢力，實權已掌握在啟的手中。禹一死，伯益就成了孤家寡人，最後啟殺死伯益，取而代之就不足為怪了。啟代伯益表面上看是啟在禹死後奪得王位，實際上是禹生前就已經安排的結果。「禹傳子」這件事的重大意義在於它開創了王權世襲和帝王家天下的先河，後成為一種制度。

夏禹處在原始社會向奴隸社會過渡的交替時代。在他的身上反映出了這一時代的印痕。禹為人勤勞、儉樸，公而忘私，把全部身心都用在治理洪水、平息水患上，使人民得以安居，因而受到人民世代的尊敬和愛戴。這是他恩施於民之舉，也是他成為強有力的開國之君的社會精神基礎。但是禹在建國、實行統一的過程中也有「威」的一面，即使用暴力。早在禹繼位之前，協助治水的皐陶就用刑罰來強制民眾按禹的意志辦事。在建國的過程中，對三苗等部族大動干戈，更不惜使用暴力。諸侯參加會議要帶玉帛等禮品，遲到者要遭殺頭等事例，表明禹一步一步由一個部落聯盟領袖變成了威嚴的專制帝王。

楊有禮　文

第二章

商王　成湯

成湯是中國古代社會成功進行王朝更替革命的第一人。他是商族人引以為傲的英雄，也是中國古代眾多王朝代立者們援以為範例的楷模。

成湯又名履，子姓。他的名字見於記載的有：湯、商湯、成湯、武湯、唐、成唐、大乙、天乙、高祖乙等。大乙、天乙、高祖乙是商族後裔祭祀湯時所稱的廟號。因為他滅夏建商、武功文治，因而又被尊稱為武王。

成湯革命

商族人對於本族的起源有一個美麗的傳說：在一個春意盎然的日子，帝嚳之妃、有娀氏之女簡狄和女伴們在野外河中沐浴，一隻燕子從她的頭頂飛過，墜下一枚燕蛋，正好落在她的身邊。簡狄吞下燕蛋，由此懷孕，孕育了一代英才——契。「玄鳥生商」的傳說反映了遠古「孤雌生殖」的觀念和知母不知其父的狀況，也說明商族人是以鳥為圖騰信仰的，這從甲骨文顯示的商的族徽中可以得到證明。

契傳十四世，經過四百多年而至成湯。成湯接掌商國時，商已是一個有相當實力的諸侯大國。此時的天子夏桀暴虐殘忍，喜好淫樂，殘害人民，侵奪諸侯。他用瓊玉建造宮室，將各種燒烤的肉類懸掛在園林的樹上，形成肉林，貯酒為池，池中可以行船。整日宴飲作樂，擂鼓一通，立即有三千人趴在地上，作牛飲狀將頭伸向酒池飲酒，以博夏桀和他的寵妃妹喜一笑。妹喜喜歡聽撕裂絹帛的聲音，他就令人將府庫裡存放的各種精美絹帛抱出來，一匹一匹撕給她聽。他甚至將王宮宮苑裡養的老虎放縱到人潮眾密集的市場，看人們被老虎追迫，驚駭狂奔，以此為娛樂。桀窮奢極欲，民眾不堪其苦，指日為咒道：「時日曷喪，予及汝皆亡！」意即：「你什麼時候死亡，我們願與你同歸於盡！」

桀的臣下見桀胡作非為，喪失民心，便有人站出來向桀諫諍，然而桀聽不得半句逆耳之言，便勃然大怒，將諫諍者治罪乃至處死。如朝中名臣關龍逢（一作豢龍逢），古豢龍氏之後，他進諫夏桀說：「古代的君主，身行禮義，愛民節財，所以國安而身壽。」並誠懇地勸夏桀愛護人民，節省用度。夏桀卻將關龍逢囚禁而殺之。關龍逢的死，使許多朝臣及方伯諸侯寒心。

就在人民、官員、諸侯們日益對夏桀離心離德的同時，商國的成湯卻在加緊做著收買人心的工作。

成湯繼承父親主癸的王位時，正當英年，他身材高大，濃髮秀髯，不僅氣度超群，而且雄心勃勃。他見夏桀昏庸，認定當前正是建立功業奪取天下的極好時機，於是，他採取了一系列強商弱夏的舉措。

成湯首先將居住地從商丘遷到商族遠祖帝嚳曾居住過的亳（有南亳，今河南商丘北；北亳，今山東曹縣；西亳，今河南偃師；鄭亳，今鄭州等說法）。在這裡，成湯與有莘氏通婚，建立友好的睦鄰關係，對內採取勤政薄斂、體恤民情等舉措，人民生活安定，物質積蓄日益增多，成湯的德政不僅得到本族人的擁護，也讓夏人及其他方國人民十分嚮往。

成湯又以仁厚收攬人心。成湯曾外出巡視，見一個農人在樹上四面張網，網羅天上的飛鳥，並且口裡還念念有詞地祈禱說：「上天保佑，網已掛好，願從天上飛落下來的，地上跑出來的，從四面八方來的鳥獸都進入我的網中。」成湯聽見以後，感慨地說：「噫，太過分了，那不是想將鳥獸一網打盡嗎？這是夏桀的做法，太殘忍了。」成湯令人將網撤掉三面，只留一面，而祈禱道：「天上飛的，地下走的，想向左的就朝左跑，想向右的就朝右飛，不聽命令又無主張的，就到我網裡來好了。」成湯的網開三面、德及禽獸的事蹟被廣泛宣傳，漢水以南的眾多小國諸侯見成湯是有德之君，寬厚仁慈，可以信賴，於是都來歸附，歸商的諸侯很快增加到四十多個，成湯的勢力日益強大。成湯還派人到夏都去弔唁那些為國諫諍而受到夏桀處罰的人或被殺害人的親屬。一虐一仁，夏桀與成湯形成鮮明對比，使許多方伯諸侯背棄夏桀更向成湯靠攏，因此，出現了《史記·夏本紀》「湯修德，諸侯皆歸商」的局面。

成湯還不拘一格地選用人才。他的左相仲虺和右相伊尹在他滅夏建商的事業中發揮了重要的作用。而這兩個人的身世和經歷完全不同。仲虺是個奴隸主，相傳仲虺的祖先叫奚仲，是夏禹時候的車正（管理造車的官），自奚仲以後，子孫都在夏王朝做官。仲虺初居薛（今山東滕州南），是夏王朝東方地區的一個諸侯。他見夏桀暴虐，不得人心，就從薛帶了族人來到了商。湯見到了仲虺，認為他是有用的人才，就任命為左相，參與國政。右相伊尹是個奴隸，他出生後被母親丟棄在伊水邊，有莘氏國君的廚子將他收養。伊尹自小聰穎而有志向，他除了學會一手烹調技術外，還自學讀書，相當的有學問。因此，有莘氏國君又任他做宮廷教師，教女兒讀書。湯娶有莘氏女兒為妻，伊尹認為成湯心懷大志，在成湯手下可大有所為，於是自願申請做有莘氏女的媵臣——陪嫁奴隸。在成湯的後宮，伊尹仍被派在廚房幹活，抱負不凡的伊尹利用每天侍奉成湯進食的機會，從烹調各種珍味異膳談起，進而分析天下大勢，數說夏桀暴政，勸成湯積蓄力量滅夏。成湯發現伊尹胸有韜略，志向遠大，是一個難得的人才，於是將他從奴隸破格提拔為右相。在仲虺、伊尹左右相的全力輔佐下，成東加快了滅夏的步伐。成湯一方面用仁德感召諸侯，另一方面又用武力翦除夏王朝的羽翼，他首先從商的鄰國葛開始。

葛（今河南寧陵北）在亳的西面，是夏的一個並不算大的諸侯國。其主葛伯死心塌地地忠實於夏桀，充當著夏桀在東方地區的耳目。開始，成湯怕葛伯將自己的活動報告給夏桀，不利於滅夏，就想爭取葛伯一起來滅夏。但是葛伯是一個好吃懶做的人，就連古代社會中視為國之大事的祭祀活動都不願舉行。成湯派使者前去詢問葛伯為什麼不舉行祭祀。葛伯很狡猾，說：「我們不是不懂得祭祀的重要，只是每次祭祀都要用許多牛羊，而我們現在沒有牛羊，拿什麼祭祀呢？」成湯聽了使者回報後，立即派人挑選了一批肥大的牛羊給葛伯送去。

可是，葛伯居然將得到的牛羊全部殺了吃掉，仍然不祭祀。成湯得知，再次派使者詢問。葛伯又謊稱：「我們的田中種不出糧食來，沒有酒飯來作貢品，當然就舉行不了祭祀。」成湯便派亳地的人前去葛地種莊稼。葛人衣食不能自足，無力提供飯食給助耕的商人。成湯派商邊境的人往葛地送去酒飯給助耕的商人吃，送酒飯的人都是些老弱和孩子。葛伯就每次派人將送去的酒飯搶走，還說不然就要殺死老人和孩子。

有一次，一個孩子去送酒肉，因反抗搶劫，竟被葛伯的人殺死。成湯見葛伯是死心蹋地地與商為敵，不能再用幫助的辦法來爭取。於是率兵攻葛，將葛伯處死。葛國人民早就怨恨葛伯，見葛伯被殺，表示歸順於商。成湯就組織葛人從事農耕，發展生產。成湯滅葛之舉，在諸侯中不但沒人反對，而且大家還指責葛伯不仁，罪有應得。一些諸侯、方國自願歸順於成湯；許多諸侯、方國人民怨恨夏桀的暴虐，盼望成湯前去征伐，表示願意從夏王朝統治下解脫出來以歸順成湯。

為了進一步搞清夏王朝腐朽的情況和麻痺夏桀，伊尹提出，由他親自去夏王都住一段時間，觀察夏朝的動靜，試探虛實。成湯特地準備了各種方物（土特產）、貢品，派伊尹以使臣朝貢的名義到夏都活動。

此時夏桀並不在王都。他剛從失敗乞降的岷山部落那裡獲得兩個美女，一名琬，一名琰，琬、琰美麗驚人，夏桀十分寵愛，把她們的名字雕刻在美玉上，佩戴在身邊，時時把玩。原先被百般嬌寵的妹喜此時倍受冷落，被遺棄在都城，而夏桀自己則帶著琬、琰來到河南傾宮（一處離宮），盡享新歡。

伊尹一行來到傾宮，朝見夏桀。夏桀此時百般寵愛只在琬、琰，見了伊尹，只是問了問商侯為什麼要滅掉葛國，伊尹回答說：「葛伯不舉行祭祀，商侯送給他牛羊他也不祭祀，又派人幫助他耕種，他不但不感激，反而殺害送飯的人。商侯見葛伯是大王的諸侯，如此不仁，有損大王之威，才將他誅殺。」夏桀聽了只點了點頭，不再問什麼。伊尹進一步奏道：「商侯派臣下前來貢職，不知大王有何差遣。」夏桀未在意地說：「你先回王都住下吧！有事時再傳你。」但是事後夏桀整天只知飲酒作樂，不理朝政。伊尹在夏王都一住就是三年，進行了秘密的偵察和積極的離間活動。

留守王都的妹喜十分氣惱夏桀的寡情少義，伊尹得知此事，便頻繁地與妹喜接觸，煽動妹喜對桀的仇恨，而妹喜又頗喜歡這個商國來的聰明機靈的使臣，於是妹喜與伊尹結盟，報復拋棄冷落她的夏桀，這就是《國語》中所說的，妹喜「與伊尹比而亡夏」。有了妹喜做內應，有關夏朝廷的各種情報便源源不絕而至伊尹處。伊尹此次出使夏朝，可謂所得豐焉！他滿載而歸商了。

伊尹向成湯彙報了夏王朝的情況，並向他獻計說：「夏自禹建國以來，已經歷四百多年，夏王一直是天下尊崇的共主。夏桀雖然暴虐無道，民有怨恨，但在諸侯中仍有威信，所以現在還不能立即就去伐桀，只有等待時機成熟再去行動。」伊尹同仲虺商議後，向成湯提出不要急於出兵伐桀，要積蓄更大的力量，繼續翦除夏桀羽翼，等待時機到來的建議。成湯接受了他們的主張，做了積極的準備，打算先滅掉仍然聽從夏桀指揮的個別方國部族。

在夏王朝的方國諸侯中，自夏桀滅有緡氏之後，雖然有不少叛離者，但也還有不少忠實於夏桀的。在商所處的夏東部地區就有三個忠於夏桀的屬國。一個是豕韋（彭姓，今河南滑縣東），一個是顧（已姓，今山東鄄城東北），一個是昆吾（已姓，今河南濮陽境，一說在河南新鄭境）。這三個忠於夏桀的屬國勢力都不小，而且距離商較近。成湯早先滅葛以後，又征服了一些不歸順商的方國、諸侯，所謂「十一征而天下無敵」。但這三個屬國執意以商為敵，他們監視著成湯的活動，還經常向夏桀報告。成湯決心先除掉夏桀的這三個羽翼。

成湯的活動自然引起了夏桀的注意。這時商的力量雖已有較大發展，但相對於夏仍然處於弱勢，所以不得不暫時向夏桀表示臣服。就在成湯準備征伐豕韋時，夏桀得知成湯仍在繼續征伐諸侯，擴大勢力，出於猜忌，就召成湯入朝。成湯以為是天子召見諸侯，沒有拒絕，帶領隨從來到夏王都。夏桀便下令將成湯囚禁在夏台，即今河南禹縣的鈞台，這裡是夏王朝設立的監獄。

伊尹和仲虺在夏桀囚禁成湯期間，搜集了許多珍寶、玩器和美女獻給夏桀，請求釋放成湯。夏桀乃貪財好色之徒，看見商送來的珍寶、玩器和美女，非常高興，不久就下令將成湯釋放回商。

夏桀囚禁成湯之事引起了諸侯們的極大恐慌，許多原來臣服於夏的諸侯，現在因懼夏桀的暴虐而紛紛投奔商，願助成湯滅夏。

成湯獲釋回國後，見叛夏歸商的人越來越多，便和伊尹、仲虺商議征伐豕韋和顧國之事。經過一番謀劃和準備之後，成湯和伊尹就率領了助商各方的聯合軍隊，先進攻豕韋。成湯率大兵壓境，豕韋還來不及求援就被商軍滅亡了。成湯緊接著揮師東進，乘勝又滅掉了顧國。韋、顧兩國的土地、財產、人民盡歸商所有。

滅韋、顧後，仍在助桀與商為敵的就剩下昆吾了。昆吾國在夏王朝屬國中算是一個較大的方國，相傳是祝融的後代，封在昆吾，所建的方國與夏關係很密切，國君被稱為「夏伯」。夏伯見韋、顧二國被成湯所滅，便立即整頓昆吾之師準備與商相戰。與此同時派使臣晝夜兼程赴夏王朝，向夏桀報告成湯滅韋、顧二國的情況。此時成湯已採納了伊尹的建議，停止朝貢夏朝以試探桀的反應。夏桀本來就對成湯很不滿意，又聽說他滅掉了韋、顧二國，十分惱怒，立即下令調動九夷之師，準備伐商。成湯想率軍去滅昆吾，進而征九夷，一舉滅掉夏桀。伊尹阻止成湯說：「不行，夏桀尚能調遣九夷之師，此時去征伐不會取得勝利，滅夏時機尚未成熟，不如遣使向桀入貢請罪，臣服供職，以待機而動。」成湯聽了伊尹的勸告，暫時收兵，準備了入貢方物，寫了請罪稱臣的奏章，派使臣帶到夏王都，在傾宮中朝見了夏桀，表示請罪，恢復向夏桀進貢。夏桀見了貢物和請罪奏章後，和身邊的諛臣們商議，諛臣們就向夏桀祝賀說：「大王威震天下，誰也不敢反叛，連商侯也知罪認罪。可以不出兵征伐，安享太平了。」於是夏桀就下令罷兵，停止徵商，仍然無日無夜地飲酒作樂。

一年後，昆吾國君夏伯自恃其能，率軍向商進攻。伊尹見昆吾死心蹋地地效忠於夏桀，一心與商為敵，就請成湯發軍迎戰昆吾之師。成湯於是起兵，統領諸侯去攻打昆吾，伊尹跟隨著成湯親自拿著兵器斧頭去攻打昆吾。結果大敗昆吾之師，進而殺夏伯滅昆吾，併昆吾土地、人民、財產入商。至此，夏桀羽翼已被全部翦除，成湯拔除了夏王朝在東方的屏障，所以力量更加強大。成湯又用伊尹計謀，再次不向夏桀入貢。夏桀得知成湯滅了昆吾，又不再入貢，於是再次下令起九夷之師。然而九夷族忍受不了夏桀的殘暴統治，不但不起兵，反而紛紛叛離。伊尹看見九夷之師不起，便知滅夏的時機成熟了，遂請成湯率軍伐夏桀。

於是成湯和仲虺、伊尹率領由七十輛戰車和五千名步卒組成軍隊西進伐夏桀。夏桀調集了夏王朝的軍隊，開出王都。兩軍在鳴條（今河南封丘東，一說在今山西運城安邑鎮北）相遇，展開了大會戰。兩軍會戰之前，成湯為了鼓動士氣，召集了參加會戰的商軍和前來助商伐夏的諸侯、方國之師，舉行了誓師大會。在會上，成湯發表了誓師演說，他在歷數了夏桀的罪惡之後，說明自己領導的這場滅夏戰爭是奉行上天的旨意，對夏討伐。繼而成湯又恩威並舉，宣佈了戰爭賞罰規定。這篇誓詞據說就是《尚書》中的〈湯誓〉一篇。

經過誓師動員之後，商軍士氣大振，人人都表示願與夏軍決一死戰。而夏軍士氣低落，人有怨心。兩軍交戰之時，正值大雨狂作，商軍不避雷雨，英勇奮戰，夏軍敗退不止。夏桀見兵敗不可收拾，遂帶領五百殘兵向東逃到了三嵕（今山東定陶北）。三嵕是夏王朝的一個方國，三嵕之君見夏桀兵敗而來，立即陳兵佈陣以保夏桀，並揚言要與成湯以死相拼。成湯和伊尹立即揮師東進，進攻三㚇。商軍與三㚇軍於㚇（今山東汶上北）交戰，結果大敗三㚇軍，殺了三㚇伯，奪取了其土地、寶玉和財產。夏桀又倉皇南逃，成湯和伊尹率軍緊追不放，夏桀逃到南巢（今安徽壽縣東南），商軍追至南巢，將夏桀抓住。成湯將夏桀流放在南巢的亭山，並將其監禁起來。夏桀這時悔恨地對人說：「我真後悔當時沒有將成湯在夏台殺死，才使我落到如此地步。」商朝建立後的第三年，夏桀憂憤病死在亭山。

成湯和伊尹又率軍西進，乘勝掃除夏王朝的殘餘勢力。由於韋、顧、昆吾和三這樣一些有勢力而又效忠於夏的方國都一一被成湯所滅，因此商軍西進的路上沒有遇到大的抵抗，很快就佔領了夏都。夏朝的親貴大臣們都表示願意臣服於成湯。成湯安撫了夏朝的臣民之後，就在夏都舉行了祭天的儀式，向夏朝的臣民們表示他是按上天的意志來誅伐有罪的夏桀的，夏後氏的帝王相繼的世數已終。這就正式地宣告了夏王朝的滅亡，華夏歷史上的第一個奴隸制王朝至此結束。時約西元前十六世紀。

《詩經．商頌．長發》：「韋顧既伐，昆吾夏桀。」是說成湯先征伐豕韋、顧國，然後才滅昆吾和夏桀的。這正是商的後人歌頌他們開國之君成湯滅夏的史詩。

成湯在夏都祭天地之後，班師回亳。此時，商的聲威已達於四方，各地的諸侯、方伯以及大大小小的氏族、部落的酋長們都紛紛攜帶方物、貢品到亳來朝賀，表示臣服於成湯。幾月之間，就有三千諸侯大會於亳。夏禹建國時在塗山大會諸侯時，「執玉帛者萬國」。至此只有「三千諸侯」，

「國」數的減少，正是由於兼併、融合及成湯不斷進行統一戰爭的結果，實際上這時成湯統治的地域遠比夏禹時大。成湯對前來朝賀的諸侯都以禮相待，成湯自己也只居於諸侯之位，表示謙遜。但是諸侯都表示歸服成湯，於是，在三千諸侯的擁護下，成湯做了天子，告祭於天，宣告商王朝的建立。至此，成湯完成了滅夏重任，建立了中國歷史上的第二個奴隸制王朝——商。

成湯滅夏建商，史稱「成湯革命」。《周易．革》：「湯武革命，順乎天而應乎人。」「革」的本意是皮革，取獸皮去其毛而變更之意。「順乎天而應乎人」就是說成湯變革夏王桀之命既順天命，又得人心。「成湯革命」是中國古代社會中一個統治階級的代表革去另一個統治階級的代表的命，雖然革除了夏桀的暴虐，但其統治性質並沒有改變。所以後世人們又稱其為「貴族革命」。

成湯治國

成湯經過二十年的征伐戰爭，最後滅了夏王朝，統一了自夏朝末年以來紛亂的中原，控制了黃河中下游地區，其勢力所及，遠遠超過了夏王朝，一躍而為奴隸制的文明大國。商的後裔在追頌成湯時說：「昔有成湯，自彼氐羌，莫敢不來享，莫敢不來王，曰商是常。」（《詩經．商頌．

殷武》）就是說從前成湯的時候，連遠在西方地區的氐人和羌人都不敢不來進貢和朝見，承認成湯是他們的君主。周邊的少數民族懾於商的威力都來向商王稱臣納貢了。

成湯滅夏後奠定了商王朝疆域的基礎。為了控制四方諸侯，防止夏遺民尤其是夏後氏的奴隸主貴族的反抗，以成湯為首的商王朝決定放棄處於東方地區的亳，把王都遷到距原夏王都斟相近的西亳。西亳就是古書中所說的「屍鄉」。西元一九八三年中國考古工作者在河南偃師城西的屍鄉溝一帶，發現一座古城遺址，呈長方形，東西寬一千二百餘米，南北長一千七百餘米。這裡可能就是成湯所建的王都西亳。

成湯從夏桀滅亡中吸取了經驗教訓，要使國家鞏固和興旺，必須得到人民的擁護；要使人民擁護自己，就不能對人民施暴政。成湯在伐桀滅夏過程中，就是以施德的方式來爭取人民擁護的。

他曾對伊尹說：「我告訴你，一個人站在水旁，可以看到自己的樣子，同樣的，做君主的人看到人民就知道如何去治理，你說對嗎？」伊尹說：「太好了。你的話清楚明白。能聽別人的話，治國的道理也才會有人說。國君能愛民如子，那有能有德的人一定都在政府裡。要勉勵啊！要勉勵啊！」因為成湯能看到人民是國家的根本，沒有人民的擁護，就不能滅夏建商。所以建立商朝以後，成湯廢除了夏桀時傷害人民的繁重徭役，與民休息，發展生產，實行「以寬治民」的政策。

祭祀社稷是古代國家的大事，從夏朝開始一直延續到清朝，王都中都有一個「社稷」。夏禹建國後建立的社稷叫社，社是土地神。相傳發明社的人是共工的兒子句龍。共工是世代的水正。當洪水氾濫之時，人們都逃到高地上居住，沒有高地的地方，句龍就叫人們挖土堆成土丘，使大家在上面居住。每一土丘住二十五家，稱為一社，所以社最初是居民點，是聚落。句龍死後，人們就尊他為社神，給他蓋了房屋，供奉他的神位，稱為后土。它也即土地神，這就是後世土地廟、土地神的始祖。稷為五穀神，相傳烈山氏的兒子柱做過稷正，掌播種五穀，後來被人們尊為農神。夏王朝每年都要舉行祭社的儀式，祈求后土農神的福佑，風調雨順，五穀豐登。華夏自古以農業立國，因此祭祀社稷就成為國家大事，社稷的存亡也就象徵著國家的存亡。

成湯滅夏之後，想將夏社遷走，被伊尹阻攔，要成湯留下來告誡後人，作為暴虐而亡國的見證。因為社壇是一個露天的土壇，上面植有不同的樹，成湯就下令砍掉樹蓋一個房屋把夏社封起來，永不使用，這就是所謂的「屋夏社」。商的社另建在商王都。成湯還實行了一套改朝換代的措施。如改正朔，夏稱一年為一歲，夏正建寅，即以夏曆正月為歲首，正月初一為一歲的開始。成湯改稱一年為一祀，改以夏曆十二月建醜為歲首，每年十二月初一為一祀的開始。變服色，由夏的崇尚黑色改為崇尚白色。並把朝見改在白天早上來舉行。商人不僅衣服以白色為主，旗幟、器物，駕車的馬，祭祀用的牛、羊、豬、狗也以白色為主。在商代遺址的考古發掘中，就出土了不少白色陶器。甲骨卜辭中有不少祭祀是用白牛、白羊、白犬、白豕作犧牲。在田獵卜辭中，凡是獵獲白色野獸都使用了白字，如「獲白兕」，「獲白狐一」，「獲白鹿一，狐三」，等等。

成湯建國不久，商朝王畿內發生了一場旱災，大旱延續了七年。在旱情剛發生時，伊尹受成湯之命，教民打井開溝，引水灌溉農田，但是旱情愈來愈嚴重，人為引水根本解決不了問題。特別是在之後五年中，旱情更嚴重，烈日暴曬，河乾井涸，草木枯焦，禾苗不生，莊稼無收，人民非常困苦。

天旱是一種自然現象，而商代統治者們把它看成是上天的安排。甲骨卜辭中就有不少「帝隹（旱）我」、「帝其降我（旱）」的記載。自從天旱發生之後，成湯就在郊外設立祭壇，天天派人舉行祭祀，祈求上天降雨除旱。古代把這種郊外祭天稱為「郊祀」。最初的郊祀儀式是燃燒木柴，用牛羊豬狗等家畜作為上供的犧牲。這種燒柴祀天的祭名叫做「袞」（古音同「燎」）。成湯命史官們在郊外袞祭上帝，史官手捧三足鼎，鼎內盛有牛、羊等肉作為供品，面向天地山川禱告說：「是不是因為我們的王的政事無節制法度？是不是使人民受了疾苦？是不是因官吏受賄貪污？是不是因為小人讒言流行？是不是有女人干擾政事？是不是因為宮室修得太大太美？為什麼還不快快下雨呢？」這是商朝的史官受成湯之命，述說的六條責備君主的事，以求上天賜福降雨。儘管成湯命使官天天祭祀，苦苦哀求，上天仍然沒有賜福下雨。

旱情越來越嚴重，連石頭和沙礫都快被太陽烤焦了。成湯再也坐不住了，他命令史官們在一座林木茂盛的山上選了一個叫桑林的地方設立了祭壇，成湯親自率伊尹等大臣舉行祭祀求雨。但是，祭天之後仍滴雨未降，成湯命占卜不下雨的原因。史官們占卜後說：袞祭時除了要用牛羊豕犬作犧牲外，還要用人牲，以人祈雨。就是將活人放在柴上焚燒，讓被燒的人上天去祈求上天降雨。成湯聽了史官的話後說：「我祭祀占卜求雨，本是為民，怎能用人去焚燒？假如要用人來作犧牲，那就讓我來吧！」於是命把祭祀的柴架起來，成湯將自己的頭髮和指甲剪掉。沐浴潔身，齋戒完畢，向上天禱告說：「我一人有罪，不能懲罰萬民，萬民有罪，都在我一人，不要以我一人的沒有才能，使上天傷害人民的性命。」禱告完便神色鎮定地走上祭壇坐到柴上去（一說是用成湯的頭髮和指甲來代替其身），就在點火焚柴之際，天上突然下起了大雨。大雨遍及數千里之地，解除了旱情。

久旱必有大雨這是自然的現象，但成湯的這種為民勇於犧牲自己的精神，受到了人民的敬佩和頌揚。當時的人在迷信思想的統治下，還不能完全認識自然天象，認為這是由於成湯禱於桑林，才使旱災解除。人民用歌唱來頌揚成湯的德行。成湯命伊尹將人民這些歌詞收集起來編了樂曲，取名為《桑林》（又叫《大濩》），這就是後世人們稱作的「湯樂」。這種湯樂很早就失傳了。

成湯禱於桑林，求得大雨，解除旱災之後，成湯的威信更高了。四方的諸侯、方伯更加擁護成湯。成湯仿照夏朝的制度，帝王六年一巡守，開始了第一次巡守。巡守就是天子視察諸侯，是天子的一種權力。在巡守過程中，諸侯、方伯們都向他進獻貢品、方物。回到商王都以後，成湯對伊尹說：「我想下一道命令，根據各方所出產的物品，規定四方諸侯朝貢進獻的種類。這樣四方諸侯也就容易備辦了，而王朝中就會樣樣都有。」受成湯之命，伊尹制定了每年四方進貢物品種類的規定，並向四方諸侯、方伯們進行了宣佈：正東方地區各國離海近，主要進獻魚皮制的器物、烏鰂魚的醬、銳利的劍。正南方地區各國出產豐富，犀牛、大象產得多，主要進獻犀牛角、象牙、珠璣、玳瑁、翠羽之類。正西方地區各國地廣山多，主要進獻丹青、赤色、白色的顏料，以及龍角、神龜之類。正北方地區各國地廣野物多，主要進獻駱駝、野馬、各種良馬和良弓。四方諸侯、方伯接到這一命令後，都欣然應承，積極備辦朝貢進獻的方物。

成湯將商王朝的內外政事治理了以後，就將夏禹建國時在塗山大會諸侯後鑄成的九個銅鼎，搬到了商王都。九鼎的轉移意味著國家政權的轉移，這是改朝換代的象徵。所以《左傳》宣公三年說：

「桀有昏德，鼎遷於商，載祀六百。」也就是說夏桀暴虐無德，才被成湯滅亡，將夏的銅鼎遷到商，從此以後商就延續了六百年。

由於成湯建立商朝以後，減輕征斂，鼓勵生產，籠絡人心，安撫民眾，加強政權機構的建設，因而減少了因政權更迭而出現的社會動亂，擴大了商王朝統治的社會基礎，又使得商初的政治局面很快穩定下來，並為商王朝的進一步發展奠定了較堅實的基礎。商王朝在成湯的治理下逐漸強盛。

成湯是商王朝的開國之君，所以《禮記．祭法》說「商人祖契而宗湯」，也就是說，在商王的祖廟中是以契為始祖，以成湯為繼宗。這兩位功德卓著的祖先，在商朝約六百年的歷史時期裡，受到歷代商王隆重的祭祀。甲骨卜辭中有不少祭祀成、唐、大乙的卜辭，合祭直系先王時都是以成湯為首。甲骨卜辭中，不但有成湯的專祭，而且又說他能夠「授佑」。在甲骨卜辭中只有上天能夠「授佑」，而成湯有了這種權力，就更說明他在商族社會發展中的重要地位。並且，他在位期間，不僅統一了中原地區，還把統治範圍擴大到黃河上游的氐、羌部落所在的西部地區，開疆拓土，促進四方各族的聯繫，促進了各氏族更多地融合到中華民族中來，為中華民族的文明進步和壯大，創造了有利的條件。

成湯是一位值得後人銘記的偉人。

楊有禮　文

第三章

周武王　姬發

周武王，姓姬名發，文王姬昌次子，武是他死後的謚號，西周王朝的開國之君。

武王克商

周文王有十個兒子，武王排行老二。長子伯邑考被商紂王殘殺。武王有同母弟八人，即管叔鮮、周公旦、蔡叔度、曹叔振鐸、郕叔武、霍叔處、康叔封、冉季載。他們兄弟十人中，武王和周公最有才幹，經常幫助父親處理政事。周文王病死，由武王繼位。據《禮記．文王世子》說，武王只比父親小十四歲。文王九十七歲而終，武王即位時，已經八十四歲。武王至九十三歲而終，在位僅十年（《漢書．律曆志》作十一年）。

周文王在位五十年，做了許多滅商的準備，他改革內政，發展生產，勵精圖治，以德治國，禮賢下士，使周繁榮興盛起來。同時，以服事殷，以「西伯」之身據有關中，暗地與殷商展開生死較量。特別是周文王最後七年中，一年斷虞、芮之訟，二年伐犬戎，三年伐密須，四年敗耆國，五年伐邘，六年伐崇。七年做了六件大事，促成了「三分天下有其二」的大好形勢，滅商的條件基本成熟。

周武王即位以後，積極籌畫滅商的事宜。他仰仗文王為周打下的基礎，繼承文王的遺志，積極做好伐商的準備。他繼續用太公望（即姜尚，又叫呂望）、周公旦（文王之子）、召公奭（文王之子）、畢公高（文王之子）等人為輔佐，進一步整頓內政，增強軍力，準備伐商。

當時，商紂王愈加荒淫殘暴，窮奢極欲，在商王朝自是眾叛親離，怨聲四起。紂王的叔父比干、哥哥微子多次勸諫，紂王根本不聽。商容掌管朝廷祭祀、宴會的奏樂，頗有賢名，深得人們的愛戴。但紂王嫌商容凡事都要按典章制度辦，有礙他的淫樂，將商容罷官逐出朝廷。眾官員見紂王愈來愈亂其祖制國法，不理朝政，日夜玩樂，都為商王朝的前途擔憂。微子見紂王不聽勸諫，估計終有一天會亡國，想自殺，又想逃走，不能決定，便和太師、少師兩樂官商議，最後微子逃到民間隱藏起來。紂王叔父箕子也是多次勸諫，見紂王不聽，便裝成瘋子混在奴隸中。紂王知道後，命武士把箕子囚禁起來。比干見箕子被囚，冒死勸諫。紂王惱羞成怒，下令殺了比干，還剖挖其心，眾朝臣見紂王對自己的親人都如此殘暴，更加恐懼，紛紛逃跑，投奔於周。

武王做好了伐商的準備，但是，他並沒有盲目行動，而是對面臨的形勢做了冷靜、客觀的分析，以便制定正確的政策和策略，出師必勝，決不打無把握之仗。

當時紂王雖荒淫暴虐，但商終究是一個經營數百年之久的大國，它不僅有雄厚的物質基礎，而且有很強大的武裝力量。對紂王的力量不能低估。特別是自紂王伐東夷以後，將大批的商軍留駐東部地區，長期以來東夷各方國時有小叛，但再沒有發生大戰爭。

紂之所以能穩固統治達二十年以上（一說為五十多年），與他們父子兩代把東南部經營成比較鞏固的統治區域有關。事實也是如此，後來牧野大戰時，紂王發兵十七萬（《史記·殷本紀》作七十萬，誤）。《詩·大雅·大明》形容紂王的軍隊之多，像樹林一樣密密麻麻：「殷商之旅，其會如林。」這難免是誇大、渲染之辭，但也說明戰前雙方兵力相差懸殊，殷眾周寡。周原是偏處西陲的小邦，其政治、軍事實力遠不能和殷商相比。對此，周武王有較清醒的認知，他分析了雙方力量的對比，採取縮短二者之間差距的策略，對內重用賢能，因材錄用，一時人才薈萃，蒸蒸日上。對外則儘量爭取方國，聯合反殷力量，孤立敵人，壯大自己，準備繼承文王遺志，攻滅紂王。

周武王即位後九年，周武王把都城由豐遷至鎬（今陝西西安西南、豐水東岸，謂之宗周，又稱西都）。接著，在姜子牙、周公旦的輔佐下，對商進行了一次試探性進攻。周武王用戰車載著文王的神牌，準備到畢邑祭掃文王墓。武王自稱太子發，「言奉文王以伐」，意思是奉文王之命伐紂，不敢自專，利用文王的威望來號召諸侯。他親率大隊人馬，東觀兵於孟津（今河南孟津）。孟津在黃河渡口以南，距商都還較遠，只是試探一下，實際上是一次軍事大演習、大檢閱。

這次軍事行動的目的一方面在於用武力向敵人示威，給對方造成心理上的壓力；另一方面則是鍛煉自己的軍隊，以取得實戰經驗。同時，這也是一次外交上的重大盟會，收到一次聚眾的效果，即「是時，諸侯不期而會孟津者，八百諸侯」（《史記．周本紀》）。武王沒有事先約會諸侯，八百個諸侯自動前來孟津會盟。所謂「八百諸侯」，也就是大大小小的幾百個氏族、方國的首領。這表明周在政治、軍事上都取得了對殷的優勢。人心向周，商紂王陷於孤立無援的境地。這些參加盟會的諸侯都勸武王說：「可以伐紂了。」但武王仍不為之所動，心中自有主張，他說：「時期還未到。不可以伐。」武王深知，伐紂一仗事關全域，不打則已，打則必勝。若一步走錯，全盤皆輸。他考慮再三，決定班師暫回西土，派人去商察看動靜。

當周武王觀兵孟津後，商紂王根本不做任何準備，仍在淫樂。而且暴行愈來愈嚴重，不僅發展到六親不認，囚箕子，剖比干，甚至太師疵、少師強把宗廟中的樂器抱著逃走，他都不聞不問。賢臣離位，百姓閉口不敢言語了。這時武王認為滅商時機已到，便又準備了兩年，才向全國諸侯發表伐紂檄文說：「商紂罪孽實在深重，為順天應人，不可不消滅他！」於是，武王果斷下令發兵伐紂。

此時周武王雖已是高齡，但他意氣風發，老當益壯，親率戎車三百乘、虎賁三千人、甲士四萬五千人，東進伐紂。據《荀子·儒效》說，是在「兵忌」日出發，行軍時又迎太歲星，在汜水遇到洪水氾濫，到懷城遇到城壞，到共頭山遇到山崩，都是兵家認為不吉利的事。但武王不迷信鬼神，他認為自己的事業是正義的，而正義的事業是戰無不勝的。此間雖有文王時投奔而來的伯夷、叔齊兄弟二人跪在武王的馬前阻擋，指責武王不仁不忠不孝，也沒有動搖武王伐紂的決心。武王率領的周軍一路餐風飲露，曉行夜宿，長驅直入，抱著必勝的信念，勇往直前。他們從西土鎬京到商都朝歌九百餘里，行軍一個月，一路上沒有遇到什麼抵抗。

周武王率周軍來到孟津，會合了伐紂的諸侯。這次不但爭取到更多的諸侯，還爭取到了分佈在西北、西南和長江、漢水流域的一些氐族、方國，如庸、蜀、羌、髳、微、盧、彭、濮等前來助戰。周武王率伐商聯軍從孟津渡過黃河，然後沿河向東挺進，於周武王十一年正月甲子日清晨天未亮之時開拔到商郊外七十里處的牧野（今河南汲縣南）。

周武王沒有急於進攻，而是在這裡舉行了誓師大會。他左手持著黃鉞，右手握著白旄，左右揮舞著，威嚴不可侵犯。他向全軍將士發表誓詞，作戰前動員，勉勵他們奮勇殺敵，表示要與紂一決雌雄。接著，列舉了紂王的主要罪狀，大略是說：「商紂王，專聽婦人的話，不祭祀祖先神明，遺棄同祖弟兄不用，而將四方有罪的逃犯加以推崇、獎勵和委用，叫他們當大夫卿士！讓他們虐待百姓，在商邑做種種壞事。現在我姬發，替天行道，代表上天來懲罰他！」這就是目前仍能見到的《尚書·牧誓》。通過誓師，歷數商紂王之罪，瓦解敵軍士氣，極大地鼓舞了伐商聯軍的士氣，使戰士更加痛恨殷紂的罪惡，明確了作戰的意義和肩負的使命，更有信心投入滅商戰鬥。

到這時候，商紂王才停止歌舞宴樂，和那些貴族侫臣們商議對策。由於軍隊主力還停留在東南地區，一時也抽調不回來，只好臨時將分散在王畿內從事各種勞役的奴隸集中起來，編為軍隊，發給戈、矛等武器，又調集了商都朝歌等處的親軍、衛隊，一共得了十七萬人，開向牧野。

商周兩軍在牧野佈陣對峙，戰鬥場面極其壯觀。極目望去，伐紂聯軍雖然不如商軍人數多，可是隊形嚴整，旌旗鮮明，士氣高昂，戰鼓齊鳴，呈現出「前歌後舞」的景象。而「紂師雖眾，皆無戰之心」（《史記·周本紀》）。決戰一開始，周武王便命令師尚父（姜子牙）率勇士數人前去挑戰，一方面是為了探測敵陣虛實，另一方面也是為了長自己的志氣，滅敵人的威風。接著武王以虎賁三千人，戎車三百輛為主力，甲士徒兵配合向商軍發起進攻。

伐商聯軍是正義之師，戰士們為的是除暴安民，全都樂於效死，毫無懼怕，軍隊當中以巴蜀的軍隊最為勇敢，當他們上陣的時候，還吹奏著樂器，載歌載舞，臉上露出真正的笑容，就像去參加宴會一樣，一直進入敵陣，絲毫不把敵人放在眼裡。而商紂王將臨時編成的奴隸兵放在頭陣，充作先鋒隊，而以親軍、衛隊為後隊，驅趕著奴隸兵去衝鋒陷陣。這些奴隸們，平日在以紂為首的奴隸主貴族們的壓榨下，就曾以各種形式來反抗，現在又被驅趕到戰場上送死，就更加激起了他們的反抗決心，因此當頭陣商軍和周軍接戰時，馬上就崩潰了。這些被迫從軍的奴隸，不願為商紂賣命，不僅一上陣就崩潰，而且「皆倒兵以戰」（《史記．周本紀》），掉轉戈、矛替周武王打仗，把武王當作救星。引導周軍攻入朝歌。這就是「前徒倒戈」成語的來源。

反紂聯軍有了倒戈的商軍開路，直抵朝歌城下。商紂看見大勢已去，深知自己罪惡多端，若被擒獲，必被處死，就趕緊逃回都城，登上鹿台，把早就備好的掛滿珠寶的衣服穿上，命人點火焚燒鹿台，自焚而死，結束了他的一生。商朝朝歌的百姓歡天喜地迎接周武王的到來。

周武王率軍在朝歌城下，得知商紂在鹿台以火自焚，則親手舉起了大白旗，將伐紂的諸侯們召到面前，以興奮的心情向諸侯宣佈了紂自焚而死的消息，諸侯們都向周武王拜賀。然後，周武王率領諸侯進入朝歌，來到鹿台之前，不由得怒從心起，親自對著鹿臺上紂的屍體射了三箭，再從車上下來，用劍對著鹿台揮舞了三下，表示自己將紂誅殺。又命人將紂的屍體抬來，雖然屍體已燒得不成形，周武王還是用黃鉞（黃銅製作，為天子專用的一種兵器）砍下商紂的頭，懸掛在大白旗的竿頂，昭示商紂已被誅殺。紂王妃子妲己和有莘氏的美女都已自殺，周武王也斬其首，懸掛在小白旗上。於是，武王率師迅速佔領商都，商王朝至此滅亡。

武王滅商，是中國古代史中的一件大事，但是記載此事的文獻資料很少，一些問題還不能一下弄清楚。武王滅紂的時間就一直是學者研究的一個問題。華夏古代史上有確切歷史年代的記載，是從西周王朝共和元年，即西元前八四一年開始的。至於武王伐紂的歷史年代，都是根據有關記載推算出來的，因為各人根據不同，推算出來的年代也就不同，根據目前所知，中外學者推算的年代就有二十多種說法，前後相差二百年。

目前一般的著述中都採用西元前一〇二七年為武王滅商的年代。也就是西周王朝建立的年代。近年來，有一種獨特的看法認為，《淮南子．兵略訓》曾說：「武王伐紂，東面而迎歲，至汜而水，彗星出而授殷人其柄。」意思是武王伐紂時，歲星（即木星）出現在東方的天空，同時還有彗星出現，頭向著東方。根據西元一九一〇年哈雷彗星的出現和它回歸地球的週期時間，逆推四十次回歸過近日點，發現在西元前一〇五七年，哈雷彗星正好回歸地球，其天象也恰好與《淮南子．兵略訓》的記載相符合。所以武王伐紂的年代應是西元前一〇五七年。這一種看法正被越來越多的學者接受。古書中記載伐紂滅商是商的正月（周的二月）甲子日。對於具體的日期，甲子日，《尚書．牧誓》說「時甲子昧爽」，《逸周書．世俘解》說「甲子朝」。

由於對這兩篇古書的成書年代學者有不同看法，因此對甲子日的具體時間產生了疑問。

一九七六年，在陝西臨潼零口鄉發現了西周早期的青銅器——利簋，上面有銘云：「珷征商，唯甲子朝，歲，鼎，克。昏夙有商。辛未王在闌自，賜右史利金，用作公寶尊彝。」銘文記載周武王在甲子日早晨滅了商，因一個叫利的右史有建議之功，甲子後八天，武王在闌師這個地方賞賜給利以金（青銅）。右史利感到很光榮，就鑄了這個簋來作紀念。由於利簋的發現，證明古書中記載的武王伐紂是甲子日早上開始的可靠性。

安邦治國，鞏固勝利成果

周武王佔領商都朝歌的第二天，就在朝歌郊外設立了祭壇，舉行了隆重的祭祀典禮。典禮上，勇士們肩扛名為「九流雲罕」的大旗為前導，武王弟弟叔振鐸、周公旦手持大鉞，畢公手持小鉞，夾輔在武王的左右。散宜生、太顛、閎夭執劍護衛武王。其場面盛大，氣氛熱烈。典禮開始，先是卜官尹佚宣讀策書祝文以祭社，再次批判商紂的罪行。讀罷策書祝文後，武王再拜稽首，當眾宣告：「周革去殷的命，政權更迭，我受天命來管理天下。」這個儀式為新生的周政權大造「革命」輿論，使天下人承認周武王為天下共主，自此開始了西周王朝的歷史。

周武王順應歷史潮流，滅掉了商王朝，建立起周政權。滅商以後，擺在他面前的一個嚴重問題，就是如何對這樣大的一片國土進行統治。周原是殷屬下西方的一個小國，武王能以一個「小邦周」而迅速地滅亡了「大邑商」，本來就有些出人意料之外，如果商軍主力不放在東夷地區，則周滅商也不會這樣快。所以古書中說：「紂克東夷，而隕其身。」（《左傳》昭公十一年）也就是說，紂將東夷諸族征服，結果造成了自身滅亡。

商王朝是一個具有較高文明的奴隸制大國，人數比周族多得多。大批的商遺民痛恨暴君商紂，但是滅其國，就會引起民族仇恨。此外，在周初的疆域中還散佈著許多民族和氏族，如有夏、舜、堯、太昊、祝融、少昊、顓頊、黃帝等古老氏族的後裔。另外還有比這些「諸夏」族經濟、文化都為落後的「戎」、「狄」、「蠻」、「夷」等族。當時，對周王朝統治威脅最大的是東方，因為東方是殷人長期經營的地方，與周族為敵的不僅有殷人，還有嬴姓氏族；東南的徐戎、淮夷、荊蠻和東北方面的無終、北戎、山戎也是周的勁敵。這些鬧得周武王夜不能寐，憂心忡忡。在這樣的情況下，周武王同重臣們商討如何處置剛剛失敗而並不甘心的殷民，怎樣控制剛剛取得的遼闊疆土，以鞏固新建立的周政權。姜太公主張把殷民全部殺掉，以絕後患；召公則主張殺有罪，赦無辜，區別對待；周公提出了以殷治殷，分而治之的辦法。

周武王採納了周公的辦法，對殷民進行安撫，以穩定天下的形勢。首先，為了便於統治，武王採取種族奴隸制的統治政策，即把大部分殷民變為周的奴隸，連原來殷族的盟族也成為周族的奴隸，而原有的殷的奴隸則成為奴隸的奴隸；但既不打亂殷族原有的社會組織，又保留殷民的某些利益，使他們佔有原來的上地和房屋，保留一定的社會地位。利用歸附西周的殷民首領，來統治廣大殷民。這些政策既能減少殷民的敵對情緒，又有利於周貴族的統治。

當時，由於商剛剛滅亡，原來商王畿地區尚不穩定，武王沒有把王畿占為己有，而是宣佈封紂的兒子武庚（名祿父）為殷侯，繼續留在商都管理殷民，讓他祭祀殷的祖先，保證香火不斷。後來，為了防止殷民反叛，又把商的王畿分為邶（亦作鄁、北，當今易水淶水流域）、鄘（亦稱東）、衛（亦稱殷）三個封區，分別由自己的弟弟管叔、蔡叔、霍叔帶領重兵，就地監視武庚，稱為「三監」。顯然，在當時的歷史條件下，沒有比這更高明的辦法了。

周滅殷，是小國對大國的勝利，這勝利固然已來之不易，但要以小國統治大國更加困難。周武王不殺武庚，放他一條生路，封以地盤，讓他繼續統治商王畿內的殷民。表面上看是讓武庚奉守先祀，不絕殷後，實際上這只是一種穩定形勢的臨時措施，因為周當時尚無力直接統治新征服的廣大地區。這並不是史書上所說的周武王有什麼仁慈之心，而是一種不得不採取的措施。這正是周武王在政治上的高明之處。儘管如此，周武王死後不久，武庚就急不可耐地拉攏管叔、蔡叔，又聯合了嬴姓的徐、奄、盈以及熊、薄姑等東方氏族、邦國，發動了反周叛亂。周公旦協調了統治階級的內部矛盾後，東征三年，才把這場大亂平定下來，周的統治才轉危為安。這不過是後話而已。

緊接著為了安撫民心，周武王又釋放囚犯，賑濟貧民，命令召公去監獄釋放被紂王囚禁的箕子，命令畢公把百姓（原商自由民）從大牢裡放出，並且到深得民心的商朝賢臣商容的閭裡進行表彰，派人整修了比干的墳墓。武王又命令南宮括把鹿台的財物和巨橋的糧食散發給老弱貧民。這一系列措施，使原紂王統治下的殷民得到了某種程度的解放，這樣商遺民才安定下來。

周武王還對在滅殷大業中做出貢獻的姬姓親戚和元老功臣進行大分封。關於周的分封，舊史皆以為始於武王克殷以後，其實文王向東擴張時，就已開始分封，武王克商後，繼續實行文王時始創的分封制。《尚書》有〈分器〉篇，〈書序〉云：「武王既勝殷，邦諸侯，班宗彝，作〈分器〉。」《史記·周本紀》有類似的記載：「封諸侯，班賜宗彝，作〈分殷之器物〉。」可惜〈分器〉篇已亡佚，武王到底封了哪些諸侯，分給什麼彝器，已無法全知。

據《史記·周本紀》記載，武王時分封的規模很大，他封神農之後於焦（今安徽亳州），封黃帝之後於祝（又稱鑄，今山東泰安西南），封堯之後於薊（今北京附近），封舜之後於陳（今河南淮陽），封禹之後於杞（今河南杞縣）；與周人有聯盟和婚姻關係的姜姓氏族領袖姜太公也因輔佐武王滅商有功而封於營丘（今山東臨淄北），建立齊國。周公旦則封在東方的曲阜，建立魯國。因周公留在京師輔佐武王，由長子伯禽就位曲阜統治魯國。召公奭封於燕（今北京），另外兩個弟弟叔鮮封於管（今河南鄭州）、叔度封於蔡（今河南上蔡）。其他還分封了一些諸侯。

分封制度是上級奴隸主根據宗法血緣關係的尊卑、親疏和功勞的大小，分割土地、俘虜和政權，給予下級奴隸主的制度。周武王的分封，使周初嚴峻的政治形勢得到了暫時的安定，更重要的是它為以後周政權的穩固奠定了初步基礎。分封制在當時條件下，起了一定的進步作用，為西周初年的政治、經濟發展提供了安定的環境。

周武王還曾設想營建洛邑（今河南洛陽王城）。《左傳》桓公二年說：「武王克商，遷九鼎於洛邑。」就是說武王滅商以後，將商都中保存的象徵國家政權的鎮國之寶、夏禹時所鑄的青銅九鼎遷到了洛邑。這一意圖很明顯是發展洛邑為周的新都。《逸周書．度邑》有一段文字，被司馬遷採入《史記．殷本紀》，更明顯地提到武王因考慮鞏固政權問題，終日睡不著覺，遂與周公旦討論在洛邑建都。武王講了一通商朝滅亡的教訓之後，對周公說：「我現在苦苦思索的是，要按上天的意旨，建立一座新都城，把那些殷人大族安置在附近，向他們宣佈命令，讓他們遵守；監督他們，發現壞人，要像對付殷紂那樣處罰他。」又說：「我在殷都就留心觀察，南邊到伊水盡頭，北面到太行山麓，只有伊洛一帶，地段平坦，曾是夏族居住的地方，在那兒建造新都最合適。」

這些設想是武王在返回鎬京的路上構思的。周由老根據地岐而經文王遷豐、武王遷鎬，重心步步東移，在當時顯然是奪取政權的需要。

而武王奪取政權之後，又進一步計畫遷都洛邑，則是為了便於對新擁有的東部廣大地區實行統治。周武王的這個夙願，由於客觀條件的限制，到周公東征以後才得以實現。周公營建東都洛邑，駐兵八師，稱為成周，將不甘心失敗的殷「頑民」遷到成周周圍居住，派兵監視，以威嚇和勸誘的方法，制服了殷「頑民」。周公營成周為東都，對進一步鞏固周統治起了重要作用，後來周人並未遷都成周，直至幽王時，整個西周二百五十七年，周的正式國都仍然是鎬。但成周經周公時營造，成為東方重鎮，使周人對東部的統治有了強大的據點，周平王時才正式遷都洛邑。

周武王返回鎬京，但東方殷「頑民」及其盟族的殘餘勢力並未徹底屈服，反抗周族統治的活動不斷發生，使武王提心吊膽，夜不能寐。他制定了許多雄心勃勃的安邦治國的計畫，但是，他未來得及實施這些計畫就病倒了。周公見此即設壇向祖宗神靈禱告，請求以自身代替武王病死，並將寫有禱詞的策書藏在金縢匱（即用金屬包起來的櫃）中，不准任何人將此事傳出。武王的病好轉了一段時間，在滅商後的第二年終於病死了，兒子誦繼立，是為成王。成王即位時年紀尚小，還是個不懂世事的孩子，新生的周政權面臨著嚴峻的考驗。武王弟周公旦毅然站出來攝理朝政，協助成王完成了武王的未竟事業，使西周政權最終得以穩固。

周武王繼承其父文王的遺志，一舉滅商，開創了有周一代五百餘年的江山。《史記．周本紀》說：「武王克商，成王定之，康王息民。」這就是說，周人奪取全國政權是武王一手實現的，他所建立的政權雖未改變階級屬性，但以較進步的新王朝代替腐朽的舊王朝，有利於社會發展。周武王功不可沒，往往同文王相提並論，被後人稱頌。

武王伐紂是一場得人心的正義戰爭。武王的成功，首先是基於周族經過幾代的努力所打下的雄厚的物質基礎，尤其是文王所做的奠基工作；其次是由於商紂王的殘暴荒淫，各種矛盾激化，「前徒倒戈」正是商矛盾激化的結果；但最關鍵的原因乃是武王的雄才大略和氣魄。他繼位後，順應歷史發展趨勢，下定決心，要舉兵成大業。但他並不莽撞，而是不失時機地通過對商的了解，做出正確的判斷，穩紮穩打，最後一舉成功。這表現出武王不凡的政治軍事才能。

武王克商後，根據周族自身的實力和商遺民的具體情況，首先著眼於安邦治國的大計，採取一系列措施，安撫殷遺民，使周政權得以初步鞏固。周武王不愧為繼文王之後，周歷史上有重大貢獻的一位政治家。

楊有禮　文

第四章

周平王　姬宜臼

周平王，名宜臼，一作宜咎（西元前七八一年——前七二〇年），周幽王之子，繼幽王而立，東周第一代國王，西元前七七〇——前七二〇年在位，病逝於洛邑（今河南洛陽），葬於平丘（今河南太康）。

失意太子，幸運國君

姬宜臼是周幽王后申后的兒子。周幽王在位之時，宜臼已經長大成人，並且被名正言順地立為太子。但他生不逢時，很快又被廢黜。

周幽王繼立時，政局不穩，天災人禍交相襲來。史載幽王二年（西元前七八〇年），周王朝京都所在的關中一帶發生強烈地震，從岐山發源的涇水、渭水、洛水三條河水斷流，一起乾涸了，周民族的發祥地岐山也崩潰了，其嚴重程度正如《詩經．小雅．十月之交》所說「百川沸騰，山塚萃崩，高岸為谷，深谷為陵」。與此同時，旱災也在全國發生。這些使得當時農業受到嚴重損害，從而給人民帶來了嚴重饑荒，人民流離失所，生產凋敝，國力衰竭。面對嚴峻的形勢，周幽王不僅沒有採取任何補救措施，還任用虢石父為卿，此人善諛好利，盤剝百姓，激化了階級矛盾，促使王朝統治進一步發生危機。

周幽王是歷史上有名的昏君。他生活淫侈，沉湎於聲色犬馬中不能自拔。據說他寵愛褒姒，為博得褒姒一笑竟將軍國大事視作兒戲。

幽王的寵妃褒姒，原是一個無家的孤兒，是被褒國的人作為贖罪的奴隸獻進幽王的後宮的。她在幽王的後宮裡，也和其他眾多的女奴隸一樣，開始一點也不引人注意，後來被好色貪歡的幽王偶然發現，於是這朵幽谷的嬌花便被引升上了青雲。可是，褒姒對於這些富貴繁華和一個陌生男人的寵愛，並不感到快樂，所以，她總是悶悶不樂的模樣。然而看慣了一般女人諂笑和巴結的幽王，見了這個美豔無雙而又不苟言笑的女人，倒覺得韻味不同尋常，對她愈加寵愛。不久，褒姒替幽王生了一個兒子，名叫伯服。

幽王寵愛褒姒，就打算廢掉申后，而立愛妃褒姒為王后。這時，褒姒向幽王哭訴說：「如今廢掉申后，日後太子宜臼繼承王位，一定要為母雪恥，到那時我們母子就沒命了。」幽王一聽，立刻答應殺掉太子宜臼。

據說有一天，宜臼在花園裡遊玩，幽王半開玩笑半認真地將籠子裡的猛虎放出，打算讓猛虎去將宜臼咬死。宜臼很有膽量，趕緊站定腳跟，圓睜著一雙眼睛，注視著猛虎的一舉一動。當猛虎向他撲過來時，他非但不驚慌逃避，反而迎上前去，冷不防向著老虎大吼一聲。這姿態和馴虎員馴虎時的姿態大約有幾分相同。嚇得張牙舞爪的老虎吃了一驚，後退幾步，把一對耳朵貼向腦門後，乖乖地伏在地上不敢動了。周幽王也在一旁看呆了，他想界藉老虎殺掉宜臼的目的才算是沒有得逞。宜臼知道這是父王存心暗害自己，就找母親申后想辦法逃避災禍。幽王見殺太子宜臼不成，就公開宣佈廢掉申后和太子宜臼，改立褒姒為王后，伯服為太子。宜臼和母親申后被迫暗自逃出都城，投奔外祖父申侯。

周王朝的太史伯陽見幽王廢立王位繼承人，隨意行事，如此草率，必將遺禍無窮，感嘆說：「禍亂已釀成，無法挽回了！」

褒氏生來不喜笑，未置宜臼於死地，更是不高興，幽王千方百計總想讓她高興發笑，但終不能如願。有人獻計：開個「烽火戲諸侯」的玩笑。

「烽火」是中國古代軍事上使用的一種警報信號。在國都四周城外，每隔一定距離修一座高臺，遙遙相望。一旦有敵人來侵犯，就立即將柴草燃燒起來，白日舉煙，夜間舉火，駐紮在京師周圍的諸侯望見「烽火」，就會急速出兵「勤王」。若見「烽火」舉起，不來保衛的，國王就會興師問罪。所以「烽火」這種警報信號是國家軍事上一種很嚴肅、很重要的軍事設施。

幽王昏庸，不計後果，遂聽信此計。在侍衛宮嬪簇擁下，幽王與褒姒攜手登上烽火臺，他命令守台士兵舉火擊鼓，霎時烽煙騰空而起，鼓聲震天，四方諸侯望見烽煙，急忙整頓兵馬戰車，向京師趕來，但只見幽王和褒姒在高臺上飲酒作樂，悠然自得，並無敵寇蹤影，諸侯們知道被誑，只得憤憤離去。褒姒看到一支支受騙而來的人馬，禁不住莞爾一笑。幽王大喜，重賞獻計人千金。這雖然博得了褒姒的笑聲，卻失信於天下的諸侯。

幽王六年（西元前七七五年），周幽王又命伯士率軍征伐六濟之戎，結果大敗而歸，《詩經．大雅．召旻》謂之「日蹙百里」。

太子宜臼出奔到申國，褒氏認為終是後患，於是勸幽王殺死宜臼，幽王就派人到申國追捕。申侯是一個很有勢力的諸侯，又是宜臼的外祖父，怎肯將宜臼交出讓人殺害呢？幽王見申侯拒不交出宜臼，大怒，於幽王十一年（西元前七七一年）春，與諸侯會盟，打算秋九月討伐申國，並下令廢去申侯的爵位。申侯聞報乃搶先下手，先發制人，一方面聯合繒侯一同起兵，一面向西方犬戎等部求援，許以攻破鎬京之後，珍寶、財物任其掠取。三路人馬合為一處，直攻京師而來，一路勢如破竹。

幽王聞知，大驚失色，急忙命令烽火臺，點燃烽煙。哪知道諸侯因上次受了愚弄，再也沒人帶兵來「勤王」了。鎬京守兵本就怨恨幽王昏庸，也都不願效命，大都逃散。周幽王見勢不妙，遂帶著褒姒、伯服及眾嬪妃、親信倉皇向東逃跑，行至驪山（今陝西臨潼東南）腳下，被申侯與犬戎兵趕上，幽王與伯服都被殺死，褒姒被犬戎擄去。犬戎兵在京師大肆掠奪珍寶財物，滿載而歸，又放火將周的宮闕樓臺燒得殘破不堪，一座座輝煌壯麗的王宮化為焦土，繁華富庶的京師王畿變成荒墟之地。百官富戶家家遭到洗劫，平民百姓也都四下逃散。至此，建國兩百餘年的西周王朝結束了。

被周幽王廢掉的太子宜臼，在申侯及魯孝公、許文公的擁戴下，正式即王位，是為周平王。

平王東遷，王室衰微

周平王即位時，面臨著極其嚴重的形勢，且最為都城一事發愁。由於幽王的暴政和嚴重的天災，關中地區經濟遭到破壞，人口減少。再加上犬戎攻破王都鎬京，不但大肆掠奪財物，還搗毀宮室。豐、鎬舊都出現了空前的荒涼、蕭條、殘破的景象，根本不能再以鎬京為都城。犬戎勢力雖已退出鎬京，但仍佔據渭水流域，整個鎬京處於犬戎包圍之中。而周的軍隊已崩潰，周平王手下已沒有什麼力量，能同戎人抗衡。鑒於他父親幽王被殺的教訓，周平王也不敢再以鎬京為都，此時他想到了成周。過去武王克周，遷九鼎於洛邑，已有營建成周的設想，周公東征後營造成周，使它成為東方重鎮。這裡是作為都城的理想地方。但是，平王沒有力量搬遷，只有求助於諸侯。於是，在晉、鄭、秦等諸侯的保護下，平王將鎬京舊都中被犬戎劫餘的器物，連同一些王室貴族，遷移到成周，史稱「平王東遷」。這一年是西元前七七〇年，東周時代就此開始。

周平王東遷後，西邊的土地並沒有完全喪失，還有一些貴族沒有隨著遷移。諸侯虢公翰擁立幽王的另一個兒子余臣，在攜地即位為王，稱為「攜王」。攜地今不可考，當在關中。攜王的擁立，是西都舊臣對諸侯擁立平王的抵制。這樣，在周幽王死後，周朝出現了兩個王，形成了二王並立的政局。

西邊的攜王，雖有留在西部的貴族支持，但力量不大。在西部被犬戎攻佔後，民生已殘破，而大片土地又被戎人占去。更重要的是攜王本非嫡子，得不到眾諸侯的支持。而周平王宜臼原本是幽王的太子，後幽王廢掉他另立褒姒所生的伯服為太子，伯服在犬戎的進攻中又同幽王一同被殺死，宜臼也就成了理所當然的王位繼承人，所以能得到諸侯的支持。就是地處西陲的秦國，也不支持攜王而擁戴平王。

周平王決定將國都遷往洛邑時，秦襄公率領秦兵參加了護送隊伍，因此被封為「諸侯」，平王把岐以西之地賜給秦，並准許與其他諸侯通聘享之禮。這就是《史記・秦本紀》中所說的：「周避犬戎之難，東徙洛邑，襄公以兵送周平王，平王封襄公為諸侯。」東方諸侯國除申、魯、許直接擁立平王之外，還有晉、鄭等國支持。《左傳》隱公六年周桓公就曾說，「我周之東遷，晉、鄭焉（是）依」。西部的一些貴族，也有支持平王的。《左傳》僖公五年周王室大臣伯輿的家臣說：「昔平王東遷，吾七姓從王，牲用具備，王賴之。」諸侯支持當立的平王，而不支持不當立而立的攜王，所以攜王的失敗，就是必然的了。

周平王二十一年（西元前七五〇年，或說晉文侯二十一年，即西元前七六〇年），晉文侯攻殺攜王，結束了二王並立的局面。所以《國語．鄭語》說：「晉文侯於是乎定天子。」晉文侯的功勞如此之大，周平王對晉文侯大加褒獎。平王乃賜晉文侯秬鬯圭瓚（貴重的酒液），並作《文侯之命》，來紀念他的功績。《尚書》中的《文侯之命》，就是周平王對晉文侯的策命書。

攜王被殺，周平王之位確立，周王室重歸於統一，但東遷後的周王室已元氣大傷，一天天衰微下去。

周平王東遷後，周王室統治的地區不斷縮小，原來周天子王畿的幅員比各諸侯遼闊得多。所謂「王畿千里，諸侯方百里」的說法雖不可靠，然而周天子的王畿比諸侯大得多，是完全有歷史證明的。當時，周天子統治著陝西的絕大部分，而且到達洛陽以東黃河南北，如果把潼關以東的土地面積和潼關以西的土地面積相比，那潼關以東的面積小得多。平王東遷後，王室直接控制的王畿面積比過去縮小了一大半，只擁有東方以成周為中心的方六百里之地。

由於岐山地區被戎狄部族所占，平王東遷後，把岐以西之地賜給有功的秦。平王在封秦襄公為諸侯的時候，說得很清楚：「戎無道，侵伐我豐岐之地，秦能逐戎，即有其地。」（《史記・秦本紀》）就是說，秦能將戎人從這裡趕走，就可在此建國，秦打到哪裡，哪裡就歸秦所有。不久，岐山以西地區為秦攻佔，秦國從此開始發展起來。秦國趕走戎人後，曾將關中岐山以東土地，獻給了周王室，名義上還屬王室的產業。平王曾因外祖父申侯擁立自己有功，便也賜予申侯以封地，並派自己畿內的百姓去戍守。平王時，已地窄人寡，與方圓數千里的大諸侯國相比，只相當於一個中等諸侯國而已。即使這種境況，周平王的子孫也不能維持下去，後來只能算是小諸侯。

平王時王室土地縮小，收入銳減，財力窮困。王室的經濟收入遠遠不如一個諸侯了。到周平王死去时，繼位的桓王無力置辦喪葬用品，只好派人向魯國索求。由此可見，平王時經濟力量已很衰弱。

軍事力量方面，以前王室擁有六軍，平王東遷後，由於土地面積縮小，兵源減少，無力養兵，日益失去軍事力量，開始還能湊成三軍，以後甚至不足一軍，其軍事力量遠不如各地諸侯。

平王東遷後，天子權威跌落，地位下降。西周時，周天子是「天下共主」，東遷之後，「天下共主」名存實亡。西周時，天子要定期到全國各地視察，以考核諸侯的政績，稱為「巡狩」。諸侯定期要到王都朝見周天子，稱為「述職」。東遷以後，平王就再沒有進行過「巡狩」禮，諸侯也不朝見天子了。

晉文侯和鄭武公幫助平王東遷洛邑，作為平王左右卿士，掌握了王室的政治大權。鄭武公滅虢、鄶，拓疆於東方，遂遷至洧溱，號新鄭。鄭武公死，其子莊公寤生立，繼續作為平王卿士，獨攬王室大權，竟然打起「以王命討不庭」（《左傳》隱公十年）的旗幟，聯合齊、魯，攻打宋、衛，制服陳、蔡，打敗北戎。

周平王為了削弱鄭的力量，想分政於虢，任虢公忌父為右卿士，由鄭莊公任左卿士。這事被鄭莊公探聽到，他立即去質問周平王。作為天子的周平王只能矢口否認，鄭莊公卻因此怨平王，平王怕得罪鄭莊公，只好提出讓太子姬狐去鄭國作人質。因這太有損天子的體面，群臣又提出了相互交換人質的辦法，讓鄭莊公的兒子忽也來洛邑作人質，而周太子去鄭國則用學習的名義。此即《左傳》隱西元年所說的「周鄭交質」。

從這一史實可知，平王東遷後，王室權威落地，平王名為天子，實際上要看大諸侯的臉色行事。後來，鄭莊公在周平王死後不久，就去搶割周王室溫地（今河南溫縣）的麥子，同年秋天又去搶劫成周的穀子，以給新即位的周桓王一個下馬威。當周桓王率領王室軍隊和衛國、陳國、蔡國的軍隊去討伐鄭莊公時，鄭莊公公然以軍隊對王師，並射傷周桓王。對於這一稱為「大逆不道」的行為，當時並未有一個諸侯國站出來表示譴責鄭莊公而支持周天子。周天子威風掃地。

與平王王室衰微相對照的是，一些諸侯國隨著地方經濟的發展，則日益強大。他們先後僭用天子禮樂，擴大軍隊，吞併弱國，爭奪霸權。周王室從此也就墮於諸侯羽翼之下了。正如《史記·周本紀》所說：「平王之時，周室衰微，諸侯強並弱，齊、楚、秦、晉始大，政由方伯。」

周平王五十一年（西元前七二〇年），平王宜臼病死，太子泄父早死，太孫林立，是為桓王。

周平王宜臼生活在西周與東周交替的時代。在其父幽王的統治時，原被立為太子，後因幽王寵愛褒姒而被廢黜，並險遭暗害。犬戎大破鎬京，幽王被殺，他受申、魯、許等部分諸侯擁戴，才得以即位。平王的即位，完全是依靠諸侯的力量，天子禮樂征伐大權必然要落入諸侯的手中。平王只是一個名存實亡的共主。

平王一生中做的最大一件事就是遷都洛邑。平王東遷並不是平王無故放棄千里王畿，而是不得已而為之。當時鎬京殘破，已不能為都，戎狄進逼，平王也不敢以鎬京為都。東遷以後，從周王朝的角度看，仍然是姬姓的天下，周平王是繼西周最後一位國君的位，只是國都遷到成周。在形式上，好像是西周王朝的繼續，實質上卻是兩個不同的時代。東遷後，周王室衰弱，只有「天下共主」的名義而已。

楊有禮　文

第五章

秦始皇　嬴政

在歷史的長河中，五十年尚不及彈指瞬間，然而他有生五十年，卻編、導、演出了一幕幕正劇、喜劇、悲劇，乃至鬧劇，有彪炳千秋的業績、有威武酷烈的戰爭、有縱橫捭闔的外交活動、有刀光劍影的宮廷政變、有敲骨吸髓的榨取、有嚴刑峻法的壓迫、有家破人亡的悲歌、有奮起抗爭的怒號……兩千多年來，他的是非功罪評說不一，他留下的一個個歷史之謎聚訟紛紜，他下令修築的萬里長城，成為中華民族精神的象徵，他陵墓旁捍衛亡靈的禁衛軍——兵馬俑，被稱為世界第八大奇跡。他，就是秦始皇！

邯鄲出生，艱辛童年

秦始皇的先世，始於傳說中的女修。她是東方某地的一個紡織姑娘，因誤食了一枚玄鳥（燕子）蛋，懷孕後生下一子，取名大業。大業的後代有一個叫伯益，與舜同時代，協助禹治水，為舜馴服鳥獸，主持畜牧，被舜賜姓嬴氏。經夏而商，女修後代的一支輾轉遷徙，由西而東，來到了神州大地的黃土高坡，在那裡繁衍生息。西周中葉，嬴氏又出了一位畜牧專家——非子，周孝王封他為「附庸」，准他在秦（今甘肅清水縣）築城邑，號稱「秦嬴」。西周末年周幽王被犬戎所殺，周平王被迫東遷洛邑，危難中秦襄公護駕有功，被封為諸侯，平王把岐以西已被犬戎所據的地方賞賜給他為「封地」。

春秋時期，秦致力於在西方的發展，到文公時擁有了全部西周故地。西元前七世紀中葉的穆公，史稱「春秋五霸」之一。他全力經營西方，「益國十二，開地千里，遂霸西戎」，在中華大地的西部實現了局部統一。不過，這時的秦國尚被中原諸侯拒於盟會的大門之外。

進入戰國時期，山東六國或先或後、程度不同地進行了地主階級改革性質的變法，秦獻公也進行了一些社會政治改革，縮小與中原國家的差距。西元前三六〇年，秦孝公即位，他痛心疾首於「諸侯卑秦，醜莫大焉」的屈辱地位，決心深化獻公的改革。他深知變法圖強，人才為先，於是下令求賢，一時各國賢才雲集咸陽。孝公重用來自衛國的商鞅實行變法。商鞅變法比之山東六國的變法是一場更全面、更深刻的地主階級改革，它迅速改變了秦國貧窮落後的面貌，從此秦以強國姿態馳騁於歷史舞臺。賈誼在《過秦論》中說秦始皇「續六世之餘烈」，「六世」即是以孝公為首來計算的，賈誼充分肯定孝公奠定了秦統一六國基礎的歷史地位。孝公之後的五世是惠文王、武王、昭襄王、孝文王、莊襄王。昭襄王是秦始皇的曾祖父。

秦昭襄王四十八年（西元前二五九年），後來稱始皇的嬴政在趙國邯鄲出生了，因生於正月故取名為正，史書中多寫為政，又稱趙政，是因秦與趙同祖，故姓趙氏。他的父親異人，是昭襄王的孫子，孝文王的中子。異人既是秦國的王孫，其子為何又在邯鄲出生呢？原來異人是以質子的身份居留在趙國的。

春秋戰國時期，質子是用於外交的一種手段，出質或是為了求和、或是為了乞援、或是為了瓦解他國的聯盟，以出質表示親善，使結盟的一方背約於對方，或為暫時不想大動干戈而派出質子以緩和關係於一時。昭襄王採納範「遠交近攻」之策，韓、趙、魏是第一批打擊目標，韓又是主攻矛頭所指，異人就是在這種形勢下出質於趙的。質子的身份本來就不高，異人出質的背景使他絕不會受到趙王的禮遇。異人的生母夏姬得不到太子安國君（日後的孝文王）的寵愛，子以母賤，異人正是在國內受不到重視，才會被派到兩國交惡的趙國去的。從國內他不可能得到什麼接濟，因此他在趙「車乘進用不饒，居處困」，衣食住行都很寒酸。他在趙期間，秦多次攻趙，作為質子，他的處境很危險，成天提心吊膽。他每當想起那些同父異母的兄弟在國內養尊處優的生活，心裡實在難以平靜。尤其是想到自己既非長子，又是庶出，長期出質，與王位無緣，前途渺茫，心情更是憤懣苦悶。正當異人窮愁潦倒之際，突然吉星高照，他碰上了呂不韋。

呂不韋，韓國陽翟（今河南禹州）大商人，經商有道，買賤賣貴，家累千金。他往來各國從事商業活動，洞悉各國統治集團內部和各國之間的政治風雲，使他不僅具有生意人工於算計的精明和狡詐，而且歷練出政治家高瞻遠矚的見識和膽略。一次，他與父親同來趙國時，偶然見到了異人，立刻敏銳地意識到這個落魄王孫「奇貨可居」。回到住處，他與父親進行了一番意味深長的探討：耕田獲利是十倍，贖賣珠寶獲利是百倍，而立一國之君獲利將是無數。於是他決計在異人身上進行一次贏利「無數」的政治投機。

呂不韋找到異人，對他說：秦王年老了，我聽說太子安國君最寵愛華陽夫人，能夠左右太子立繼承人的，唯有華陽夫人；你兄弟二十餘人，你是中子，一向失寵，長期出質於外，即使大王去世，安國君繼立，你也沒有與長子和久居國內、旦暮圍著父親轉的諸子一爭高下的優勢。接著他表示願意拿出千金來，一部分供異人廣結親朋賓客，改塑形象，提高威望；一部分購買奇珍異寶，自己帶到秦國去為遊說打通關節。異人聽後大喜，當即頓首致謝，並許諾如果日後得到王位，「請得分秦國與君共之」。

呂不韋入秦後，走的是裙帶路線，對華陽夫人的弟弟和姐姐賄以珍寶，曉以利害。他針對華陽夫人的弟弟陽泉君生怕失去榮華富貴的心理，對他說：你擁有的一切，都是仰仗於華陽夫人，而她無子，一旦安國君去世，長子登上王位，華陽夫人必然失勢，你就危若累卵，性命堪虞了。陽泉忙向他求計。呂不韋說，現在在趙為質子的異人極欲回國，情願做華陽夫人的兒子，華陽夫人若認他為子，立為嫡嗣，將來由他繼承王位，這樣一來異人無國而有國，夫人無子而有子，「終不失勢」。在華陽夫人的姐姐那裡，呂不韋則是要她根據女人的心理向妹妹進言：「以容貌取悅於人，年老色衰愛弛。如今妳深得太子寵愛，但是無子，應該在諸子中選一個既賢且孝的認作兒子，趁自己在太子跟前還說得起話的時候，請求太子立他為繼承人，這樣縱然丈夫死了，兒子為王，妳終身可享尊榮，將永不失寵於秦。」呂不韋力薦異人是最佳人選。華陽夫人經弟弟和姐姐雙管齊下的遊說，加之得到呂不韋以異人名義進獻的奇寶珍玩，於是對安國君大吹枕邊風，安國君終於立異人為繼承人。

長平之戰後，秦繼續進攻，後臨邯鄲城下。趙王欲殺異人，異人在呂不韋的幫助下，以重金買通守城官兵，倉皇逃出邯鄲。回到秦國的異人依呂不韋之計，穿上楚國的服裝，去拜見出生於楚國的華陽夫人。華陽夫人大為感動，對異人憐愛有加，改其名為子楚。

子楚脫離窮愁潦倒的困境，走向秦國權力頂峰的期間，他的兒子嬴政在邯鄲出世，並度過了童年。嬴政的母親是在長平大戰那年（西元前二六〇年）嫁給異人的。關於她的出身，一說是「趙家豪女」，另一說則富有浪漫色彩，說她是呂不韋家的歌姬，一日異人到呂府飲宴，被她的色藝所傾倒，呂不韋既已在異人身上投下大筆賭注，又何惜一個美女呢。

西元前二五九年嬴政出生。這個孩子全然不像他容貌姣好、歌喉婉轉的母親，他長著飽滿的天庭，一張大大的「虎口」，一對眼球突出的「馬目」，鼻子高高隆起，挺著「鷙鳥膺」——雞胸，而且聲音嘶啞似豺聲。他和母親相依為命，度過了一段一生中最為艱辛的日子，因此他對母親懷有特殊的感情。嬴政出生後，父親正為改變自己的命運而奔忙，幼小的他沒有得到父親的關愛，反而飽受父親的牽連，在沒有安全感中戰戰兢兢地度過了童年。

父親逃離趙國後，留在邯鄲的他和母親朝不保夕，東躲西藏，在他的周圍是長平大戰被秦坑殺的四十萬冤魂的親屬們充滿怨恨和敵意的目光。這段艱辛的童年生活，給他幼小的心靈留下永遠的傷痕，給他的性格打上深深的烙印：冷酷、偏狹、多疑、殘忍、貪於權勢，強烈的報復心等，當然還有堅毅、剛強、勇往直前的精神。

昭襄王在位五十六年，於西元前二五一年去世。五十歲的太子安國君繼位，是為孝文王，子楚立為太子。這時趙孝成王派人護送已經九歲的嬴政和他的母親回到秦國。次年，正式即王位僅三天的孝文王去世，子楚即位，是為莊襄王。

王冠帶劍，翦除政敵

秦莊襄王即位，華陽夫人為太后，莊襄王信守諾言，以呂不韋為丞相，封文信侯，食河南洛陽十萬戶。

莊襄王在位三年，西元前二四七年去世，嬴政登上王位。十三歲的稚嫩之肩難以承擔一國之君的重擔，他並未掌管國政，莊襄王臨終前將年幼的兒子託付給呂不韋。現為太后的秦王政之母與呂不韋早在邯鄲時關係即非同尋常，對呂不韋自然信賴有加，國家大事都委託給他，尊為相國，秦王政稱他為「仲父」。呂不韋是一個有才智、有膽略、有野心的政治家。早在莊襄王時，他率軍誅滅東周國君，延續八百多年的姬姓周王朝，由他畫上了結束的句號。秦王政即位後，他征討三晉，為秦擴張了大片土地，而且派將軍蒙驁平定秦王之弟成蟜的反叛，穩定了政局。在功勞累增的同時，他的財富與權力也不斷地擴大，除原受封的洛陽十萬戶外，又增加了新的食邑，擁有家僮萬人，食客三千，以至於諸侯國只知秦有「仲父」，而不知還有秦王。他又讓門客中的士人根據他的要求，編寫了一部二十多萬字的《呂氏春秋》，其主旨是為秦設計出一幅統一封建王朝的政治藍圖。書成後公佈在咸陽市門，宣稱有能增損一字者予以千金。「一字千金」的成語即出於此。

威脅到年輕秦王地位的另一人是嫪毐。嫪毐，趙人，後到秦投靠呂不韋。呂不韋將他冒充宦者領進後宮，深得美貌風流、年輕新寡的太后寵倖，「太后所至，毒常從」，幾乎是形影不離。憑藉與太后的特殊關係，毒得封為長信侯，以山陽為封地，後來又賜太原郡為封地，擁有家僮數千，賓客千餘，宮室、車馬、服飾、苑囿任其所求，「事無大小，皆決於毒」，可謂炙手可熱。他與太后生有兩個兒子，密謀秦王死後讓他們的私生子繼位。這個卑污、無能、貪婪的小人，一次酒醉與人發生爭吵，竟然口出狂言：「我是秦王的『假父』（義父），你這窮小子膽敢與我作對！」得意忘形之態溢於言表。

嫪毐後來居上，其權勢的惡性膨脹必然引起與呂不韋的尖銳對立。有一魏人分析當時秦的政治格局是舉國上下、大小官吏、長幼百姓都在彷徨：「與嫪氏乎？與呂氏乎？」這位分析家看到了嫪、呂勢均力敵之勢，但他的政治眼光還缺乏洞察力，沒有看到秦國還有一股噴薄欲出的強大的政治潛力。

童年的記憶猶新，秦王深深體味過受制於人的苦澀艱危。幾年的宮廷生活，耳濡目染，他又接受了鉤心鬥角的洗禮。歲月推移，時光流逝，秦王告別了少年時代，長成為魁梧偉岸的男子漢。因為有著極強的權勢欲，他成年後再也不能容忍權力被他人侵奪。為奪回朝政大權，他逐漸在身邊集聚起一批志同道合、大有作為的人才。他們中有才華出眾、利慾薰心、精通法術的李斯，擅長武藝、兼通書獄的蒙恬文武兼備的王翦、王賁父子還有老臣王綰、蔡澤等。以秦王為核心的這個集團，取坐山觀虎鬥的策略，伺機而動。

秦王政六年（西元前二三八年），二十二歲的秦王依秦制該行冠禮、帶劍，以示成年，從此他應該正式親政了。冠禮在雍（今陝西鳳翔縣，秦宗廟所在地）的蘄年宮舉行，時間定在四月。北方春遲，四月正是暮春時節，秦王率文武百官來到雍。正當獻上祭祀的太牢，焚起繚繞的香煙，奏起莊嚴的禮樂，行禮如儀之際，卻突然傳來了極不協調的干戈劍戟之聲。

嫪毐知道秦王的親政會預示著自己的末日來臨，他不甘失敗，先發制人，趁秦王冠禮之機，偷了御璽和太后璽印，調動軍隊，鋌而走險，在咸陽發動武裝叛變。叛軍猛攻蘄年宮，年輕的秦王處變不驚，沉著鎮定地調兵遣將，叛亂很快被平定了。嫪毐在逃竄中被擒，車裂而死，夷三族。

死黨二十餘人梟首示眾，牽連流放蜀地或房陵（今湖北房縣）的多達四千餘戶。盛怒下的秦王命人將那兩個無辜的私生子裝入袋中摔死，把太后打入雍的冷宮，宣稱母子永世不再相見。一年後有齊人茅蕉冒死對秦王進言：「將母后打入冷宮，是不孝之行，『恐諸侯聞之，由此倍（背）秦也』。」秦王考慮到政權的鞏固，自身的形象，也許還出於曾經相依為命的母子之情，他親自到雍把母親迎回咸陽。

秦王雄心勃勃，天性又剛愎自用，自然難容呂不韋的專擅。更何況他們兩人一個崇尚法家，要實行君主專制；另一個主張「德化」，「無為而治」，與民休息，政見立於兩個極端，形同水火。正好嫪毐一案牽涉到呂不韋，提供了消滅呂氏勢力的良機。但是，有謀略的秦王考慮到呂不韋不同於嫪毐，他曾有大功於秦，威望很高，有很多人為他說情開脫，在其他諸侯國又頗具影響力，並且不曾像嫪毐那樣，明目張膽地發動大逆不道的武裝叛亂，於是只免去其相國職位，逐出咸陽，讓他回到洛陽去閒居。

殊不知呂不韋自己既不甘寂寞，別人也不曾冷落他，昔日的賓客和諸侯國的使者們絡繹不絕地到洛陽去，「冠蓋車騎，相望於道」。秦王感到此心腹之患不除，終生變故，於秦王政十二年（前二三五年）賜書呂不韋，書中不顧事實，不講良心地責問：「君何功於秦？秦封君河南，食十萬戶。君何親於秦？號稱『仲父』。其與家屬徙處蜀！」

呂不韋得書知自己絕了生路，便飲鴆而死。秦王下令：「呂氏族人皆沒為奴，其子孫永不得做官。敢前去（呂不韋葬河南北芒山）哭悼的，三晉之人逐出秦國；秦國之人奪其官爵，流放房陵。」

至此，秦王翦除了政敵，鞏固了自己的統治地位，可以一心致力於「奮六世之餘烈，振長策，而御（一作馭）宇內」的偉大功業了。

風雲際會，四海歸一

秦王宮廷的刀光劍影暗淡下去，整個神州大地卻仍是戰雲密佈，戰馬嘶鳴。春秋的爭霸，戰國的兼併，至此已經持續了五百餘年。漢代的劉向曾經勾勒這時的景象是「遂相吞滅，並大兼小，暴師經歲，流血滿野。父子不相親，兄弟不相安，夫婦離散，莫保其命」。人們渴望和平，把一線生的希望寄託於統一。

春秋戰國以來，社會生產力有了很大的提高，經濟的發展提出統一的要求。戰國後期，商品經濟活躍，富商大賈攜帶南北東西的特產往來各國做生意，呂不韋就是彼時富商的典型代表之一。可是征戰不斷的各國，座座城堡戒備，道道關卡林立，嚴重地阻礙著地區間經濟的交流。那時農業的發展需要更好地利用水資源，可是同飲黃河水的齊、趙、魏卻各自沿河築堤，若遇旱澇，互相為害。更有甚者，水成了武器，楚的鄢、魏的大樑都曾遭到引水灌城之災。統一管理水，使之為利，免其為害成了迫切需求。統一，是歷史發展的大趨勢。進步的思想家是時代要求的代言人，他們認為「一則治，異則亂；一則安，異則危」（《呂氏春秋‧不二》），他們發出「定於一」（《孟子‧梁惠王》）的呼籲。

消滅嫪、呂兩個主要政治對手後，秦王嬴政踏著統一這時代進行曲的鼓點，走向他的輝煌。嬴政從列祖列宗那裡繼承了大宗遺產。商鞅變法後的秦國，政治、經濟、軍事比之山東六國具有明顯的優勢。惠文王時司馬錯滅巴、蜀兩國，天府之國的豐富資源更加充實了秦的物質力量，而且從戰略地位上控制了長江上游，隨時可浮江東下，對楚形成包抄之勢。後來又取得楚的漢中和召陵，把關中和巴蜀連成了一片。

昭襄王時多次發兵東進，進行了規模空前的長平大戰，趙國元氣大傷，對秦的東進很有利。秦兵鋒所向，魏、韓不斷喪城失地，齊、燕雖有三晉為緩衝，也是岌岌可危。嬴政即位時，祖宗為他創下的基業如著名策士蘇秦所云：「西有巴、蜀、漢中之利，北有胡貉、代馬之用，南有巫山、黔中之限，東有殽、函之固。田肥美，民殷富，戰車萬乘，奮擊百萬，沃野千里，蓄積饒多，地勢形便，此所謂天府，天下之雄國也。」（《戰國策‧秦策》）親政後的秦王，成了「天下之雄國」名副其實的君主，他的雄圖大略，剛毅果敢、勇往直前和強烈的貪欲，驅動他在統一的道路上迅猛前進。

秦王政併吞六國，並非單純依賴武力。六國雖已是國衰勢微，若聯合起來，土地面積、人口、兵力仍在秦之上。然而一是統一大勢所趨；二是秦不斷瓦解縱約，收到了各個擊破之效。秦王政採納大樑人尉繚和李斯的建議，大施反間計。具體說來就是派出謀士，攜帶金玉財物遊說諸侯國，離間其君臣，對可以「厚遺結之」的就行賄，讓他們為秦所用；對收買不成的，「利劍刺之」，然後大軍隨後而至。執利劍，齎重金，鼓如簧之舌，發虎賁之士，秦王政十七年到二十六年（西元前二三〇年至前二二一年），進行了驚心動魄的大決戰，秦王終於掃滅六國，完成了統一。

秦的戰車最先衝向韓國，抵擋不住強大攻勢的韓王想出一個「疲秦」之計，於西元前二四六年派水工鄭國入秦遊說秦王興修一條引涇水入洛水的灌溉渠，意在使秦消耗大量的人力物力，以減輕對韓的軍事壓力。秦王政重視農業與水利，命鄭國主持這一浩大的水利工程。後來「疲秦」陰謀敗露，但秦王政仍讓鄭國按原計劃完成鄭國渠，關中從此沃野千里。

「疲秦」計敗露，秦朝廷一些大臣大肆攻擊來自他國的客卿，「怛而不信人」的秦王政更是對所有客卿的忠誠都產生懷疑，於是頒佈了「逐客令」。李斯當然也在被逐之列，他不甘心失去可望在秦建功立業的機會，實現自己作「倉中鼠」而不是「廁中鼠」的夙願，寫下了名篇《諫逐客書》上秦王。秦王政見書省悟，命人趕緊追回已東行到驪邑的李斯，重用如昔，並恢復秦自穆公以來任用外賢的傳統。這些外來人才如李斯、尉繚、蒙氏祖孫、李信等人，對秦的統一事業起了很大的作用。

韓王的另一救亡之計是設法遊說秦王移師攻趙。秦王政早先讀過韓非論刑名法術的著作，十分讚賞，感嘆地說：「寡人得見此人，與之遊，死不恨矣！」西元前二三四年，韓非到了秦國，他的「先攻趙」的建議未見採納。李斯與韓非曾同受業於荀子，李斯妒忌韓非之才，深恐其得到秦王的信任，影響到自己的地位，又與其有「先攻趙」抑或「先攻韓」的歧見，於是對秦王說，像韓非這樣的人，只會效忠於韓而不能為秦所用，讓他回到韓國去，不啻放虎歸山。秦王政於是將韓非下獄，李斯逼韓非於獄中自殺。其後三年，即西元前二三〇年秦滅韓。

滅韓後，秦王政一面派王翦攻趙，一面派使者用重金收買趙王寵臣郭開。郭開知趙王有意起用老將廉頗，就對趙王說：廉頗雖然飯量很大，但是我與他小坐之間，他跑了三次廁所。趙王於是認為廉頗老了，棄置不用。郭開又誣另一宿將李牧謀反，使趙王斬之。西元前二二八年秦滅趙。趙公子嘉逃往代地（今河北蔚縣），自稱代王。在滅趙的凱歌聲中，秦王政以征服者的姿態重返邯鄲，把二十年前與母家有仇怨的人都殺了，睚眥必報的心態得到了滿足。

西元前二二五年，秦王政用王翦之子王賁攻魏，包圍了大樑。大樑城高牆厚，賁遂用水攻，決開城西的大溝，大溝是一條上接黃河、下通淮水的管道，水量很大，洶湧的渠水灌向大樑，三月後城潰，魏王瀹為階下囚。

楚在七國中原先疆域最廣、兵員最眾，後來在秦一再打擊下，雖無昔日雄風，但也不是不堪一擊。西元前二二五年，秦王政特為此與群臣商議對策，年輕氣盛的將軍李信輕敵大言，說二十萬人足夠了，老將王翦卻認為非六十萬人不可。一連串的勝利大約使秦王也有些飄飄然，他說：「王將軍老矣，何怯也！李將軍果勢壯勇，其言是也。」王翦心中怏怏，稱病告老還鄉。李信攻楚遭到慘敗，醒悟過來的秦王親自到王翦老家頻陽（今陝西富平縣東北）謝罪，力請老將軍掛帥出征。王翦仍堅持非六十萬人不可，秦王一口應允。

王翦臨出征前，向秦王求賜美田華宅，大軍東出函谷後，還數次派人回朝要求賞賜田宅。他的副將蒙武認為王翦貪得無厭，王翦卻說：「不然。夫秦王怚而不信人，今空秦國甲士而委於我，我不多請田宅為子孫業以自堅，顧令秦王坐而疑我邪？」王翦對秦王生性多疑、刻薄寡恩的性格可謂了解得非常透徹。楚軍的主將是項燕，對壘一年有餘，終因楚的大勢已去，項燕兵敗自殺。西元前二二三年，王翦攻陷楚都壽春。

早在滅趙那年，秦軍逼近燕國，燕太子丹使荊軻前去刺殺秦王政。送別時人皆著白衣，在易水畔高漸離擊筑，荊軻高歌：「風蕭蕭兮易水寒，壯士一去兮不復還！」留下悲壯的易水送別的千古絕唱。秦廷上，荊軻行刺因事發突然，秦王一時驚恐失措，但很快就表現出臨危不懼的膽魄，與荊軻在殿上周旋，終將荊軻刺倒。驚險的傳奇一幕結束了，秦急攻燕，燕斬太子丹求和，不允，王翦攻佔了燕都薊，燕王退守遼東半島。西元前二二二年，秦王政命王賁乘滅楚之威，率軍北上，消滅了燕的殘部。回師途中攻代，趙的殘餘勢力也被剷除。

西元前二二一年，王賁揮師南下，齊國老而昏庸的湣王建多年不修戰守之備，秦軍幾乎是兵不血刃到達了臨淄，齊不戰而降。

「六王畢，四海一」，長達五百多年的分裂動盪局面結束了。秦王政的歷史勳績令千年後的偉大詩人李白為之熱情謳歌：「秦王掃六合，虎視何雄哉！揮劍決浮雲，諸侯盡西來。」（《古風》之三）

百代政法，同文同軌

西元前二二一年，秦王政三十九歲，正當盛年，雄心勃勃，精力充沛，他為創建一個統一的中央集權的大帝國，不知疲倦地操勞著。那時用竹簡書寫，他為自己規定「衡石另書」，每天不處理完一定重量的公文決不休息。在統一六國的那年，他最為繁忙，採取了多項重大的，有些是對後世有深遠影響的舉措。

躊躇滿志的秦王政說：「六王咸伏其辜，天下大定。今名號不更，無以稱成功，傳後世，其議帝號。」丞相王綰、御史大夫馮劫、廷尉李斯等人都建議以古代最尊貴的「泰皇」為號，並請求今後天子之命為「制」，令為「詔」，天子自稱為「朕」，以示與臣民有別。秦王經過考慮斟酌，去掉「泰」，保留「皇」，採用上古「帝」位號，稱「皇帝」，自己是「始皇帝」，下傳二世、三世至於萬世，以至無窮，其他同意所奏。改秦王政二十六年為始皇帝二十六年，改十月為歲首。他「以為自古莫及己」，凡事都要顯示出自己蓋世的功勳和權威。

長期紛爭的局面剛剛結束，一個地域空前遼闊的新王朝剛剛建立，如何加強統治，鞏固統一，是秦始皇面臨的亟待解決的課題。丞相王綰等都主張依古制實行分封，立諸子為王，唯獨李斯力排眾議，以周實行分封制尾大不掉的歷史教訓為鑒，認為「置諸侯不便」。秦始皇以他貪於權勢的性格，以他對韓非那套君主絕對專制理論的熱衷，在實行分封制還是郡縣制的問題上，應是成竹在胸的。

群臣建議之後，他表態說：「天下共苦戰鬥不休，以有侯王。賴宗廟，天下初定，又複立國，是樹兵也，而求其寧息，豈不難哉！」下令在全國推行郡縣制。分全國為三十六郡（後陸續增加到四十八郡），郡置守，治民；尉，掌兵；監禦史，司監察。郡下設縣，萬戶以上縣置令，萬戶以下縣置長。縣以下設鄉。另有亭，亭有長，管治安。中央設三公（丞相、禦史、太尉）九卿。縣以上各級官吏都由皇帝任免，各司其事，聽命於皇帝。從中央到地方建立起一套強有力的中央集權的官僚體系，它像一張巨大的網，籠罩在秦王朝統治所及的地方，這張網的綱緊緊地攥在秦始皇手中。毛澤東曾有「百代都行秦政法」的詩句，說的正是秦始皇建立的中央集權的政治制度為其後兩千餘年的各封建王朝所沿襲，影響深遠。

秦始皇為他的王朝長治久安而實行郡縣制，表現了政治上的遠見。雖然秦王朝因多種原因而短命，但這並不能否定秦始皇實行郡縣制的歷史功績。

進行統一戰爭時，征服一地一國後，秦王每每「徙天下不軌之民」；統一的當年，又徙天下豪富十二萬戶於咸陽，拔除他們在各地根深蒂固的勢力，將其遷到秦統治力量最強的咸陽附近，顯然有利於鞏固統一。後來還有過多次大規模的強迫遷徙，其中有的是遷往邊遠地區，此舉促進了落後地區的開發。

戰國時期征戰連年，各國競造兵器，統一後大多散於民間。秦始皇為防止六國舊勢力的叛亂，又下令收天下兵器、聚於咸陽，銷毀鑄鐘鐮、金人十二座，各重千石，置宮廷中。李白《古風》

寫道：「收兵鑄金人，函谷正東開。」兵器收繳、銷毀，龐大的銅人矗立在宮廷中，函谷關不設防。但東向大開為時不久，興衰不過十年間，「諸侯盡西來」，便成了反秦武裝洶湧西來。

秦與山東六國的貨幣、文字，度量衡各不相同，紛呈並用，對統一不利，妨礙經濟文化的交流。秦始皇二十六年下令統一文字，命李斯以秦原來通行的大篆為基礎，加以簡化，整理出一套標準文字，即小篆，通行全國。又下令廢除六國舊幣，全國通行貨幣分二等，黃金為上幣，以鎰為單位；圓形方孔銅錢為下幣，上有「半兩」二字，重如其文。又劃一全國的度量衡。從出土的秦簡、秦幣、秦權來看，以上措施都認真地付諸實行。這些措施無論對當時或後世，都產生了極大的作用。兩千多年來，儘管出現過一時的分裂局面，但漢字始終是統一的，度量衡基本上是統一的，中央政府的幣制在很大程度上是全國通行的。

戰國時期諸國法律不同，統一後，秦始皇又以秦法為主制定了統一的法律。中國湖北雲夢睡虎地出土的大批秦簡中很多簡文是關於法律的，從中除了可見秦法的繁密、殘酷和野蠻外，還可見秦法奠定了中國古代比較完整的法律體系。

作為統一戰爭的繼續，秦始皇對北方的匈奴進行了積極防禦。遊牧於北方的匈奴早就同中原華夏族有經濟文化交往，戰國時他們趁中原諸國爭戰之機，不斷內擾，給燕、趙、秦等國人民的生命財產造成很大的損失，三國皆築長城、設重兵以防禦。統一後，秦始皇命將門之後、文武全才的蒙恬率三十萬眾，乘勝順勢北逐匈奴，奪回了河套以南地區，又渡過黃河，向北推進，收復了陰山一帶地區，在此設置了九原郡（今內蒙古包頭市西南）。秦始皇把罪犯發配到新設的郡縣去，不久又遷內地三萬戶去屯墾，使今天的鄂爾多斯一帶開發出來，有了「新秦中」之稱。大規模移民實邊，不僅阻止了匈奴南下，而且開發了邊境，促進了民族融合。

蒙恬的祖父蒙驁、父親蒙武、弟蒙毅，一家三代四人有大功於秦，但生性多疑的秦始皇對手握重兵坐鎮北疆的蒙恬並不放心，他把長子扶蘇派到上郡（今陝西榆林）去「監蒙恬軍」。扶蘇與父親政治主張相悖，特別是「坑儒」事件發生後，扶蘇又諫言，更大失其父歡心。扶蘇離開咸陽，固然有貶謫之意，但是，秦始皇對長子的性格和才能是了解的，對扶蘇的忠孝是深信不疑的，派他去監軍，說明秦始皇對北陲邊防的異常重視。

為鞏固邊防，秦始皇命蒙恬主持，在原來秦、趙、燕三國長城的基礎上，根據地形或修補，或新築，修起一條西起臨洮，沿黃河，傍陰山，經蒙古草原，直達遼東，全長五千餘里的「萬里長城」。使之成為北方的一道屏障，穩定了秦王朝北疆的統治，一定程度上保障了內地人民生產和生活的安定。雄偉的萬里長城，成了中華民族悠久文明的豐碑，也成了中華民族精神的象徵。為修築萬里長城，秦始皇強迫役使的勞力不少於三十萬。一板又一板壘起的黃土中，夯進了多少役夫的白骨，和進了多少父母妻兒的血淚！流傳至今的孟姜女哭長城的故事，雖不一定真實，卻有歷史的影子。

早在滅楚之後，王翦即率軍南進，征服今浙江、福建部分地區，設立了會稽郡、閩中郡，但是嶺南尚未歸秦。秦始皇二十六年，命尉屠睢發率五十萬，分五路進攻嶺南。秦軍遭到越人激烈的抵抗，尉屠睢被殺。秦始皇又派任囂、趙佗率「樓船之士」增援。直到三十三年（西元前二一四年）

才徹底佔領了嶺南，設南海、桂林、象三郡，發戍卒、罪人數十萬戍守。

至此，秦始皇的統治「東至海既朝鮮，西至臨洮、羌中，南至北向戶，北據河為塞，並陰山至遼東」，為爾後屹立於世界東方的強大中國奠定了疆域的基礎。在這廣袤的土地上，居住著以華夏族為主體的各族人民，統一的多民族國家開始形成了。

為鞏固統一，秦始皇大規模修築馳道。遍及全國的馳道中有兩條幹線：一是「東窮燕齊」，由咸陽出發往東，通向今河北、山東；一是「南極吳楚」，由咸陽出發往南，通向今湖北、安徽、江蘇。史載馳道路基夯築堅固，路寬五十步，每隔三丈栽青松一棵。為加強北方邊防，在他四十八歲時又下令修「直道」，從咸陽以北不遠的雲陽（今陝西淳化）出發往北，跨過黃河，直達九原，全長一千八百里（約合今七百千米）。以咸陽為中心的全國交通網絡的形成，便於秦始皇調動軍隊，下達政令，也便於他的巡守。

從秦始皇二十七年到三十七年，十一年間他五次出巡，出巡次數的密度之大，累計行程之遠，在歷代帝王中也許是空前絕後的。所到之處他立石紀功，表露他對自己絕對權威的穩固和對嬴氏江山傳之萬代的信心，以及他對自己功業自矜自得的心態。一支又一支的頌歌，投合他的「好諛」心懷，他陶醉於「乃今皇帝，一定天下，兵不復起，災害滅除，黔首康定，利澤長久」的幻覺之中。

暴虐天下，魂斷沙丘

秦始皇性格中的剛毅、勇往直前、為達到既定目標鍥而不捨的執著，曾有助於他成就統一大業。但是，當他創建起專制主義中央集權的王朝後，隨著進取的銳氣消失，這些特點逐漸異化，變成任性、專橫、暴戾、殘忍，變成對窮奢極欲生活的狂熱貪戀。

統一戰爭接近尾聲時，每滅一國，他就命人將該國都城宮殿依原樣仿建於咸陽城北阪上，後來又陸續營建，僅咸陽附近二百里內就有二百七十多處。項羽入咸陽，燒秦宮室火三月不滅，說明鱗次櫛比的宮苑之多，總計關內外共七百多所。這些宮苑風格各異，有江南的秀麗，有燕趙的粗獷，還有臨淄的雍容大度。

最為恢宏的阿房宮，遺址在今西安西郊，寬四華里，長二華里。此官始建於秦始皇二十八年。動用勞力不下於三十五萬人（阿房宮和驪山陵發隱宮刑徒七十萬，以一半計），直到秦亡尚未竣工，阿房宮僅是其前殿而已。各處宮殿中裝飾著帷帳、鐘鼓，還有無數的美女。據稱美女們梳妝用的銅鏡交相輝映，如天上星光閃爍，美女們洗臉後殘留著脂粉的水流入河中，河水為之芬芳，美女們焚燒的椒蘭香飄萬里。

全國統一次年，秦始皇即開始出巡，這麼多的離宮別館，有的他也許不曾駕臨；眾多的美女宮人，有的也許不曾見到一、兩次。他像絕大多數的帝王一樣，妻妾成群，但奇怪的是沒有關於「始皇后」的記載。是成群的妻妾中無一人獲得他特別的寵倖？是極端的權勢佔有欲使他容不得任何人哪怕只是在後宮分享些許尊榮？是他那風流的母親的行為給他造成一種扭曲的心態讓他不願立皇后？還是史家的疏忽？

秦始皇非常貪戀他已擁有的權勢和驕奢淫逸的生活，想永遠地擁有這一切，因此，他企求長生不死！他五次出巡，除第一次是西巡外，其後四次都是東巡。東巡的目的固然是為了加強對六國故地的控制，顯示「威服海內」的震懾力，同時也是為了尋神仙求長生不死之藥。

方士源於古代的巫祝。方士宣揚的是海中有神山、有仙人、煉丹、長生不死之類。戰國中期以後，齊燕濱海地區方士最為活躍。迷信神仙、急切求索不死藥的秦始皇對方士可謂言聽計從。他首次東巡到了琅琊，方士徐福說海中有蓬萊、方丈、瀛洲三座神山，其上有仙人，可前去求不死藥。秦始皇命徐福東渡，結果他空手而歸，只帶回神仙索要厚禮的口信。秦始皇又讓他帶上三千童男女、五穀種子及百工等二次東渡，龐大的船隊一去不復返，只留下關於徐福下落的種種傳聞。

第四次東巡（也是最後一次）時，秦始皇在琅琊夢見與海神惡戰，占夢的博士說海神是大魚蛟龍，是惡神，必須除滅之，神仙才會露面。秦始皇下令隨從的人都備捕捉大魚的漁具下海作戰，自己也備好一張「連弩」大弓，從琅琊直追到芝罘，才發現一條大魚，秦始皇將之射殺，但是卻並未感動得神仙一露尊容。方士盧生對他說，長生藥至今未獲，是鬼辟作怪，須「秘行避之」，所居之處勿令人知，以待真人到來，而得不死之藥。秦始皇又相信了，不稱朕而自稱「真人」，行動神出鬼沒，有透露其行止者殺之。他身邊只有少數親信近臣，孤家寡人地生活在神秘的氣氛中。當年「雄圖發英斷，大略駕群才」的秦始皇竟被方士的虛妄之言左右，做出許多荒誕之事，留下千秋笑柄。

秦始皇的內心是矛盾的，他不惜一切代價尋仙求藥，但是心底深處對是否有不死之藥的存在，起碼是信疑參半的。長生不死既然沒能尋得，那麼牢靠的辦法是把生前享有的一切帶到死後去繼續享有。即位之初他便選定在山南多玉、山北多金、景色宜人的驪山（今陝西臨潼南）修陵墓。不過，大規模的營建是在統一後，役使數十萬人晝夜勞作，墓高五十多丈，圍長五里多，築墓用的大石取自渭北諸山，民謠「運石甘泉口，渭水為不流。千人一唱，萬人相鉤」，正是以萬人計辛苦勞作的寫照。墓內的建築是深挖至「三泉」，鑄銅禁錮，其上安置棺槨。墓內有宮觀、百官、奇器珍怪，上畫天文星宿之象，下有灌注了水銀的百川江河大海，還以人魚膏為燭照明。從發掘出土的鑾駕銅車馬、兵馬俑、珍禽異獸坑等，結合史籍的記載來看，驪山陵是把一個微縮的秦王朝搬到了地下！

戰國末期，社會需要安定，人民渴望和平，人民以巨大的犧牲為代價換來歷史的進步，造就了秦始皇這個時代幸運兒的輝煌，然而他很快就使人民的希望破滅了。統一天下後，他「內興功作，外攘夷狄，收泰半之賦，發閭左之戍，男子力耕不足糧餉，女子紡績不足衣服。竭天下之資財以奉其政，尤未足以贍其欲也。海內悉怨，遂用潰畔」。

尉繚是秦始皇進行統一戰爭時的重要謀士，他知曉荊軻行刺未遂，秦王誅其九族猶不解恨，「複夷軻之一里」等暴行，曾說秦王「少恩而虎狼心」，「誠使秦王得志於天下，天下皆為虜矣」。

他不幸而言中了。意得欲從的秦始皇更加迷信暴力，把韓非君權至高無上的思想，具體化為嚴酷的法律，死刑就多達二十多種，血淋淋、陰森森的名目，令人不寒而慄、毛骨悚然。死刑外還有殘人肢體的肉刑，滅絕人性的族刑。小小一個范陽縣令為官十年間，竟然「殺人之父，孤人之子，斷人之足，黥人之首，不可勝數」，全國累計當如何！

成文法之外還有隨心所欲的不成文法，而秦始皇的心中越來越充滿了瘋狂的報復和疑懼。他東巡至博浪沙遇張良所遣的力士行刺，命天下「大索」十日。後來，他在咸陽夜間微服出行，在蘭池宮「逢盜」，命關中「大索」二十日，索之不得殺人不知凡幾。再後至梁山宮的途中，他見山下丞相車騎甚眾，心中不悅，有人轉告於李斯，李斯趕緊減少車騎，他見李斯輕車簡從，知道有人洩密，把當時在場的人都殺了。秦始皇三十六年（西元前二一一年），東郡落下一塊隕石，有人在上面刻了「始皇帝死而地分」，他大怒，查不出人來「盡取石旁居人殺之」。秦始皇統治下的國家完全變成了一個血腥的刑場！陳涉起義，「一人唱而天下應之者，積怨在於民也」。

秦始皇三十四年（西元前二一三年）和三十五年，他又製造了「焚書坑儒」的文化浩劫。這時已是博浪沙、蘭池宮升起黑色信號彈之後，秦始皇的統治已是危機四伏。他於咸陽宮中大宴群臣，觥籌交錯之際，僕射周青臣大唱讚歌，說什麼「日月所照，莫不賓服」、「人人自安樂，無戰爭之患」，秦始皇喜上眉梢。博士淳於越按捺不住，直斥周「面諛」，但是他提出來的治國安邦的急救藥方，卻是恢復周朝的分封制。事關政體，秦始皇命群臣議論。李斯指責淳於越等「不師今而學古，以非當世，惑亂黔首」，進而認為私學的存在使人們「人聞令下，則各以其學議之，人則心非，出則巷議……如此弗禁，則主勢降乎上，黨與成乎下。禁之便」。

秦始皇絕不容許任何言行冒犯他至高無上的權威，統一思想是他久已有之的心願，他當然完全認可李斯的觀點，並採納其具體建議，下令焚書。把秦紀以外的歷史書，國家圖書館藏之外的民間百家著作全都收繳付之一炬。先秦時代百家爭鳴，思想活躍，學術繁榮，文化璀璨，典籍豐富，焚書使大量傳世典籍化為灰燼，且開後世文化專制之先河。

焚書次年發生「坑儒」事件。秦始皇一次次上當受騙，神仙沒見到，仙藥沒求來，方士們對他的愚弄讓他窩了一肚子火，恰逢其會，有侯生、盧生私下議論他「天性剛戾自用」、「樂以刑殺為威」、「貪於權勢」等，二人說這樣的人「未可為求仙藥」，相約逃跑。秦始皇大怒，把誅連到的四百六十名「儒生」全都坑殺。

書，焚不完，博士伏生等把書藏在了壁中；「儒」，坑不盡，陳涉起義後，有孔子八世孫孔鮒等魯之諸儒，帶著孔子禮器紛紛投奔義軍，真個是「坑灰未冷山東亂」了。

秦始皇三十七年（西元前二一〇年）十月，年屆半百的秦始皇第五次，也是最後一次出巡，隨行的有左丞相李斯、中車府令趙高等人，還有他喜愛的少子胡亥。趙高是趙國貴族之後，沒入秦王宮中為宦官。秦王「聞其強力，通於獄法」，讓他當中車府令，並教胡亥決獄。趙高善於逢迎媚上，頗得始皇的歡心。他曾犯大罪，蒙毅依法判其死刑，而秦始皇免其不死。這件事說明秦始皇已不像撤銷「逐客令」時那樣重視賢才，而是偏愛趙高這樣的諂諛奸佞的小人了。中車府令官不大，卻系近臣，這次出巡，又命高「兼行符璽令事」，掌管印，可見寵信之深。王夫之曾評論說：

「秦始皇之宜短祚也不一，而莫甚於不知人。其非不察也，惟其好諛也。」此言甚是。

秦始皇一行車輪滾滾，風塵僕僕，先南下，至雲夢，望祀虞舜於九嶷山，折向東浮江而下，過丹陽，至錢塘，上會稽，祭大禹，立石刻紀功頌德。返程中從江乘（今江蘇句容）渡江，到達海邊，北上琅琊。屢求仙藥不得的氣惱，長期生活的荒淫，加上大半年旅途的勞頓，當行至平原津（今山東平原縣）時，秦始皇病倒了。冀求長生達到喪失理性的他「惡言死」，而統一以後他「樂以刑殺為威，天下畏罪持祿，莫敢盡忠。上不聞過而日驕，下懾伏謾欺以取容」，連官居左丞相要職的李斯尚且「阿順苟合」，誰還敢說「龍體違和」呢？只有人人眼睜睜地看著「上病益甚」而耽誤了治療。

秦始皇本人對自己的病勢是有自知之明的。此前，他一門心思想的是一旦求到仙藥就可以長生不死，似乎沒有必要考慮傳位二世的問題，所以他一直沒有立皇太子，現在當他意識到死神已向自己逼近，必須確立繼承人了，才終於把三十個兒子（他還有十五個女兒）一一進行掂量，加以篩選。知子莫若父，他最疼愛少子胡亥，經常帶在身邊，但此子昏庸，不成器。長子扶蘇雖與自己政見不合，但其為人「剛毅而武勇，信人而奮事」，甚孚眾望。當然，嫡長子繼立的傳統這時也會在他思想上起作用。於是他口授讓趙高寫下給扶蘇的詔書：「以兵屬蒙恬。與喪會咸陽而葬。」讓扶蘇趕回咸陽主持喪事，事實上明確了他繼承人的身份。詔書用璽後封好，交給趙高派人發往上郡。

仲夏七月，乾旱少雨的華北平原，烈日炎炎，車駕到沙丘（今河北巨鹿縣東南）後，他再也無力西行。在生命的最後一個驛站，秦始皇躺在沙丘宮中病榻上，奄奄一息。

魂斷沙丘之際，秦始皇到底想了些什麼，無人知曉。不過，可以肯定的是，他絕對想不到：載於轀車中的遺體因時久天熱而腐臭，為亂其臭，他竟是與鮑魚同車被運回咸陽；安葬於驪山陵、三泉下，金棺中的他最終也只是一抔寒灰！

他絕對想不到：他給扶蘇的遺詔被邪惡奸詐的趙高扣壓在手裡，沒有及時發出去。他一命嗚呼後，趙高抓住李斯致命的弱點——權慾薰心，缺乏氣節，對其軟硬兼施，逼其就範，然後合謀篡改詔書的內容，以「為人子不孝」的罪名賜劍扶蘇自裁。扶蘇見詔書大哭，自殺。蒙恬也被下獄處死。

秦始皇也絕對想不到趙高、李斯擁立他並不屬意的胡亥為二世皇帝。而昏庸殘暴的胡亥炮製了一幕幕慘絕人寰的骨肉相殘的大悲劇，秦始皇的幾十個王子、公主全都或直接或間接地慘死在胡亥的屠刀之下。他絕對想不到：他期以萬世的秦王朝在他死後僅四年，只傳了二世，就在他親手點火、胡亥煽風而燃起的熊熊反秦烈火中灰飛煙滅！他更想不到歲月悠悠，他竟給人們留下無盡的歷史反思！

劉慧琪　文

第六章

漢高祖　劉邦

作為一代開國君主，他豁達大度，好謀善聽，而在品性人格上，他不拘小節，常耍無賴。這便是舊史書上劉邦的形象。

劉邦字季，沛縣（今屬江蘇）豐邑人。其父名執嘉，其母稱劉媼，沒有正規名字，可見不是世襲貴族。劉邦生於西元前二五六年（一說西元前二四七年），死於西元前一九五年，按舊曆紀年，是周赧王五十九年（秦昭襄王五十一年）生，漢高祖十二年卒。終年六十二歲。

起於草莽，趁勢滅秦

大凡賢人尊者降世，照舊史書上的說法，通常要天顯異象，或是祥雲籠罩，或是金光四射。劉邦亦不例外。據說其母劉媼，一日耕作疲勞，在大澤之畔的高堤上休息小睡，夢見與天神相遇交合。這時天上雷電交加，天色陰霾，太公正好去尋找劉媼，遠遠看見有蛟龍盤在劉媼身上。這樣劉媼便懷了孕，生下了劉邦。

不僅如此，貴人有貴相，舊史上講劉邦的相貌特徵：高鼻子，長頸項，面貌有龍相，鬚髯特美，左大腿上有七十二顆黑痣。這當是受儒家「尊尊」影響的附會。

劉邦的少年時代，史無記載。僅有一些抽象的概括，說他為人仁厚愛人，喜歡施捨，意志豁達，胸襟開闊，但也好逸惡勞，不願從事農業生產。

到了青壯年時期，由試用補吏，劉邦做了泗水亭亭長。按當時的行政區劃，十里為一亭，亭長是管理轄區內停留行旅宿食的官吏。劉邦當亭長時，對其部下無不加以輕侮。他這個人既好酒又好女色。以好酒為例，他時常去王媼、武負二人的酒館賒酒，一旦喝醉，便臥倒不起。又是怪事，兩位酒館老闆常看到醉倒的劉邦身上有龍出現，所以儘管劉邦賒了不少酒，也都記了賬，但待年底算帳時，這兩家酒館常常毀了賬據，不向劉邦索還。

當時的都城在咸陽，劉邦時常去那兒出差。有一次他大開眼界，看到了秦始皇的雄威儀仗，就感慨長嘆道：「啊！大丈夫應當像這個樣子！」

單父縣有個叫呂公的人，與沛縣縣令是好友，呂公為了避仇人，遷到沛縣，投在縣令門下為客，沛縣的豪紳官員聽說縣令家來了貴客，紛紛前往道賀。蕭何是當時的主吏，他向賓客們宣佈：「是致贈禮金不滿一千錢的，就請他坐在堂下。」劉邦身為亭長，平日就輕視縣衙的吏員。於是他寫了一張禮帖，上寫「賀錢一萬」，實際上他身上一錢都沒有。呂公見禮帖大為吃驚，起身去門外迎接。呂公這個人自詡會看相，見劉邦狀貌特殊，因而敬重有加，引劉邦上堂入座。蕭何見了，告訴呂公：「劉邦這人喜說大話，很少能成事。」劉邦可不管這些，坐在堂上，心安理得，毫不謙讓。

宴飲之際，呂公愈覺劉邦狀貌之奇，一再示意劉邦筵畢不要退去。待客人散去之後，呂公對劉邦說：「我早年就給人家看相，所看之相多極了，但沒有一位能有你這樣高貴。劉邦啊，希望你多多自愛。」稍頓一會又說：「我有一個女兒，願意許給你作妻子。」

這門親事遭到呂公妻子的反對，但終於還是成了。呂公的女兒嫁給劉邦，後來成為呂皇后，生了一兒一女，即後來的漢惠帝和魯元公主。這是後話。

秦二世元年（西元前二〇九年），劉邦奉令押送一批民夫往驪山修築陵墓。途中，民夫邊走邊逃，愈走愈少。劉邦盤算，這樣下去，抵達驪山只怕要逃光。於是走到豐西大澤之中，劉邦乾脆釋放了民夫，並決定自己也從此遠走高飛。有十餘名精壯漢子沒有逃去，他們願意跟隨劉邦，這便是劉邦最早的隊伍。從此，他們隱藏在芒碭山區，等待時機造反。

當年七月，陳勝、吳廣起義爆發，很快佔領了陳縣，並自立為王，天下雲集回應。許多郡縣民眾殺掉長吏，回應陳勝。沛縣縣令深感恐懼，也想在沛縣舉義旗順從大勢，獄掾曹參、主吏蕭何向他建議縣令身為秦朝官吏，如今要起事反秦，恐怕民眾不會信從，希望縣令召來已往逃亡在外的人，可得幾百人，就以這個力量脅持民眾，民眾不敢不信從。沛縣縣令認為這建議很好，於是派樊噲去召劉邦。這時，劉邦的手下已有數百人之多，得到消息便率眾而回。縣令此時又後悔了，恐怕劉邦率眾入城，造成事變於己不利。於是緊閉城門不許劉邦入內，又想殺掉蕭何、曹參。蕭、曹二人驚恐，偷越城牆逃出，依附劉邦。

城外的劉邦和眾人經過一番商量，決定給沛縣全體父老寫封信，用箭射到城上，信中說：「天下苦於秦的暴政太久了！如今沛縣鄉親假如還要替縣令堅守城門，就太不明智了，現在各地紛紛起義，沛縣遲早不免被攻破，而且要遭屠城之禍。如果沛中父老團結起來殺了縣令，推選出首領，響應起義號召，就能免去災難。否則，一旦城池攻破慘遭屠殺，那就死得太不值了。」

沛縣父老看了這封信，果然殺了縣令，打開城門迎接劉邦入城。經沛縣父老一致推舉，劉邦一再謙讓，最終劉邦被推舉為沛公。劉邦任沛公，舉行了隆重的儀式，先是祭祀了黃帝、蚩尤，又舉行了釁鼓的軍禮，並決定所有旗幟都用赤色。為了擴大武裝，就徵發沛縣子弟，起義隊伍很快發展到三千多人。從此，劉邦率領這支隊伍，在蕭何、曹參等輔助下，轉戰於豐、沛之間。

這時，除了首舉義旗的陳勝的反秦主力外，原戰國七雄故地的義軍也漸漸形成勢力。如燕、趙、齊、魏、吳等地，風起雲湧，紛紛自立為王。其中以吳地項梁、項羽的勢力較大，他們與章邯率領的秦官軍進行了多次交戰。劉邦曾率步騎一百餘人去薛地歸附項梁，項梁撥給他五千人增加兵力。

當年十二月，陳王陳勝不幸死去，反秦陣營失去了首領。在項梁的主持下，各地將領聚集薛地，商議大事。沛公劉邦也參加這次集會。經過商議，起義軍決定推舉原楚國王室的後人作為首領，因為這樣能夠增強號召力。於是楚懷王的孫子心被擁立為楚王，定都盱台（今江蘇盱眙），樹起了反秦的帥旗。經過重新部署，由項梁獨率軍追逐秦敗兵，劉邦和項羽各率部攻打城陽。攻克城陽後，劉邦和項羽又在濮陽以東與秦軍展開了大戰，擊敗了秦軍。接著轉兵攻打定陶。秦軍堅守，一時未能攻下，劉邦、項羽轉兵向西，攻取秦地。

秦二世三年（西元前二〇七年），正當劉邦與項羽圍攻陳留之際，傳來了項梁於定陶戰死的消息，劉、項於是引兵東歸，項羽率軍駐紮在彭城西，劉邦率兵駐紮在碭地。楚王見項梁戰死，甚為恐懼，便遷離盱台而建都於彭城（今江蘇徐州），將項羽等人的兵都收歸自己指揮，封劉邦為碭郡長，號武安侯，統領碭郡之兵；封項羽為長安侯，號魯公。

這時，趙地的義軍遭到秦軍的圍困，屢次請求援救。楚王心於是命宋義為上將軍、項羽為次將、范增為末將，出兵北上援趙。同時又命劉邦領兵西進，入關破秦。並與眾將約定：誰先攻入關中，誰便是關中王。

就當時的形勢而言，秦王朝雖已喪失民心，但其軍事力量仍很強大，所以眾將領並不認為先入關是有利的。唯獨項羽因叔父項梁戰死而心中憤激，願意同劉邦一同西進入關。但楚王心聽從了謀臣的勸告，認為項羽性情躁急而且兇悍，缺少寬大長者的氣度，終於不許項羽西進，只派遣了劉邦。

劉邦率軍出發，一路上收編了陳勝和項梁的一些殘兵，軍容大振。經過碭郡，到達成陽一線與秦軍對壘。此後，劉邦與秦軍展開了拉鋸戰。從《史記》記載上看，劉邦本人並不具備過人的軍事才能，但作為主將，他的確善於審時度勢，能虛心聽取屬下的建議，尤其那些事關戰略的正確建議，他更是即時認可，當機立斷。例如經過高陽時，聽從酈食其的建議，襲擊陳留，獲取秦所積聚的糧食。還有在宛城，與秦軍作戰處於膠著狀態時，聽從了張良的勸告，避免了腹背受敵的危險。此類事例甚多，是可證明劉邦在多謀善斷方面，確有過人之處。也正因為如此，劉邦所率的這支隊伍才得以勝利地出武關，克嶢關。又於藍田（今陝西藍田）大敗秦軍。

再說項羽、宋義所率的救趙大軍，出發不久，由於宋義畏縮不前，項羽殺了宋義，自代為大將軍，諸將黥布等都歸屬項羽。之後，驍勇善戰的項羽擊敗了秦的主力軍王離，迫使章邯投降，各路諸侯紛紛歸附項羽，項羽的勢力如日中天，這時秦王朝大勢已去。秦二世被趙高殺害，項羽派使者來見劉邦，想與劉邦訂約，要與劉邦在關中分地稱王。

漢王元年（西元前二〇六年）元月，劉邦率領十萬大軍抵達霸上。秦王子嬰乘素車，駕白馬，用繩子繫在脖子上，封了皇帝的玉璽、玉符節，在軹道上舉行了投降儀式。劉邦手下的將領有的主張殺掉秦王子嬰。劉邦說：「在初發兵時，楚王心派我攻秦，就是因為我能寬容大量。而今秦王已經降服，如殺了他，不吉祥。」

劉邦於是將秦王交付吏屬看管，率軍西入秦都咸陽。劉邦軍進駐咸陽，正式宣告秦王朝的滅亡。

楚漢相爭，滅掉項羽

劉邦率軍進駐咸陽以後，依他的本意，是想住在秦王朝的宮中，不再退出。然而樊噲和張良都及時勸諫，讓劉邦千萬不要住在秦宮中。劉邦自然領會其中的深意，立即將秦宮中的珍貴寶物、財物置於府庫，都加上封條，率軍退回霸上駐紮。劉邦接著召集各縣的縉紳父老，對他們宣告：「父老們，你們在苛酷的秦法之下痛苦地生活很久了。依秦法，有人誹謗朝廷就滅族；有相聚談話的就犯棄市死罪。我和諸侯有約，先入關的，就為關中之王。現在我當為關中之王。今天我要和父老約法三章：殺人者，死；傷人者，抵罪；盜，抵罪。此外一切秦法完全廢除。各官吏都依原來位置概不遷動。我所以領兵入關，一切所要做的，都是為父老們除害而來，不是來侵佔，更不做殘暴的事，大家不要害怕。並且我之所以回軍到霸上，就是為了等待諸侯們來到，可以訂定約束，以求安定百姓。」

劉邦的這段話在歷史上非常著名，被簡括為「約法三章」。在當時起到了極大的安定民心的作用，也為後來楚漢戰爭中最終取勝奠定了基礎。

劉邦進據關中不到一個月，項羽果然率領諸侯軍西進，很快直抵函谷關。這時，劉邦採納了當地人的建議，派兵封鎖了關口。項羽聽說劉邦業已平定關中，大怒，下令黥布等攻破了函谷關。十二月中旬，項羽軍到達距霸上僅咫尺之遙的戲水岸邊紮營。

當時，劉邦部下有個叫曹無傷的左司馬，他聽說項羽大怒，準備攻擊劉邦軍，就派人去向項羽唆使道：「劉邦要當關中王，令秦王子嬰為丞相，珍寶財物，都已歸劉邦。」曹無傷想借此取悅項羽，日後少不了封他官爵。在他看來，項羽勢力遠遠超過劉邦。

被稱為亞父的范增是項羽最為信賴的人，范增極力勸說項羽一定要立即進擊劉邦，以免留下後患。項羽當時就下令飽餐士卒，準備次日合力而戰，一舉擊敗劉邦。當時項羽擁軍四十萬，號稱百萬，劉邦軍十萬，號稱二十萬。劉邦兵力顯然不敵項羽。

事有湊巧。楚左尹項伯，是項羽的叔父，早年和張良交遊為好友，張良此時隨劉邦入關正在霸上。項伯便在夜間騎快馬飛馳到劉邦大營，私下會見張良，把項羽明早進擊劉邦的事告訴了張良，勸張良連夜逃離。但張良認為這樣做大為不義，於是將消息報告了劉邦。劉邦趕緊以兄長之禮會見項伯，給項伯敬酒，並與項伯約為兒女親家。劉邦所以這般卑顏討好，為的是求項伯能回去勸說項羽，請他明天不要出兵攻擊。

項伯回到營中，果然說動了項羽，答應善待劉邦。

依照項伯的囑咐，第二天一早，劉邦只帶隨從騎士百餘人去鴻門謁見項羽。到了鴻門，劉邦向項羽謝罪道：「我和將軍合力攻秦，將軍戰於河北，我戰於河南。但我自己也沒想到能先入關攻破秦都咸陽，能和將軍在這裡相見。現在，有小人之言，使將軍和我之間有嫌隙。」項羽說：「這是你的左司馬曹無傷說的，不然，我何至於如此？」

接著項羽留劉邦一同飲酒，這便是歷史上有名的鴻門宴。宴會上，范增一再暗示項羽殺掉劉邦，但項羽默然無所反應。之後是項莊舞劍，意在沛公，又被項伯從中保護。最終，劉邦因樊噲、張良二人的協助，總算安然脫身而回。回到軍中，立即殺了曹無傷。

過了幾天，項羽領兵西進，屠殺咸陽軍民，殺了秦王子嬰，焚燒了秦王朝的宮殿，大火三個月不滅。事後，項羽派人去給楚王心報告消息，其用意是想楚王心能允許他為王。但楚王心仍表示：應照原來約定行事。

項羽對楚王心這一決定甚為不滿。他想出辦法，改楚王心尊號為義帝，實際是不再聽從楚王心之命。項羽自立為西楚霸王，以彭城為都，擁有梁、楚九郡之地。背棄原立的約定，改封劉邦為漢王，以南鄭（今陝西南鄭）為都，擁有巴、蜀、漢中之地。將關中之地分為三，封原來的秦的三降將章邯為雍王、司馬欣為塞王、董翳為翟王。此外還封了若干個王，天下之地重新瓜分完畢。客觀分析，項羽的這一舉措，顯然是一種歷史倒退，隱然是將天下重歸於諸侯割據的格局。甚至可以說，就在項羽分封的同時，已經拉開了楚漢戰爭的序幕。

劉邦被封為漢王，心中自然不服，但迫於項羽的勢力，聽從了蕭何等人的勸告，起程前往漢中。途中，為了防備諸侯或其他盜兵襲擊，同時也向項羽表示沒有回軍東來之意，所過棧道全都被燒絕。

到了南鄭不久，漢王劉邦的部下發生了逃亡東歸的現象。因漢王的軍吏士卒大多是峭山以東的人，他們思念家鄉，極想東歸。有一位名叫韓信的治粟都尉，早先投在項梁麾下，後跟從項羽，一直得不到重用。漢王入蜀時，他背楚歸漢，仍覺得沒有得到重用，也逃去。蕭何聽說後，來不及向漢王報告，當即追趕。「蕭何月下追韓信」，說的就是這段故事。蕭何深知韓信是一位難得的將才，追回韓信，竭力向漢王舉薦。勸告漢王，如果只想在漢中稱王，那就用不上韓信，如果想爭天下，就非得重用韓信不可。劉邦聽從了蕭何的勸告，拜韓信為大將，舉行了隆重的拜將儀式。

拜將之後，韓信向劉邦獻策：「大王的軍吏士卒都是峭山以東之人。日夜期盼還鄉，正該乘其意氣最盛的時候，加以利用，可以成大功。如等到天下已定，人人都自求安寧，就不能再用了。不如此時決策，東向出兵，利用軍吏急切還鄉心情，爭權以取天下！」劉邦深以為然。

漢王元年八月，劉邦用韓信之計，從故道回軍關中，襲擊雍王章邯。至此，為時五年的楚漢戰爭正式展開。

劉邦回軍關中，首先攻擊章邯，很快平定了雍地，章邯敗退陵丘。劉邦迅速擴大戰果，從雍地東至咸陽已屬漢王。

再說項羽出關東歸彭城，派人遷徙義帝於長沙郴縣（今屬湖南），在義帝西去的途中，項羽又派人密殺了義帝。當初分封，項羽因怨恨田榮，故意不封田榮，而封田榮的相田都為齊王。田榮盛怒之下殺掉田都自立為齊王，同時公開打出反楚的旗號。接著，趙、代等也因王位之爭鬧得沸沸揚揚。項羽大怒，出兵北向擊齊。

漢王二年（西元前二〇五年），劉邦率部乘勝東進，塞王司馬欣、翟王董翳、河南王瑕丘申陽紛紛投降，劉邦很快平定了三秦。旋即，劉邦及時公佈新政，下令：諸侯如有以一萬兵，以一郡地歸降漢的，封萬戶。同時整修河上塞，開放舊時秦的各地苑囿園池，讓農戶有田地得以耕種。

二月，又下令廢除秦的社稷，改立漢的社稷。三月，劉邦率軍從臨晉渡黃河，攻下了河內郡，接著引兵向南，渡過平陰津，抵達洛陽。這時，劉邦才得知義帝被殺的消息，於是，脫袍服大哭，為義帝發喪。致哀三日。此前，劉邦率部東進，還定三秦，多少有點出師無名，又怕項羽勁旅的正面交鋒，所以讓張良給項羽寫信，詐稱僅僅只想如約得到關中，並不敢再向東。這時，即以義帝被項羽所殺為由，派使者遍告諸侯，打出討伐無道的旗幟，儼然是堂堂正正的仁義之師了。

當劉邦取得節節勝利之時，項羽正在出兵北方攻擊齊地，他是想要先破齊然後回軍擊漢，這就讓劉邦贏得戰機，先後擊敗雍王、塞王、翟王、殷王、韓王五諸侯，一直將兵鋒指向彭城，並攻下彭城。項羽得知，立即令其部下繼續在齊作戰，自己率三萬精銳南下擊漢。

在彭城東郊睢水之濱一線，劉、項兩軍展開了大戰。項羽軍拂曉開始攻擊，至中午大破劉邦漢軍，漢軍潰敗，被壓迫於谷、泗二水河中，淹死十餘萬人。楚軍乘勝猛追，又將漢軍趕至睢水河，擠壓落水而死又十餘萬，睢水為之堵塞不流。劉邦陷於楚軍的層層包圍之中，湊巧的是，這時忽然天昏地暗，刮起了巨大的西北風，楚軍一時亂了陣腳，使劉邦得以突圍逃走。

在劉邦倉皇逃跑之際，史書上記載了一則故事，從中很能看出劉邦這人的性格特點。劉邦坐戰車逃奔，駕車的太僕名叫滕公，途經沛縣，劉邦想救出父母妻兒一同離去，但楚軍已先下手。

劉邦繼續往前逃。在道上正好碰到了兒子和女兒，於是同載以行。這時楚軍車騎窮追不捨。由於載人多，劉邦嫌戰車不能疾馳，先後三次將自己的兒女推下車去，每次都是滕公再將他們扶上車。沒辦法，戰車只能緩緩驅馳，劉邦深恐逃不脫，十幾次都想拔劍殺了兒女，又全是依賴滕公的保護，使劉邦的一兒一女得以保命。這一兒一女分別是以後的漢惠帝和魯元公主。

彭城之戰慘敗，漢軍元氣大傷。劉邦逃至下邑，與妻兄呂澤會合，然後招集殘兵敗將，重新駐紮在碭地。當時平定關中紛紛投降的諸侯王，這時又都歸附了項羽。

五月，劉邦遷至滎陽（今屬河南），各路敗軍這時才逐漸會集起來，又得到蕭何的及時供給，漢軍才開始漸有起色。此後，戰爭處於相持階段，劉邦軍駐紮在滎陽以南，築甬道一直到黃河，以便接取敖倉的軍糧。項羽屢次襲擊甬道，侵奪其糧草。劉邦軍常常因軍糧缺少而犯難，曾一度與項羽講和，請求割滎陽以西為漢地，但項羽不肯。困頓之際，劉邦用陳平之計，離間了項羽與范增之間的關係，范增見項羽對他已有懷疑，遂請求告老還鄉，結果病死於途中。

漢王三年（西元前二〇四年），項羽圍攻滎陽，情況十分危急。劉邦無計可施，只得聽從部將紀信的建議，讓紀信裝扮成劉邦，誆騙項羽，劉邦便乘機暗中出逃。結果劉邦逃出滎陽，與九江王英布會合，收聚殘兵，入據成皋。項羽引兵圍攻成皋，劉邦又得以逃脫。之後，雙方在廣武一線紮營。兩軍相持數月。

一天，項羽叫人做了一個高腳的俎（即砧板），將劉邦的父親綁在砧板上，令人抬至高處，劉邦軍一望可見。項羽傳出話來：「你（劉邦）如果不快快投降，就烹殺你的父親。」劉邦聽說後回話：「我和項羽，都是楚王心的臣下，並且約為兄弟，所以我的父親就是你項羽的父親，你如果一定要烹殺你的父親，就請你分給我一杯羹。」項羽聽後大怒，要殺劉邦之父，項伯勸說道，爭天下的人，都是不顧家庭的，即使殺了他父親，也於事無益。劉邦之父這才保住了性命。

楚漢兩軍久久相持不下，壯年男子苦於軍役之勞，老弱之人又疲於水陸運輸之苦。有一次，項羽與劉邦在廣武臨澗對談。項羽說：「天下混亂不安，幾年不能平靜，只因我你二人而已。我願意向你單獨挑戰，一人對一人，一決雌雄，不要為我們兩個人，使天下民眾白白受苦！」劉邦卻笑著推辭道：「我這個人，寧肯鬥智，不願鬥力。」

接著，劉邦指著項羽，歷數其罪：「在開始時，我與項羽都受楚王之命，約定了先入關中為王，項羽背約，要我王於蜀漢，這是項羽的罪之一。項羽假傳楚王旨意，殺了主將宋義而自立為上將軍，這是罪之二。項羽率軍救趙，任務完成後應還報楚王，但卻擅自劫取諸侯之兵入關，這是罪之三。懷王曾約束，入關破秦之後，不許暴虐劫殺，項羽燒宮室，掘秦始皇墳墓，私自收取秦財物，罪之四。又殺了秦的降王子嬰，罪之五。又用欺詐手段，坑殺秦降卒二十萬人於新安，並封秦將章邯為王，罪之六。項羽分封天下以個人好惡為標準，無理地斥逐齊、趙、韓的故王，致使他們的臣下爭地為王，罪之七。項羽將義帝逐出彭城，而自己取彭城為都，自私貪婪至極，罪之八。項羽秘密派人暗殺義帝於江南，罪之九。作為人臣而殺其君主，殺已降之卒，為政不公平，主持公約而不守信，這種人為天下所不容，真正是大逆不道，罪之十。我劉邦以仁義之師團結諸侯，討伐殘暴，像項羽這樣的罪人，我用刑餘的罪人就能誅殺，我自己何苦和你單獨決戰！」

一澗之隔的項羽聽了劉邦這一番話，大為惱怒，用暗伏的弩箭射擊，劉邦的胸口被箭射中。劉邦拔出箭矢，握住自己的腳喊：「這些狗賊射中了我的腳趾。」

劉邦可謂是機警過人，他這樣做一是為了不使敵人知道自己受了重傷，二是怕亂了己方的軍心。劉邦身邊的主要謀士張良也是深知其中的利害，他堅請劉邦忍疼勉強起來，巡行慰勞軍士，以安士卒，不給項羽任何可乘之機。

項羽與劉邦對峙，而他的後方卻不斷地遭到侵擾，尤其是居於梁地的彭越，往來遊擊，反復騷擾楚軍，斷絕楚軍的糧草。當項羽抽出兵力攻擊彭越時，齊王韓信又從側面進攻楚軍，項羽一時首尾難顧，被動至極。外有圍兵，內無糧草，項羽經過一番權衡，只好派人去與劉邦講和。表示願將劉邦的父母妻子送回，與劉邦訂約，中分天下，以鴻溝為界，以西之地歸劉邦，以東之地歸項羽。

劉邦同意了這一協定。漢王四年（西元前二〇三年）九月，項羽送還了劉邦的親人，引兵解甲往東歸去。劉邦亦如約準備引兵西歸，張良、陳平等人建議：現在漢軍勢力雄厚，據有大半個國土。而項羽的楚軍正是兵疲糧盡之際，這是乘勢消滅他們的絕好時機。如果今天不進行追擊，正所謂「養虎自遺患」。劉邦聽從了他們的建議。

劉邦率漢軍追擊項羽，並與韓信、彭越約定，在固陵會合，共同圍殲楚軍。然而劉邦引兵到達固陵，韓信和彭越兩部皆未前來，結果漢軍遭到楚軍的反擊，大敗於固陵。劉邦只好退入壁壘，掘深溝而堅守。這時，又多虧張良及時獻計，籠絡韓信、彭越，兩部引兵而至，完成了圍攻項羽楚軍的戰略部署。

漢王五年（西元前二〇二年）十二月，劉邦漢軍與各諸侯軍共同圍攻項羽，在垓下（在今安徽固鎮）形成了決一勝負的態勢。韓信率軍三十萬，獨當一面，正面迎戰楚軍，韓信的部將孔熙居左，陳賀居右，劉邦軍居後，將項羽的十萬楚軍團團圍住。戰爭打響，韓信與項羽交鋒，韓信不利，往後撤退。這時孔熙和陳賀一左一右夾擊項羽，項羽不利，韓信乘勢反擊，大敗楚軍於垓下。

殘陽如血。項羽收敗兵進入壁壘。寒風蕭瑟，漢軍與諸侯兵將項羽圍在數重之內。深夜，項羽聽到週邊唱起了楚歌，大驚，以為漢軍已經攻下了楚地全境，心怯氣餒。當即飲酒帳中，演了霸王別姬悲壯的一幕後，率麾下八百餘騎突圍。天明，漢軍才知道項羽已突圍南奔。劉邦令灌嬰率五千人馬追擊，一直追到東城，項羽一路奔殺，此時僅剩下二十八騎。經過殊死的搏鬥，項羽自知難以逃脫，於是自殺於烏江之畔（今安徽和縣東北）。

至此，為時五年之久的楚漢戰爭，最終以劉勝項敗而宣告結束。

安邦定國，初展鴻業

漢王五年二月，劉邦於山東定陶附近的汜水之北即皇帝位。為了安定諸侯，劉邦及時下詔書，給韓信、英布、吳芮等封了王，於是天下平定，建都於洛陽。五月，命天下所有的兵解甲歸家，諸侯均為天子的屬臣。在大政上，漢承秦制，實行中央集權制度。

定都洛陽不久，一次，劉邦在南宮大宴群臣，對群臣說道：「列侯諸將，大家不許隱諱，都要直言真情。我之所以能得天下，是什麼原因？項羽之所以失掉天下，是什麼原因？」

高起和王陵回答道：「這是因為陛下使人攻城掠地，所攻下的地，陛下肯封給攻佔的將帥，能與天下人同利。這是陛下能得天下的原因，項羽則不同，他妒賢嫉能，有功者害之，賢者疑之，諸將戰勝而不酬功。這是項羽失天下的原因。」

劉邦聽後說道：「你們只知其一，不知其二。論到運籌謀畫在帷帳之中，而能決定戰勝於千里之外，我不如張良；鎮守國家，安撫百姓，供給糧餉，不絕糧道，我不如蕭何；統率百萬人軍，戰必勝攻必克，我不如韓信。這三人都是人中豪傑，但我能任用這三人，這就是我之所以能取得天下的道理。項羽有一個范增，但他不能善任，這就是項羽之所以被我擊敗的道理。」

劉邦這一席話，說得群臣心悅誠服。由此可見知人善任的確是劉邦的過人之處。

新政伊始，數年的戰爭造成了天下殘破的局面，大量的編戶農民變成脫離什伍控制的流亡者，

《漢書》記載當時人口同原來相比，是「戶口可得而數者，十才二三」。由於糧穀缺乏，穀價騰貴，斛米竟值萬錢，「齊民無藏蓋」，甚至於「自天了不能具醇駟，而將相或乘牛車」。社會經濟如此困窘，政治形勢亦不樂觀，韓信、英布等異姓諸侯王控制著大片土地和人口，所謂「外托君臣之名，內有敵國之實」。另外，北方的匈奴乘中原內亂，越過長城從背後不斷侵擾。面對這樣的局面，怎樣進行統治，便成為登上皇位的劉邦迫切需要解決的問題。

首先，劉邦聽從了婁敬（後改名劉敬）的建議，將都城從洛陽遷自長安。接著實施了一系列新政策，重本抑末，打擊商人，給農民優惠政策，招撫流民，釋放奴婢，輕徭薄賦，發展農業生產。同時，令蕭何在秦律的基礎上除去夷三族和連坐法，增加興律、戶律、廄律三章，制定《漢律》九章。又令韓信審定軍法，張蒼制定章程，叔孫通制定禮儀。對匈奴實行和親，把漢室公主嫁給單於，每年送去大批絲綢、糧食、酒等，與匈奴約為兄弟。這些與民休息以安定為本的政策措施有利於社會經濟的恢復和中央集權的鞏固，給以後漢朝的強盛奠定了基礎。應該說，作為封建時代的政治家，劉邦是成功的。以下介紹幾個最能反映劉邦個人風貌的史例。

先說叔孫通制禮儀。劉邦登上皇帝寶座，然而每次朝會時並不覺得快活。怎麼回事呢？原來他打天下之時，跟隨他出生入死的那些人，大多出身低微：小商小販、屠狗無賴、拉車賣漿等。劉邦取得天下後，這些人自然是開國勳臣，論功行賞，全都成為王侯將相。這便是舊史書上常講的「漢初布衣將相之局，蓋秦漢間為天地一大變局」。既然都是一個戰壕的「戰友」，行事舉措也就沒有什麼約束，所以劉邦最初的宮廷朝會，形同酒肆茶館，群臣上朝，飲酒爭功，借酒使氣，大呼小喊，甚至拔劍擊柱。劉邦為此甚為煩惱。這時，博士官叔孫通建議，宮廷朝會沒有禮儀不行，願意根據古禮並參考秦儀，創制一套宮廷儀禮。劉邦一聽，正中下懷，於是命叔孫通抓緊擬定並負責演習排練。

經過一個多月的排演，朝會儀式終於在長樂宮舉行。天露曙色，先由謁者治禮；將文武大臣按等級依次引入殿門，廷中佈置了車騎步卒，刀戟林立，旌旗招展，充當宮廷守衛。殿下丹陛夾列數百名郎中，功臣列侯、諸將軍、軍吏等武官依次站在殿下西邊，面朝東；丞相以下的所有文官都立於殿下東邊，面朝西。儀式開始，劉邦乘輦出場，左右侍幄者舉幟相隨，諸侯王以下至吏六百石官以次奉賀。至禮畢，依法置酒，「諸侍坐殿上者皆伏仰首」，依尊卑次序向劉邦敬酒上壽，由禦史執法，凡有不按儀節行酒者，趕出殿門。於是「竟朝置酒，無敢歡嘩失禮者」。見到這種場面，劉邦禁不住感嘆道：「我直到今天才知道做皇帝是如此尊貴啊！」於是，賜封叔孫通為太常官，賞金五百斤。

叔孫通制定的朝儀，成為後世宮廷朝儀的藍本，歷代王朝都在此基礎上增補，用以體現皇權的至高無上。

再說劉邦是如何解決匈奴邊患的。匈奴是遊牧民族，強弓硬馬，驃悍異常。劉邦統一天下不久，匈奴屢次南下。西元前二〇〇年，劉邦在晉陽，聽說匈奴大營在代穀，於是想一舉殲滅之。劉邦親自率領三十二萬人馬向北進發。事先劉邦派人偵察，回來報告說是追擊匈奴的絕好機會，劉敬卻說只見匈奴的一些老弱，肯定是設下了埋伏，認為不可追擊。劉邦卻認為劉敬是長了敵人志氣，滅了自己威風，遂綁了劉敬。

劉邦大軍追至平城白登，遭到匈奴四十萬騎兵的圍擊，西漢的大部隊一時又來不及增援。劉邦被圍困在白登七個日夜，情況十分危急。後來劉邦用陳平計，使人畫了美女圖送到匈奴單於的妻子手中，詐稱漢朝有這樣的美女，現在皇帝劉邦被圍，想用美女獻給單於以解困。單於的妻子擔心美女奪去單於的寵愛，於是勸單於撤兵解圍。

劉邦脫險後，放了劉敬並重賞之，事後向劉敬請教徹底解決匈奴邊患的辦法。劉敬認為天下初定，不宜大肆用兵，再者匈奴以武力為威，又不能打著仁義的旗號去談和，為今長久之計，只有將漢宮的公主嫁給他們，將來他們的兒子便是漢朝的外孫，哪有外孫再來侵擾外祖父的呢！這便是歷史上著名的和親政策。劉邦認為這個辦法很好。但劉邦這時僅有一女，呂后怎麼也捨不得，於是劉邦只好在宗室劉家女兒中挑一位。事先封她公主稱號；派劉敬作使者，嫁給匈奴單於，與單於結為翁婿親家。此後，匈奴邊患才暫告一段落。

最後看劉邦是如何削弱諸侯勢力翦滅韓信的。劉邦之所以能打敗項羽，軍事上與韓信的配合分不開，劉邦自己也深知韓信傑出的帶兵才能。天下平定以後，韓信的勢力一直是劉邦的心病，唯恐不利於劉家天下的長治久安。漢高祖六年（西元前二〇一年），有人上書密告韓信要造反。劉邦聞訊後立即詢問諸將，都說要趕緊發兵鎮壓，劉邦默然，又問陳平。陳平問劉邦：「陛下的精兵敵得過韓信嗎？」劉邦坦率地回答：「敵不過。」陳平又問：「陛下手下的諸將，用兵才能有超過韓信的嗎？」劉邦答：「都趕不上。」陳平於是講：「現在是兵敵不過韓信，將也無法相比，這樣發兵鎮壓，其結果將是危險的。」劉邦感到無措，陳平獻計：裝出巡視的樣子到雲夢去遊玩，不露任何風聲，韓信也不知有人告密，一定會前來迎接陛下，那時再趁其不備逮住他。

果然，韓信在毫無察覺之際被劉邦令武士綁了起來。返回路上，劉邦將韓信置於後車，韓信感嘆道：「果然如人所言：狡兔死，走狗烹；飛鳥盡，良弓藏；敵國破，謀臣亡。」

劉邦囚禁了韓信，一時也不便治罪，畢竟他是有功勳臣，又沒有犯罪事實。於是釋放了韓信，降封為淮陰侯。韓信也深知功高震主，此後經常稱病，有意避開朝政。

漢高祖十一年（西元前一九六年），陳豨造反，自立代王。劉邦親自率軍鎮討。令韓信會同擊陳豨，韓信稱病推脫，結果捲入陳豨叛黨的渦旋之中。呂后用蕭何的計謀，再次縛捉了韓信，隨即斬韓信於長樂宮鐘室。後來劉邦得知韓信被斬的消息，《資治通鑒》是這樣寫的：「聞淮陰侯之死，且喜且憐之。」可謂將劉邦的心理刻畫得入木三分。

對待勢力強大的諸侯王，劉邦採取了各個擊破的方針，其辦法與翦滅韓信相似，不急於求成，一步一步地來。在清除諸侯王勢力的同時，發展同姓王勢力，一切為劉家天下長治久安來考慮。

漢高祖十二年（西元前一九五年），劉邦親自統軍討擊淮南王黥布。交戰時，劉邦被流矢射中，途中，病情愈來愈嚴重。呂后請來良醫，診探後，良醫表示可以醫好劉邦的疾病。劉邦卻罵道：「我以市衣身份提三尺劍取得天下，這難道不是天命！人的命數在天，即使扁鵲又能怎麼樣！」說什麼也不讓醫治，賜金五十斤，將良醫打發走了。

稍後，呂后見劉邦病情日見沉重，便問劉邦：「陛下百歲之後，蕭何相國再死去，使誰代替蕭相國的位置呢？」劉邦說：「曹參可以。」呂后又問曹參之後呢？劉邦說：「王陵可以，但王陵年輕憨直，陳平可以幫助他。陳平智慧有餘，然而難以獨當重任；周勃為人沉重寬厚、缺少學問，但能夠安定劉氏天下的，必定是周勃，可以讓他任太尉。」呂后又問之後，劉邦說：「這之後，也不是妳所能知道的了。」

同年四月，劉邦在長樂宮逝世。五月，葬劉邦於長陵，立太子劉盈為皇帝。追謚劉邦稱號，謚為「高祖皇帝」，所以歷史上又稱劉邦為漢高祖。

劉邦從一介亭長起事，經歷六十七年的拼搏，最終登上皇帝的寶座，這實在有賴於秦末的社會局勢。因為整個社會動盪不安，新的政治集團從無到有、由弱到強，直至創立全國政權，才有充分的可能性。至於劉邦同項羽競鬥，時常表現得不夠光彩，再經過司馬遷的描述，就留下一副痞子的模樣，致使後人頗有譏諷，甚或以「流氓皇帝」相稱。僅就客觀歷史而論，劉邦建立西漢王朝，結束秦末社會大動亂，加上開國後採取各種措施，穩定政治秩序，恢復和發展社會經濟，對歷史進步起著推動作用，其還是有重大貢獻的。

盧昌德　文

第七章

漢光武帝　劉秀

在中國歷代開國史上，有一位相當突出的皇帝。他曾經在太學讀書，在家鄉務農和經商，而後在戰爭中登上皇位。他開創了「光武中興」的局面，被稱為中國古代「最會用人、最有學問、最會打仗」的皇帝。他就是漢光武帝劉秀。

「白衣」敢為「秀才」造反

湖北省北部偏西的棗陽市，西漢末年屬南陽郡蔡陽縣，境內有一條白水（今名滾河），白水邊上有一個白水鄉，這裡就是東漢光武帝劉秀的家鄉。

劉秀（西元前六年至西元五七年），字文叔，出身於漢景帝的支系，算起來是漢高祖劉邦的九世孫。他的先世原居於零陵郡冷道縣（今湖南寧遠東），後遷居南陽郡的蔡陽縣。

不過，劉秀的出生地是在濟陽（今河南蘭考東北）。其時，他的父親劉欽正擔任濟陽縣令。劉欽後來又擔任南頓（在今河南項城）縣令，劉秀九歲那年，他就去世了。這樣，劉秀就返回鄉里，由叔父劉良撫養長大。

劉秀的母親姓樊，名嫻都。她的父親樊重，是南陽湖陽（今河南唐河縣西南湖陽鎮）的一個富豪，擁有良田三百餘頃，住在有高堂重閣的莊園中，手下有許多僮僕，農林牧漁，多種經營，財力雄厚，富甲一方。

劉欽與樊氏生有三子三女，長子劉縯，次子劉仲，長女劉黃，次女劉元，劉秀是家中老五，下面還有一個小妹。

劉秀是西漢皇室支系後裔，先世屬於貴族階層，他的祖上曾世代為官，但他的父親、叔父都只當到縣令，而到他這一代，已無官無職，這在古時稱為「白衣」、「匹庶」，也就是平民百姓。不過，無可否認的是，劉秀的外祖父是豪族地主，他的姐夫鄧晨是家中世代為官的豪族地主，他自家也有不少的土地。所以，劉秀可以算是南陽地區豪強地主關係網上的一個紐結。

劉秀長大以後，和他哥哥劉縯的性格明顯不同。他「勤於稼穡」，對於家中的農業生產經營比較有興趣，也能安得下心來，而劉縯呢，性格外露，慷慨氣盛，是鄉里一個集霸、豪、俠氣於一身的人。他對從事生產不感興趣，而傾身破家，交結所謂「豪傑」，把全部精力都放在「舉大事」的準備上。劉秀給人的印象是本分，所以人們稱他為「謹厚者」。實際上，他和他哥哥的差別，只在於一個善於掩飾，表裡不一，而另一個不喜掩飾，也不善掩飾罷了。劉秀其實也是一個敢作敢為的人，他姐姐湖陽公主劉黃就說他早年間「藏亡匿死，吏不敢至門」，可見，劉秀也是一個令官府頭痛的人。後來，他終因逃避官府追捕，到姐夫鄧晨家藏身，還在新野被拘留過。

起初，劉秀在鄉間務農，他有較多且好的土地，又比較善於經營，因此，收成總是不錯。有一年，南陽郡鬧旱災，嚴重減產，而劉秀家的收成卻未受到多大影響。後來，劉秀到長安的太學學習，師從著名儒生許子威，攻讀《尚書》。

在長安時，他是個消息靈通人士，一方面「高才好學」，另一方面，也很喜歡遊俠行徑，喜歡玩，喜歡到社會生活中去了解情況。他所住的尚冠裡，成了南陽地區一些上層人物在長安的聚會之地。他在長安看到執金吾（負責京師警衛的官員）出行的威嚴，不由地嘆道：「仕宦當作執金吾，娶妻當得陰麗華。」陰麗華，是南陽新野（今屬河南）的一個美慧女子，後來果然成了劉秀的妻子，最後被立為皇后。

這時正是王莽當政之時。由於王莽不懂政治，也不懂經濟，實行改革也是朝令夕改，隨心所欲，最終不但未能緩和社會矛盾，反而火上澆油，使天下成了一堆隨時可能燒起來的乾草堆。在社會危機嚴重的情況下，王莽行改朝換代之舉，登天下至尊之位，更使他成為眾矢之的。

當時，一方面是兼併嚴重，土地和社會財富集中到少數富人手中，廣大的農民喪失土地，淪為奴婢；另一方面，地主階級中也出現了嚴重的分化，最突出的是劉姓宗室和王莽集團的衝突變得十分激烈。

西漢皇朝開創者劉邦的眾多子孫，到西漢末年，雖然人已有了很大分化，但其中還是有不少人是有封侯待遇的。王莽奪取政權後，對劉姓貴族很不客氣，以致把他們的爵位都剝奪了，各地的地方官對他們也有很多侵犯。這樣，勢必嚴重激化劉姓宗室貴族與王莽政權的矛盾。

由於王莽政權的政策，像劉秀這樣的人，早就成為一介平民，既無官職，也無任何特殊身份，甚至連普通的百姓都不如，因為他們被王莽政權視為「危險分子」。對這種政治上的壓迫和歧視，劉秀早就感覺到了。

實際上，一部分西漢宗室後裔確實是王莽政權的一個巨大的潛在威脅。劉氏兄弟可以說是他們的代表人物。劉縯早就在聯絡有志反莽的豪傑了，他的志向就是「興複漢室」。劉秀呢，雖然沒有像他哥哥那樣張揚，但其決心並不在劉縯之下。

有一天，在宛城（今河南南陽）一個名叫蔡少卿的人家裡，聚集了很多人，劉縯、劉秀兄弟也在，他們是來聽這個當時遠近聞名的「先知先覺」者預言未來之事的。言談之間，蔡少卿突然說了一句：「劉秀當為天子。」一下子語驚四座，當場就有人問：「是國師公劉秀乎？」原來，那時還有一個原名劉歆的國師公劉秀。誰想這句話卻讓在座的劉秀動了心，他情不自禁地說出了他的真心話：「怎麼知道就不是說的我這個劉秀呢？」

時隔不久，天下終於震盪了。

王莽天鳳四年（西元十七年），臨淮（今安徽鳳陽）人瓜田儀在會稽長洲（今江蘇蘇州）起義，琅琊（今山東臨沂）人呂母也在海曲（今山東日照）聚眾數千，向王莽政權宣戰。在距離劉秀家鄉不遠的綠林山（今湖北京山市的大洪山），早就聚集了不少饑民，他們在王鳳等人的領導下，也舉起了反莽的義旗，號稱「綠林軍」。這一年，劉秀二十三歲。

次年，在位於今天山東省境內的一些地方，樊崇等人領導了大規模的起義，後來起義軍以紅色塗眉，以便識別，因此，被稱為「赤眉軍」。

綠林軍是饑民組織起來的，他們起義後缺乏明確的政治目標，他們為饑寒所迫，鋌而走險，他們的要求也只是稍離饑餓線，免蹈死亡線而已。他們曾打敗王莽政權的荊州牧（當時一州的最高官員）的兩萬軍隊，並且截獲了荊州牧本人，可是卻「不敢殺牧」，把他放了。他們奪取了一些縣城，但卻不知如何擴大勝利，得而復失，又退回山中。因此，綠林軍鬥爭五年，並無太大的作為。

地皇四年（西元二十二年），綠林山中發生瘟疫，綠林軍下山分別行動，王匡等北入南陽，號「新市兵」，王常等西入南郡，號「下江兵」。隨著起義軍出山，反莽鬥爭的衝擊波擴大，平林（在今隨州市）人陳牧、廖湛等舉兵回應，於是，在反莽武裝中又多了一支「平林兵」。

這一巨大的衝擊波也使素有反莽之志的劉秀等人大受激蕩。該年七月，劉秀與宛人李通、李軼兄弟共謀起事，但消息洩露，以致李氏家屬多人遇害。十月，劉秀與李氏兄弟起兵於宛。

次月，劉秀等帶兵返回春陵，與劉縯手下的人匯合在一起，組成「春陵兵」。劉氏兄弟經過數年的等待、觀望與準備，終於正式舉起了反莽鬥爭的義旗。這一年，劉秀二十八歲。

春陵鄉起兵後，劉氏兄弟所率的春陵兵與「新市」、「平林」等友軍配合，打了一些小勝仗。但時隔不久，卻又遭到一次巨大的挫折，劉秀等在一個叫小長安聚的地方與官軍遭遇，勢不能敵，只好潰退。劉秀策馬奔逃，遇到妹妹伯姬，趕緊讓她上馬，可又看見大姐劉元拉著三個女兒，正在上氣不接下氣地跑著，心裡想救她們，可實在無能為力了，劉元也對他說：「你們快走，沒法相救了，不能大家死在一塊！」劉秀只好策馬而去，強忍悲痛，眼睜睜地看著自己的親人落入敵手。這一仗，劉秀不僅痛失親姐、親哥（劉仲），還有親屬、宗族等數十人遇難。

血的鬥爭經驗，使劉氏兄弟認識到聯合的重要性，只有各支反莽義軍聯合起來，才能形成強大的力量，否則，是無法戰勝王莽的。於是，他們來到下江兵王常軍中，陳述聯合的好處，表達聯合的願望。王常是個識大體、有眼光的人，他欣然接受了聯合的建議。隨之，各路義軍聯合起來，綠林軍聲勢大振。

地皇四年（西元二十三年）正月初一，各路義軍與荊州的王莽軍隊展開激戰，殲滅敵軍兩萬餘人，敵軍主將甄阜、梁丘賜也都被殺。接著，他們又打敗了嚴尤、陳茂所率的敵軍，進圍宛城。

數年之間，各地的反抗鬥爭此起彼伏，但由於分散作戰，容易被各個擊破，所以王莽沒有怎麼放在心上，而自從劉縯、劉秀兄弟與綠林軍各支隊伍聯合起來，大勝官軍之後，遠在京城長安的王莽，就再也無法睡安穩覺了。

從昆陽大捷，到鄗南稱帝

軍事上打了勝仗，前來投奔的人絡繹不絕，在從未有過的大好形勢下，綠林軍的將領們在醞釀一件大事。他們覺得，需要一位皇帝。只有劉縯持不同意見，認為這時只能立個王，立皇帝的時機尚不成熟。但是，附和他的人較少，起勁地主張立皇帝的人多。然而，立誰為皇帝，意見卻不統一。一部分人主張立劉縯，但新市、平林兵的多數將領卻主張立劉玄。

劉玄，是劉秀的族兄。他也早就有反莽的志向與行動，平林兵起，他投到陳牧手下，後來，任「更始將軍」。為什麼新市、平林諸將要立劉玄呢？這主要是因為劉玄是孤身一人投入義軍的，沒有實力。或許，他的母親是平林人，也是平林諸將對他有好感的一個原因。至於舊史書上說劉玄懦弱，甚至說他被推上帝位時緊張得遍體流汗，恐怕有些誇張，因為他早年無端受一亭長欺辱，一怒之下，刺殺了亭長，亭長的兒子為報仇殺了他的弟弟，劉玄為弟報仇，又燒死亭長的親屬四人。像他這樣一個人，決然不是懦弱之輩。不過，劉縯、劉玄相較，劉縯嚴整，劉玄卑瑣，喜歡「自由」，樂意「放縱」的新市、平林諸將選擇了劉玄。

結果，劉玄被立為皇帝，年號「更始」。

王莽聞知，氣得發昏。他派王尋、王邑等為將，搜羅了四十三萬軍隊，號稱百萬，向更始政權的軍隊猛撲過去。王莽這個人喜歡玩怪，特地向軍中派去一個身長一丈、腰大十圍的巨人，名叫巨無霸，隨軍的還有虎、豹、犀、象等猛獸，目的就是為了壯軍威，嚇唬人，史書上說這次出兵是「自秦、漢出師之盛，未嘗有也」，倒也不過分。

當時，綠林軍正圍攻宛城，王莽軍隊避實就虛，攻向昆陽（今河南葉縣），意在佔領這座戰略地位十分重要的縣城。敵軍已包圍了昆陽，而且越聚越多，駐守在昆陽的綠林軍僅數千人，形勢萬分危急。這時，劉秀正在城中，他向壯士們分析形勢，得出結論：只有拼死一戰，才有生路。經他這麼一說，大家覺得在理，因此拋棄了別的念頭，下定決心，血戰到底。於是劉秀實際上擔負起臨時總指揮的重任，他讓王鳳、王常堅守昆陽，自己去附近各城搬取救兵。劉秀部署完畢，便帶領十三人拼死殺出重圍。

經過劉秀的耐心說服，附近各城分兵救援昆陽，劉秀也親率敢死隊員三千人，攻向敵人中堅，打得敵人措手不及，損失嚴重，連主將王尋也丟了命。在綠林軍的內外夾攻下，王莽軍隊失魂落魄，陣勢大亂，又遇到雷閃雷鳴，狂風大雨，更是潰不成軍，王邑、嚴尤也險些喪命。這一仗，就是中國戰爭史上著名的以少勝多的昆陽之戰。經此一戰，綠林軍消滅了王莽軍隊的主力，王莽的軍事優勢已不復存在。

經過昆陽大捷，劉氏兄弟的威望進一步提高，但更始政權的內部矛盾也更趨尖銳。結果，劉縯遭殺害，劉秀也岌岌可危，在這種異常兇險的情況下，劉秀保持鎮靜和耐心，想方設法消除劉玄的猜疑，才免遭殺身之禍。

西元二十三年秋，綠林軍攻入長安。長安市民起義響應，殺死王莽。於是，以綠林、赤眉為主力的反莽戰爭取得了勝利。但是，天下還遠沒有恢復秩序與統一。

就在長安攻破後不久，劉秀被劉玄派往河北，使得他終於擺脫了劉玄對他的直接控制，有可能發展自己的勢力。劉秀剛渡河，到達鄴（在今河北臨漳），新野人鄧禹追了上來，向他進「延攬英雄，務悅民心」之計，劉秀把他當作軍師對待。

當時的河北，處於極度混亂之中，這裡既有不計其數的大大小小的農民武裝，也有不少地主、地方官吏的割據勢力，形勢錯綜複雜，戰事接連不斷。要收拾這樣一個亂局，確實不容易！劉秀首先爭取一些地方官員的支持，佔據一些地盤，以便立足。他控制了一些地區後，就順應民心，廢除王莽的苛政，整頓吏治，力求在政治上表現出新的氣象。他懂得，要在河北站穩腳跟，除了要有軍事實力，更重要的是，必須得民心支持，有民力可用。

那時河北地區最大的割據者是在邯鄲（今河北邯鄲）自稱天子的王郎，王郎控制了不少縣城，還有一些隨風倒的勢力，也正在向他靠攏。劉秀為躲開王郎，北移到薊（今北京市西南大興區），但在薊的劉氏宗室劉接卻起兵回應王郎，王郎又正以封十萬戶侯的條件懸賞劉秀。劉秀在薊也待不下去了，又帶著部下，一路南奔，到了饒陽（今屬河北）。

這一隊人一路奔波，早已是饑腸轆轆。劉秀便自稱是「邯鄲使者」（即王郎的特派員），把他們帶進了縣城「傳舍」（相當於飯店）。傳舍的官員信以為真，就給他們端來了飯菜。誰知這夥人確實餓急了，見了吃的，就搶了起來，這就引起了官員的懷疑，為了試探這個「邯鄲使者」到底是真是假，於是讓人敲響大鼓，高喊「邯鄲將軍到」。劉秀的部下顯出驚慌神色，劉秀也起身想走，但他冷靜下來一想，要跑也跑不掉了，於是乾脆坐下說：「請邯鄲將軍進來。」接著，又幸得守城門人的幫助，才得以脫險。這一路，真是歷盡艱險，好不容易到達信都（今河北冀州），才因太守任光是擁護更始政權的，得以安頓下來。

後來，劉秀逐漸壯大了實力，終於形成對邯鄲的包圍之勢，以致最後消滅了王郎，為他進一步統一河北奠定了基礎。

對於農民軍，劉秀採取以分化、瓦解、收編為主的政策。當時，河北地區規模最大的農民軍號「銅馬」，劉秀擊敗銅馬軍後，將其部眾收編，充實自己的兵力。因此，他還獲得了「銅馬帝」的稱號。經過一年多的苦心經營，劉秀終於完全控制了河北地區，這一地區也安定下來。這時，遠在長安的更始帝對劉秀越發放不下心了，假意封他為蕭王，企圖把他召回。當然，翅膀已硬的劉秀，是再也不會重回籠中了。

西元二十五年，劉秀在鄗（在今河北柏鄉縣）南郊稱帝，國號仍為漢，年號建武。不久，漢軍攻下洛陽，劉秀定都於此。

掃平群雄，恢復統一

劉秀當上了皇帝，但因戰爭動亂而分為碎片的國家，距離重新統一，還有無數的障礙。

在天下大亂的過程中，稱王稱帝者甚眾，真是「於時懷璽者十餘，建旗者數百，高才者居南面，疾足者為王公」。從鄗南稱帝到消滅最後一支割據勢力，劉秀前後共用了十三年時間，才最終取得統一戰爭的勝利。他有一個基本的遠謀方略，敵手一個一個地去翦除，地方一片一片地去佔領，與此同時，他除去王莽的苛政，讓人民休養生息，獲得人民的好感與擁護，社會生產也得以恢復與發展，為統一戰爭提供了有力的物質保證。

劉秀首先把兵鋒指向關中地區（今陝西中部一帶），解決赤眉軍。赤眉軍，本是一支淳樸的農民武裝，為首的也是原本社會地位低下的農民和小知識份子。這支軍隊的戰鬥力很強，屢次打敗王莽軍隊，成為摧毀王莽政權的主力之一。當綠林軍立劉玄為帝後，赤眉軍通過抓鬮的辦法，立了一個牧童出身、年僅十五歲的劉盆子為帝。

王莽垮臺後，更始政權迅速腐化，失去了戰鬥力，也失去了政治上的號召力。就在劉秀即位後三個月，赤眉軍攻入長安，更始帝出逃，後來被其已投降赤眉軍的將領所殺。可悲的是，攻入長安的赤眉軍也好景不長。赤眉軍沒有明確的足以振奮人心的政治綱領和舉措，在關中地區沒有得到有力的回應、支持和配合，甚至連賴以生存的口糧都弄不到，而其成員都是關東人，想念家鄉的情緒日甚一日。於是，軍心渙散，紀律鬆弛，而領導集團竟然束手無策。劉秀平定赤眉軍的軍事行動持續了兩年多。任前線指揮的起初是鄧禹，但他一再貽誤戰機，處境陷於被動。後來改派馮異，劉秀也不時發出指令，終於使形勢扭轉。建武三年（西元二十七年）的崤底（在今河南洛甯）之戰，馮異大勝赤眉軍，降服八萬餘人。赤眉軍潰敗向東，頂風冒雪，餓乏無食，又與劉秀親率的大軍遭遇，只好投降。

接著，劉秀的目標是統一廣大的中原與江南地區。

在南陽地區，有宛王劉賜、鄧王王常等。建武二年（西元二十六年），以吳漢為主帥，向南陽進兵。吳漢的出征還算順利，南陽各城紛紛投降，劉賜、王常也主動歸附。

南陽以南的荊州地區，主要的割據者是秦豐。劉秀派能征善戰，又十分注意軍紀的岑彭為將，與秦豐作戰三年，不斷消耗其有生力量，最後把他圍困在黎丘（在今湖北宜城），建武五年（西元二十九年）六月，秦豐只得開城投降（後送洛陽被殺）。

岑彭控制了長江中游的戰略要點，他發佈文告，致意於「諸蠻夷」首領，敦促他們歸降，又致書交州牧鄧讓，希望他主動歸附，又移檄江南各州郡。由於東漢初年南方地廣人稀，交通阻隔，各州郡聯絡不易，而各自勢單力薄，無力獨支，故紛紛歸順。到建武五年冬，廣大的中國南方，直到最南部的交趾（在今兩廣等地），都在東漢朝廷統治下了。

中原地區最大的割據者是劉永，他也是劉氏宗室，若論血統，甚至比劉秀更近於高祖劉邦。劉永據有今魯西、豫東、蘇北、皖北的廣大地區，對於洛陽的威脅甚大。中原戰場的形勢頗有反復，劉秀軍隊的每一個勝利都來之不易，建武三年四月，劉永兵敗被殺。一時間，這裡的形勢更加複雜，劉永之子劉紆仍有實力，劉永所封的齊王張步、海西王董憲勢力轉盛，劉秀原來十分信任的龐萌又背叛劉秀。劉秀度過了一段困難時期，到建武六年（西元三十年），才把上述各支武裝悉數平定。

到這時，統一戰爭的前一階段結束。剩下的割據者，主要還有隗囂、公孫述等。

隗囂，天水成紀（在今甘肅通渭）人，隨其叔父起兵，被推為上將軍。他「好經書」，有政治、軍事才能，勢力壯大，擁兵十萬。更始二年，他曾投歸更始政權，赤眉軍入關中，更始政權垮臺，他返歸天水，自稱西州上將軍，再度振作，「名震關西」。隗囂和劉秀有過多次合作，幫助劉秀擊敗過一些敵手，他也曾「上書詣闕」，形式上臣屬於劉秀。但是，隗囂骨子裡是「欲持兩端，不願天下統一」的，這樣，他和劉秀的關係逐漸由熱到冷，雖然後來劉秀一直沒有放棄對隗囂的爭取，但並未取得真正的實效。

建武六年，雙方關係完全破裂，馮異在旬邑（在今陝西旬邑）擊敗隗軍，形勢對隗囂不利。在這種情況下，隗囂倒向公孫述，但此舉並不能使他擺脫困境。建武八年（西元三十二年），東漢軍隊連敗隗囂，隗囂已難以支持。次年正月，他饑病交加，「恚憤而死」。他的殘部還在掙扎，但已無法挽回，到建武十年（西元三十四年）十月，隗氏勢力完全被消滅。

隗囂覆滅後，盤踞巴蜀的公孫述成了剩下的最後一支割據勢力。公孫述，扶風茂陵（在今陝西）人，王莽時任導江卒正（即蜀郡太守），乘亂割據蜀地，並擴展勢力，在劉秀稱帝前兩個月，他於成都稱帝。公孫述之所以能長期割據，主要是因為他「遠據邊陲」，易守難攻，而劉秀克服眾敵，由近而遠，由易而難。對他是鞭長莫及，只能放在最後來解決。擊滅隗囂後，劉秀就「既平隴，複望蜀」，但由於全國其他地區的問題尚未解決，只好把平蜀之事再往後推。到建武十三年（西元三十七年），伐蜀之役大規模開始，公孫述拼死抵抗。東漢軍隊取勝十分不易。攻蜀的主將是岑彭，他敢於決策，敢於苦戰，主要以水軍去衝擊公孫述的大門。經過激戰，岑彭從長江溯流而上，勇穿三峽，攻入蜀地，創造了軍事上的奇跡。接著，岑彭又運奇兵，長驅直入，精銳前鋒以迅雷不及掩耳之勢，進至離成都只有數十里的地方，驚得公孫述連呼：「是何神也！」

為了確保勝利，劉秀增派來歙等將率軍從北面配合岑彭。來歙也是一員名將，他進軍神速，使公孫述更為恐慌，公孫述便使暗招，派刺客潛入漢軍大營，刺殺了來歙。來歙之死，使劉秀十分悲痛，這不僅是因為來歙是他的外甥，更因為來歙確實是一位智勇雙全、屢立戰功的良將。來歙之死又更增強了劉秀消滅公孫述，加快完成統一大業的決心，他為來歙隆重治喪後，親上前線指揮。僅僅過了三個月，公孫述故伎重演，又派人刺殺了岑彭。劉秀再度痛失一員良將，令吳漢接替岑彭。可貴的是，就是在這種情況下，劉秀仍保持著冷靜和清醒，仍不失軍事統帥的理智和氣度，他致書公孫述，讓他「勿以來歙、岑彭受害自疑」，敦促他投降。然而，公孫述堅持不降，吳漢等以猛烈的攻勢加於他的巢穴成都，終於此年十一月攻入成都，公孫述被殺，蜀地宣告平定。

從劉秀稱帝算起，統一戰爭持續了十三個年頭，取得勝利是不容易的。劉秀之所以能恢復統一，有主觀、客觀多方面的原因。劉秀是中國古代一位傑出的軍事家、政治家，他在統一戰爭中，堅持安定天下的政治原則，以寬易暴，「務悅民心」，使飽受王莽苛政之苦的人民處境有所改善，他的軍隊也比較注意紀律，因此，他得到人民的擁護。他具有卓越的軍事指揮才能，經常親自做出重大的戰略決策。他善於用人，讓手下將領各盡其才，為統一戰爭做出了各自的貢獻。他把對敵人分化瓦解與各個擊破的策略、政治攻勢和軍事進攻等結合起來，以弱勝強，越戰越強。這些都是劉秀戰勝眾多強敵，最終取得勝利的原因。

以柔為道，以文治國

劉秀據帝位三十二年（西元二十五年至五十七年），占東漢一百九十五年歷史的六分之一。「撥亂反正，以寧天下」，「光武中興，複致太平」，的確，他結束了戰爭和混亂，恢復了國家的統一和社會的秩序。

劉秀對他的治國之道談得不多。在一次宴會上，他說自己想以柔道治天下。劉秀是視「柔」為「有德」、「逸政」等的同義語的。劉秀當政時期，對人民的剝削與壓迫，確實比較輕。田賦減少到三十分之一，這在歷史上是少有的。人民的徭役、兵役等負擔，也明顯地減輕了。劉秀還很注意對有特殊困難的人予以照顧，數次頒佈法律，對老弱孤寡殘疾人等，予以優待。在戰爭期間，有不少人淪為奴婢，劉秀曾多次下詔，要求釋放奴婢，同時，又嚴禁對奴婢進行肉體摧殘。劉秀還「約法省禁」，減輕刑罰，釋免大批「犯人」。

用人、吏治是政治，特別是地方政治的關鍵。劉秀注意任用能夠自律而比較清廉的人為官，光武一朝，確也湧現了一些在中國歷史上著名的「循吏」，如任姑臧縣長（秦漢時，縣萬戶以上稱令，不及萬戶者稱長）的孔奮，所居是個富縣，在交通要道上。他的前任們，當官幾個月就撈個飽，但他到任後卻清廉自守，以致調動時，「單車就路」。洛陽令董宣，死在任上，布被覆屍，家中唯有大麥數斛，破車一乘。杜詩在南陽被百姓稱為「杜母」。還有伏諶、侯霸等良吏，都是值得稱道的。

對於統治階級，劉秀也並非只行柔道，而是講法紀的。史稱他「頗以嚴猛為政」，就是說他對宗室、功臣、官吏等，是有所約束的。有一件事，對他是一個檢驗：曾與他共過患難的姐姐——湖陽長公主劉黃，手下的僕人仗勢欺人，時任洛陽令的董宣嚴明執法，把那人給殺了，劉黃認為傷了她的面子，非要出這口氣不可，便告到劉秀那裡。劉秀知道她難纏，便要董宣給她賠禮，董宣理直氣壯，怎麼也不肯。劉秀冷靜了一下，便轉而讚賞董宣為「強項令」。

但是，劉秀之行柔道，有時也正是他政治上失敗的一個補救。度田便是一例。東漢的建立，南陽等地的豪強地主起了很大的作用，因此，他們是最大的既得利益者，整個地主階級也佔有大量土地。這對於東漢政權來說，不能不說是一個不利的因素。於是，在建武十五年（西元三十九年）劉秀便下令「度田」，即進行土地與人口狀況的調查，以便掌握這方面的確切資料，同時也對官吏的執法情況進行檢查。「度田」，應當說是一件好事，對國家來說是必要的，對廣大農民也是一次申明真相的機會。但是，這一全國性的行動遭到豪強地主的抵制，地方官或懾於豪強勢力而束手，或受贓枉法而失足。度田既不實，吏治又轉壞。在許多地方，度田嚴重侵害了小土地所有者的利益，成為擾民的苛政。豪強地主乘機興風作浪，不少地區發生了騷亂，使東漢政局一度陷入危機。在這種情況下，劉秀只好權衡利弊，向豪強地主妥協，對他們行之以「柔道」。一方面，他嚴厲處置了一大批「度田不實」的地方官員；另一方面，他把靈活的政策交給地方官，讓他們軟硬兼施地對付參與騷亂的人。劉秀的總政策，可以概括為一句話，就是「息事寧人」，「寧人」，主要就是對豪強地主妥協，「息事」，既平息了各地的騷亂，也實際上停止了度田，使這一大規模的行動不了了之。

劉秀本是一介書生，雖然亦文亦武，但畢竟重文，他喜歡讀書論經，在戎馬倥偬之中，他猶天天讀書，真可謂是「投戈講藝，息馬論道」，戰不輟學，武不釋文。他手下的將領，多數是能文能武的「儒將」。即使戰爭還在進行的時期，他也重用文吏理政。

他的治國理政突出了一個「文」字。例如，他表彰節義，提拔節義之士，昭示全國，作為社會的榜樣。王莽時期，喜造輿論與氣氛，盛行阿諛奉承、歌功頌德，一時鬧得個烏煙瘴氣，但也有一些清醒、耿直之人，不為時論所動，不隨波逐流。時過境遷，這些人的人品和氣節，格外顯得寶貴。劉秀當了皇帝，特意表彰這些人，如任卓茂為太傅。再如，他重視教育，興辦學校，還曾親自到太學講論經學。這些，對於東漢一代文化的發展，是起了推動作用的。

但他也有一個嚴重的缺陷，這就是迷信圖讖，在思想文化上造成了惡果。圖讖，簡而言之，就是具有神秘色采的預言、暗示之類，就是儒家正宗，也是不信這些的，而劉秀卻和王莽、公孫述等人一樣，對這種荒誕文化執迷不悟，不僅自己至死不悟，而且利用自己手中的權力，把它頒示全國，使之成為法定的「國憲」。對於懷疑圖讖、敢於有不同意見的人，即予排斥和打擊，如著名的思想家桓譚，上書反對，他不容桓譚辯說，便要將他斬首，時已七十多歲的桓譚，叩頭至流血，才免於一刀，但不久還是死在貶逐的路途之上。

劉秀雖是以武力取天下的，但他卻能體諒百姓之苦，理解人民大亂之後「思樂息肩」的願望，早就想要儘快結束戰爭，在恢復統一後，即偃武修文，這是他審時度勢的表現。在統一天下後，他就基本上不再用兵，對內，像度田引起的騷亂，他沒有用單純鎮壓的手段去解決，避免事態的擴大，避免了一場可能的內戰。對於邊疆地區的少數民族，他也以和靖、安撫為主，如北方的匈奴，雖然東漢初年分裂了，但還是一個潛在的威脅，全看怎麼處理，能否因勢利導，化干戈為玉帛。建武二十七年（西元五十一年），臧宮、馬武建議乘匈奴困乏而擊之，但被劉秀拒絕，現由是「苟非其時，不如息人」。劉秀利用南北匈奴之間的矛盾，儘量搞好和南匈奴之間的關係，保持了邊境上的安寧。

劉秀在位時期，在政治上也實行了不少的改革，取得了一定的成效，有的還有深遠的影響和意義。

一是精簡機構，卓有成效。建武六年，劉秀發布詔令，對於官僚機構進行精簡，在中央機構中，主要是減少吏員，如掌車馬的太僕，舊有六廄，省去其五，掌刑獄的廷尉，西漢時原有中都官獄二十六所，只留下廷尉和洛陽的詔獄兩所，其餘皆省。作為中央禁衛軍的八校尉，也從建武十五年起省去中壘、胡騎、虎賁三校尉。在地方上，主要是並省郡國。據統計，裁省的縣級單位，有五百五十餘個。這樣，也就大大減少了官員數量。

這一改革具有重要的意義，它有利於減少國家的財政支出。間接地減輕了人民的負擔，不僅如此，它還有利於提高行政效率。光武一朝精簡機構的改革，在歷史上是十分成功的，為後世提供了一個範例。

二是加強中央集權，特別是提高皇權。劉秀沿襲漢武帝以來的做法，繼續削弱相權，把決策權進一步集中到皇帝為核心的「台閣」手中。漢武帝時，已有明顯的內、外朝之分，丞相等三公為首的官員構成外朝，而皇帝身邊的親信、顧問、內侍等構成內朝，直接向皇帝負責，在皇帝的直接領導下工作，做出重大決策。劉秀實行「雖置三公，事歸台閣」的制度，實際上架空了三公，當然，三公從名義上來說還是皇帝之下最高級的官員，但他們的權力卻受到很大的限制，皇權被進一步突出和抬高了。

三是對地方政治系統的整理改革，特別是加強了對地方行政機構和官員的監察，此舉意義重大。中央部門中，司隸校尉可以糾察除三公以外的百官；地方上，州刺史的職權擴大，地位與作用加強。通過這些改革，強化了中央對地方行政系統的控制和監督。

四是劉秀善於處理統治階級內部的各種關係，減少消極因素。他對功臣妥善安置，既沒有造成清洗和屠殺，也防止他們權勢過重，留下後患。他約束諸王、外戚，不讓他們成為破壞性的政治勢力，這些，對於東漢初年政治的穩定和相對清明，都是有利的。

歷代史學家多數對劉秀評價很高，特別是極力稱頌他的「中興」之功，如南宋思想家、史學家葉適就說：「自古中興之盛，無出於光武矣。」實際上，劉秀不僅僅是「中興」了劉姓的漢朝，他是白手起家，建立一個新政權、新朝代的。這一點，有的舊史家也看到了，如東晉史學家袁山松即說：「雖曰中興，與夫創始者，庸有異乎？」

劉秀是中國古代一位傑出的軍事家和政治家。他直接參與了反對王莽政權的鬥爭，為推翻王莽建立了功勳。在九州分崩之際，他承擔起了「安集」天下的重任，歷經艱難曲折，終於恢復了社會的秩序和國家的統一，為社會經濟和文化的發展創造了條件，使西漢有過的繁榮得以繼續，使華夏歷史上的兩漢盛世連為一體。這是他對歷史發展的重大貢獻。

劉秀是「起於學士大夫，習經術，終陟大位者」（王夫之《讀通鑒論》語），他是中國歷史上一位「秀才造反」成功者，他有較高的文化水平，在戰爭中重視戰略、策略和政策，有不少值得稱道的做法，在治國中，也更善於總結歷史經驗，進行有利、有效的改革。當然，更應該看到，劉秀並不僅僅是一個孤身英雄，他團結了一批傑出人物，充分發揮了他們的作用，他是一個內部結構較佳的人才集團的賢明首領。

與歷史上諸多的皇帝相比，劉秀一個突出的地方是他基本上做到了慎始慎終。他在位三十二年，到晚年還勤於政事，生活儉約樸素，晚年的他在至尊之位仍如履薄冰，不沉醉於臣下的阿諛奉承，不信所謂的「瑞應」。他臨終前遺令薄葬，這也是高明之舉。

當然，劉秀也是一個很矛盾的人，例如，有時他很大度，善待部下，能納諫從善，但有時又

第七章
漢光武帝　劉秀

很專斷。他殺直諫的韓歆，逼死不信讖諱的傑出思想家桓譚，都受到後世的非議。作為專制君主，他在玩弄權術方面也是很「高明」的。

丁毅華　文

第八章

晉武帝　司馬炎

西晉是中國歷史上最腐朽、最黑暗的封建王朝之一。它的開國之君是司馬炎，而奠基人卻是他的祖父司馬懿和伯父司馬師、父親司馬昭。

借父祖之功而成就帝業

司馬懿（西元一七九至二五一年），字仲達，河內郡溫縣（今河南溫縣西）人。他早年跟隨曹操，深受重用，先後擔任丞相府主簿、魏太子中庶子等職。曹丕稱帝後，司馬懿成為曹魏政權的重臣，自尚書、督軍、禦史中丞一直做到侍中、尚書右僕射。

黃初五年（西元二二四年），魏文帝親征吳國，讓司馬懿留鎮許昌，可見對他的信任。魏文帝臨終，召司馬懿與中軍大將軍曹真、鎮軍大將軍陳群遺詔輔政，權力進一步擴大；明帝即位後，司馬懿打退吳軍，都督荊、豫二州諸軍事，成為掌握實權的一方統帥。為對抗蜀、吳的軍事聯盟，司馬懿又成為魏國西部的軍事統帥。

景初元年（西元二三七年），遼東公孫淵反，司馬懿統兵一舉攻滅了公孫淵，平定了遼東、玄菟、樂浪、帶方四郡，威名遠震關內外。曹叡死，司馬懿與大將軍曹爽受遺詔輔佐八歲的少帝曹芳。曹爽為了保護曹氏利益，使大權不致旁落，與司馬懿展開了鬥爭，但他平庸無謀，根本不是司馬懿的對手。司馬懿暗中積蓄力量，等待時機。

嘉平元年（西元二四九年），司馬懿發動了高平陵政變，一舉消滅了曹爽集團，魏國軍政大權全部落入司馬懿之手。嘉平三年（西元二五一年），司馬懿去世，他的兒子司馬師、司馬昭繼續執政。

司馬師（西元二〇八至二五五年），字子元。其父死後，以撫軍大將軍輔政。第二年，又升為大將軍，持節，都督中外諸軍事，掌管朝政。嘉平六年（西元二五四年），司馬師以荒淫亂倫、不可奉承宗廟為由，廢黜了曹芳，立十四歲的曹髦為帝，自己進號大都督。不久病死。

司馬昭（西元二一一至二六五年），字子上。他繼兄擔任大將軍後，專斷國政，並陰謀代魏。這一點連魏帝曹髦都有所覺察，曾對侍中王沈、尚書王經等人說：「司馬昭之心，路人皆知。」甘露五年（西元二六〇年），司馬昭進位相國，封晉公，加九錫。不久，殺了曹髦，另立曹奐為傀儡皇帝。司馬昭為了樹立威望，決定完成統一大業。他選擇了弱小的蜀國作為突破口。當時蜀國後主昏庸無能，宦官黃皓專權，政治極為混亂。景元四年（西元二六三年），司馬昭發兵十八萬，由鍾會、鄧艾、諸葛緒率領，分三路進攻蜀國。鄧艾軍至雒城，劉禪投降，蜀國滅亡。

咸熙元年（西元二六四年），司馬昭進封為晉王，以其子司馬炎為副相國、晉世子。第二年，又公開宣佈他以晉王之名行皇帝之實。這時，司馬氏以晉代魏的條件完全成熟了。但正當他準備取代曹魏稱帝時，卻病死了。司馬昭把建立晉朝的重任留給了他的兒子司馬炎。

司馬炎（西元二三六至二九〇年），字安世，司馬昭死時，他正三十歲。他是一個雄心勃勃的人，繼位相國、晉王後，立即著手準備代魏事。這一年的十二月，在世家豪族的支持下，他仿效漢獻帝「禪讓」的故事，迫使元帝曹奐讓位。司馬炎終於登上了皇帝的寶座，實現了祖父司馬懿、伯父司馬師和父親司馬昭的心願。建國號為晉，定都洛陽，歷史上稱為西晉。晉武帝泰始元年（西元二六五年）即位，到太熙元年（西元二九〇年）去世，共在位二十六年，是西晉執政最久的皇帝。

在當時的歷史條件下，應該說還不失為一個較有作為的封建統治者。他的最大功績是滅掉東吳，實現了天下一統，以及發展經濟促成了太康時期的繁榮。

實現統一與經濟的繁榮

秦漢以來，統一已成為華夏歷史的主流。人民渴望安定，要求統一。司馬炎即位時，蜀國已經滅亡，只剩下吳國還在苟延殘喘。這時吳主孫皓荒淫殘暴至極，政權日趨腐朽，賦稅徭役沉重，人民在死亡線上掙扎。司馬炎把滅吳統一全國當作頭等大事，積極進行準備。但阻力還是很大。以賈充、荀勗為代表的權臣認為吳國有長江天險，士兵又善於水戰，很難取勝。河西鮮卑樹機能起兵反晉，北方還不安定，有後顧之憂。司馬炎認真分析形勢，認識到「吳人虐政已甚，可不戰而克」（《晉書．羊祜傳》）。他在羊祜、杜預、張華等主戰將領的支持下，毫不動搖地堅持滅吳這一重大的政治決策，並進一步進行了周密的安排。他接受羊祜提出的伐吳必用水軍、必借上流之勢的正確主張，任命王濬為益州刺史，在巴蜀治水軍，作舟艦，前後長達七年之久。他看到荊州地位重要，先後調羊祜、杜預為荊州都督，不斷增強荊州兵力，把荊州建成了伐吳的重要基地。他又派馬隆率軍西擊樹機能，收復了涼州，徹底解除了後顧之憂。

在做好一系列準備工作後，司馬炎於咸寧五年（西元二七九年）下詔伐吳，遣鎮軍將軍琅琊王伷出塗中（今安徽全椒），安東將軍王渾出江西（今安徽和縣），建威將軍王戎出武昌（今湖北鄂州），平南將軍胡奮出夏口（今湖北武漢），鎮南大將軍杜預出江陵（今湖北荊州），龍驤將軍王濬、巴東監軍唐彬下巴蜀，二十餘萬人馬兵分六路浩浩蕩蕩進發。由於賈充位列三公，有相當的影響，司馬炎為了爭取他，仍任命他為大都督。但當賈充再次陳述伐吳不利時，司馬炎決定親自出馬，表明了伐吳堅定的立場。

司馬炎不僅是這一場戰爭的決策者，也是直接指揮者。他雖然身在洛陽，但對戰爭如何打，進行了具體的部署。太康元年（西元二八〇年）二月乙亥，他頒下詔書，要王濬、唐彬攻克巴丘（今湖南岳陽），然後和胡奮、王戎一起平定武昌、夏口，順流直下秣陵（今江蘇南京）。杜預鎮守零陵（今湖南零陵）、桂陽（今湖南郴縣），並分兵支援王濬、唐彬。賈充則從襄陽移屯至項（今河南沈丘）。

他在張華的幫助下，依靠王濬、杜預等將領，終於在這一年的三月，由王濬等率領的水軍攻下了吳都建業，孫皓投降，吳國滅亡，完成了統一大業。「王濬樓船下益州，金陵王氣黯然收。千尋鐵鎖沉江底，一片降幡出石頭。」（劉禹錫《西塞山懷古》）這首詩如實地寫出了這一場統一戰爭的結局。雖然對孫吳的滅亡表達了感嘆，但也反襯出晉軍那種摧枯拉朽、不可阻擋的氣概。東漢末年以來持續了近百年的分裂局面最終結束，全國複歸統一，這是大勢所趨，人心所向，是歷史的進步。司馬炎的功績是應該給予充分肯定的。

社會的大動盪、大分裂必然帶來經濟的大破壞。東漢末年開始的戰亂，使勞動力和生產資料日益分離，農民被迫離開土地，四處流浪。生產受到破壞，呈現出凋敝的景象。曹操實行屯田制後，一部分農民重新回到土地上從事耕作，對農業生產的恢復和發展起了積極的作用，為曹操統一北方打下了基礎。但到了後來，隨著豪強地主勢力的擴張，土地不斷被侵吞、兼併，屯田農民受到的剝削和壓迫愈來愈加重。他們紛紛逃亡，不少人流入世家豪族的莊園內，變成世家豪族的佃客。屯田制推行不下去了。魏國滅亡前，司馬昭曾下令廢除屯田官。

司馬炎建立晉朝後，十分重視經濟的恢復與發展。他在即位之初，就下詔免除百姓所欠的賦稅和減輕徭役，要各地郡吏勸課農桑。這樣使農民得到喘息機會，能夠安心於農業生產。他又下令興修水利，擴大農田灌溉面積。泰始末，先後修成新渠、富壽、游陂三渠，可灌溉田地一千五百頃。這些措施對於安定社會秩序，發展農業生產，都起了積極的作用。

司馬炎滅吳統一全國後，在國內局勢基本穩定的情況下，為了進一步發展農業生產，實施了兩項重要的經濟政策：一是罷州郡兵。「詔天下罷軍役，示海內大安，州郡悉去兵。」（《晉書・山濤傳》）兵役是農民最沉重的負擔之一。罷州郡兵，讓大量勞動力歸農，對生產的發展有很大的好處。二是頒佈占田、課田和戶調的法令。占田、課田制規定每一個男子可以占田七十畝，女子可以占田三十畝，其中，每個丁男（十六歲到六十歲）要課田五十畝，丁女二十畝，次丁男（十三歲到十五歲及六十一歲到六十五歲）二十五畝，次丁女不課田。這裡的占田，是政府限定每個農民佔有土地的數額，而課田，則是規定每個丁男、丁女、次丁男必須向政府交納地租的數額。課田五十畝收租四斛，平均每畝八升。戶調製是政府按戶力單位向農民徵收賦稅的制度。規定丁男作戶主的，每年交納絹三匹，綿三斤，丁女或次丁男作戶主的，絹綿減半，邊遠郡縣交納三分之二或三分之一。邊地如非漢族人，則按住地遠近，每戶納布一匹或一丈。這個剝削量並不算輕，與曹魏時期相比有過之而無不及。但在當時地廣人稀的條件下，讓農民佔有一定數量的土地，能夠在比較安定的環境中從事農耕生產，調動了廣大農民的積極性，有利於經濟的恢復與發展。

當然，西晉政權是以司馬氏為首的世家豪族集團的聯合專政，它的一切政策措施必然要為世家豪族集團服務。在頒佈占田、課田和戶調法令的同時，又實行了官吏占田和蔭客、蔭親屬制度。規定官吏有權按官品高低佔有土地。第一品占田五十頃，每低一品，減田五頃，至第九品占田十頃。第一、第二品可蔭佃客五十戶，以下十戶至二戶不等，第八品、第九品也可蔭佃客一戶。蔭親屬同樣按品級高下，「多者及九族，少者三世」（《晉書．食貨志》）。

司馬炎頒行這一制度，其用意一方面是想保障豪族、官僚們的特權，另一方面則是給豪族、官僚們占田和奴役人口的數量立一個限額，以制止土地兼併和隱瞞戶口的情況。雖然在執行過程中大大打了折扣，實際上官吏占田與蔭客、蔭親屬數遠遠超過了這個指標，豪族地主石崇有「水碓三十餘區，蒼頭八百餘人」（《晉書．石崇傳》）。但是，確定了一個限額，也就意味著土地兼併多少受到一些阻礙，農民占田多少得到一些保障，不能完全抹殺它的積極意義。

由於政府鼓勵農民墾荒，大量的土地被耕種，荒地大大減少了。由於農民回到了土地上，生活比較安定，生產積極性提高，這一時期的戶口數有了較大的增長。晉武帝滅吳的太康元年，有戶兩百四十五萬多，口一千六百一十六萬多。僅僅過了兩年，到太康三年（西元二八二年），有戶三百七十七萬，增加了一百三十多萬。當然這裡包括了不少新查出的隱漏人戶，但國家統一，社會安定，促使了戶口的增加是確實無疑的。

晉武帝太康年間是西晉最安定、繁榮的一個時期。史書記載，「是時天下無事，賦稅平均，人咸安其業而樂其事。」（《晉書・食貨志》）東晉干寶更有「牛馬被野，餘糧棲畝，行旅草舍，外閭不閉」的讚語。這裡有地主階級文人學士的溢美之詞，當然不可盡信。但社會呈現出一些繁榮的景象，卻是不爭的事實。對於廣大農民來說，生活確實有了一定好轉，國家財富也大大增加了。正由於此，西晉統治集團才能肆無忌憚地任情揮霍，形成競尚奢華的社會風氣，充分暴露了其腐朽的本質。太康時期的繁榮是廣大農民辛勤勞動的結果。但應該看到，這和晉武帝實施有利經濟發展的措施是分不開的。

揮霍無度日趨敗亡

西晉滅亡於湣帝建興四年（西元三一六年），立國只有短短的五十二年。西晉王朝短促而亡，有著深刻的政治、經濟諸方面的原因，要從當時世家豪族的地位、特權和所作所為來考察，要從階級矛盾、民族矛盾的不斷激化來考察，但晉武帝個人的影響和作用是不能低估的。他執政時播下的種種禍根，很快就收到了惡果。

晉武帝即位後，實行了一些有利於統一和生產的政策，除上面講到的幾項外，還頒律令、立諫官、禁讖緯、抑遊食、獎勵良吏等。但大多只是空文，並沒有認真執行。他受到世家豪族控制，缺乏深謀遠慮、長治久安之計。政治上因循守舊，濫封官爵；經濟上貪得無厭，任意搜刮；生活上耽於逸樂，荒淫奢侈，最終釀成了八王之亂，促使了流民起義和外族入侵，使本來就不甚穩固的封建政權迅速崩塌，導致了西晉的敗亡。

泰始元年（西元二六五年），晉武帝剛即位，就下令封同姓王二十七人。「諸王以郡為國，邑二萬戶為大國，置上中下三軍，兵五千人；邑萬戶為次國，置上軍下軍，兵三千人；五千戶為小國，置一軍，兵千五百人。」（《晉書・地理志》）王國之下有公國、侯國，諸王國各置官屬。這是他鑒於曹魏政權因孤立而亡採取的一個措施，目的是使諸王族擁兵據地可以聲援中央政權，確保晉朝長期統治下去。但仿照西漢初年的辦法恢復了分封制度，這實際上是一種倒行逆施的舉動。

這些同姓王在咸寧三年（西元二七七年）就國後，掌握了重兵，而各州郡由於削減了軍隊，實力大大削弱，控制不住這些地方勢力。晉武帝死後，繼立的惠帝又是一個昏庸愚蠢的君主，統治階級矛盾不斷激化，八王之亂終於形成了。這一場封建統治階級之間爭權奪利的大廝殺，前後長達十六年，數十萬人被殺，上百萬人流亡，給廣大人民帶來了深重的災難。太康繁榮的局面猶如曇花一現，即行瓦解了。

晉武帝在大封同姓王的同時，為了取悅世家豪族，濫封官爵。他在中央設置了八公，即太宰、太傅、太保、太尉、司徒、司空、大司馬和大將軍，遠遠超出了上古和漢代的三公。武職方面，四征、四鎮、四安、四平將軍俱備，還有許多雜號將軍。驃騎大將軍以下諸大將軍，又有持節、都督之號。西晉時官僚機構之多、官屬之多、兼職之多，在歷史上是罕見的。由於機構鬆弛，人浮於事，朝政極為腐敗。晉武帝還進一步確立了九品中正制，以滿足世家豪族的利益，保證他們世世代代都有官做。九品中正制是曹魏時魏文帝曹丕採納陳群建議而實行的選拔官吏的一種銓選制度。在各州郡設立中正官，負責察訪本州郡的士人，分別評定為上上、上中、上下、中上、中中、中下、下上、下中、下下三等九級，稱為九品。中正官在評定人物等級時，首先考慮被評人的家世門第，然後再看本人的才德。

西晉時，九品中正制完全被世家豪族所把持，成為他們享有高官厚祿的途徑。琅琊王祥、滎陽鄭沖、陳國何曾、平陽賈充、臨淮陳騫、河內山濤、潁川荀勖和荀，河東衛瓘和裴秀，太原王渾和王沈等世家豪族，都是顯赫的權要人物。「上品無寒門，下品無勢族。」（《晉書‧劉毅傳》）九品中正制從政治上堵塞了中小地主做官的道路，使一大批有才幹的人被排除在政權之外，這更進一步暴露了官場的黑暗。

西晉統治集團是中國歷史上最腐朽、最殘暴的統治集團之一。「封建統治階級的所有兇惡、險毒、猜忌、攘奪、虛偽、奢侈、酗酒、荒淫、貪污、吝嗇、頹廢、放蕩等等齷齪行為，司馬氏集團表現得特別集中而充分。」（范文瀾：《中國通史》（第二冊），中國人民出版社一九七八年版，

第三六八頁）

而晉武帝更是以荒淫奢侈、揮霍無度著稱。為了滿足自己的欲望，他在泰始九年（西元二七三年）、十年（西元二七四年）兩次大選嬪妃以充實後宮，甚至下了禁止天下嫁娶的命令。只要他的嬪妃還沒有選定，天下任何人都不能婚配，公卿子女也不例外，真是荒淫、獨斷到了極點。太康元年滅吳之後，他把吳主孫皓宮中的五千名宮女納入自己後宮，宮妃妾達到一萬餘人。他天天縱情享樂，沉溺在酒色之中。被他寵倖的嬪妃很多，連他自己都不知道到哪個嬪妃的住房就寢，常常乘著羊車，由羊隨便走，羊到哪裡停下來，就到哪個嬪妃處宴寢。宮女為博得寵倖之歡，都把竹葉插在門前，用鹽汁灑在地上，來召引晉武帝所乘的羊車。皇帝帶了頭，臣下們紛紛仿效，社會風氣日趨腐敗墮落。

晉武帝十分貪財。他大肆搜括錢財，公開賣官鬻爵，以供自己揮霍享用。四方進貢的奇貨寶物，也放在皇宮中獨自觀賞。他曾問大臣劉毅，自己可以跟漢朝哪個皇帝相比？劉毅回答說可以比作桓帝、靈帝，甚至還不如他們。桓帝、靈帝賣官，錢還入官庫，陛下賣官，錢入了私門。說得他無話可答。

西晉時整個統治集團，除極少數外，無不奢侈放蕩，貪婪成性。太傅何曾每天膳食要用錢一萬，還說沒有可吃的東西。劉毅多次上奏何曾侈汰無度，晉武帝以其為重臣，一無所問。何曾的兒子何劭，比其父親更奢侈，每天用飯錢兩萬。任愷、王濟、王愷、羊琇，一個更是超過一個。王濟用人乳餵豬。每次宴會，有穿綾羅綢緞的婢女百餘人，手捧玻璃器進食。但他們和石崇比起來，仍是小巫見大巫。

王愷是晉武帝的舅父，在皇帝的支持下，與石崇鬥富。王愷用麥糖洗鍋，石崇就用蠟燭當柴燒；王愷用紫絲布作步障四十里，石崇就用錦作步障五十里；王愷用赤石脂塗壁，石崇就用香料泥牆。王愷拿出晉武帝賜給他的兩尺多高的珊瑚樹向石崇誇耀，石崇用鐵如意將其擊碎。命家人取出自己所有的珊瑚樹，其中三、四尺高的就有六、七株，兩尺多高的就更多了，比得王愷自嘆不如。君臣沆瀣一氣，競相奢侈。他們的物質生活極端腐朽，其精神生活也無限空虛，清談之習，盛極一時。王戎位至三公，無所事事，每日唯乘馬出遊而已。阮鹹一生沉湎在酒裡，甚至與豬共飲。封建道德也被他們拋棄得乾乾淨淨。整個統治集團已到了不可救藥的地步。

由於大肆揮霍浪費，耗費了巨大的財富，他們便拼命地向各族人民搜刮、掠奪，階級矛盾和民族矛盾不斷激化。這種嚴重的危機，引起了一些有識之士的憂慮。傅咸向晉武帝上書說：「奢侈之費，甚於天災。」（《晉書．傅咸傳》）一針見血地指出了問題的要害。驕奢逸樂的晉武帝根本聽不進去，不予採納。他所信任的，只是賈充、任愷、荀勖、馮統、何曾、石苞、王愷、石崇、潘嶽之流，都是寡廉鮮恥、貪婪驕奢的人物。

晉武帝的次子司馬衷，是一個昏庸愚昧的白癡，為楊皇后所生。晉武帝寵愛楊皇后，便立司馬衷為太子。大臣們多次進言勸武帝更立太子，均遭到他的拒絕。他又把狠毒貪權、生活淫蕩的賈南風許配給太子為妃，促成了後來賈南風的掌權，大亂已經釀成。

太熙元年（西元二九〇年），晉武帝病死，遺詔命汝南王司馬亮和楊皇后之父太尉楊駿共同輔政。太子司馬衷即位，是為晉惠帝。晉惠帝什麼都不懂，毫無能力處理軍國大事，由楊駿獨攬朝政。賈南風成了皇后，不滿楊駿操縱一切，暗中聯絡楚王司馬瑋、汝南王司馬亮等，殺死了楊駿，誅滅其三族。她一手挑起了給當時社會經濟造成極大破壞的八王之亂，給西晉王朝敲響了滅亡的喪鐘。八王之亂是一幅群獸狂鬥圖，司馬氏集團的全部殘忍性、腐朽性集中表現在這場狂鬥中。劉淵、石勒等少數民族貴族乘機起兵，建立割據政權。建興四年（西元三一六年），劉曜攻陷長安，西晉滅亡。這時距晉武帝去世僅僅過了二十六年。

晉武帝的功過是非，已如上述。唐初官修的《晉書》，對晉武帝有一段較長的評述：「帝宇量弘厚，造次必於仁恕；容納讜正，未嘗失色於人；明達善謀，能斷大事，故得撫甯萬國，綏靜四方。承魏氏奢侈刻弊之後，百姓思古之遺風，乃厲以恭儉，敦以寡欲。」「平吳之後，天下義安，遂怠於政術，耽於遊宴，寵愛后黨，親貴當權，舊臣不得專任，彝章紊廢，請謁行矣。」「中朝之亂，實始於斯矣。」（《晉書・武帝紀》）拋開歌功頌德之辭，確實也說明了一些問題。但是必須指出，晉武帝的前後期不能截然分開，決不是前期有功，後期有過；前期神武，後期謬亂。種種腐朽、頹敗的現象不是滅吳以後才突然冒出來的，而是從西晉政權建立的第一天起，就已經隱埋在其中了。

這是因為西晉政權的建立不同於漢。不是通過戰爭手段推翻舊王朝、消滅割據勢力後產生的；也不同於魏，不是用地主武裝吞併各種政治力量，取得「挾天子而令諸侯」的地位然後「禪讓」的；而是司馬氏在世家豪族集團的支持、擁戴下陰謀奪取的。這就決定了西晉政權必然是世家豪族集團的專政，必然代表世家豪族的利益，為他們所左右。世家豪族是封建地主階級中極其腐朽、殘暴、貪婪的一個部分。他們的要求必然要反映在西晉政權實施的各項政策、措施中，從而帶來了巨大的惡果。

「成也司馬，敗也司馬。」西晉的速亡決不是歷史人物個人作用的結果，而有著深刻的社會根源和階級根源。同樣，這也不是晉武帝個人的悲劇，而是整個世家豪族集團的悲劇。對於廣大人民來說，戰爭代替了和平，分裂代替了統一，帶給他們的仍是無窮無盡的痛苦和災難。

顧志華　文

第九章

晉元帝　司馬睿

晉武帝咸寧二年（西元二七六年）的一天，洛陽琅琊王府裡熱鬧非凡。原來王妃夏侯氏生下了一個白白胖胖的兒子，王府裡正大擺酒宴招待前來慶賀的王公大臣和親友。人們交相傳遞著這樣一則消息：據說嬰兒出生時，有神光把房間照得如同白晝。有人說：「這孩子將來必定不同尋常。」不少人當下表示贊成。可是，這個取名為司馬睿的孩子漸漸長大了，除了左額上長出一些白毛，眼睛炯炯有神外，沒有什麼引入注意的地方。他平日謙虛忍讓，為人沉穩大度，不像其他王公子弟那樣派頭十足。十五歲那年，他的父親琅琊王司馬覲去世，按照規定，他繼位為琅琊王。這時，他的奇特相貌引起了侍中嵇紹的注意。嵇紹對別人說：「琅琊王相貌非常，前途難量，當不至於終身為臣，就是天子儀錶，亦不過如此罷了。」

移鎮建鄴

司馬睿的安定生活不久就被西晉王公之間的爭權鬥爭攪亂了。惠帝元康二年（西元二九二年），朝廷任命他為員外散騎侍郎，不久升遷為左將軍。此後，他結識了東海王司馬越的參軍王導。王導祖籍山東琅琊，是世家大族子弟。他很有見識，看到西晉諸王同室操戈，互相殘殺，人民起義不斷，朝廷處在風雨飄搖之中；又見司馬睿很有政治才幹，就傾心結交，二人成為好朋友。他常勸司馬睿早日回到自己的封地琅琊國去，在那裡暫避爭鬥，觀天下之變，以圖大業。

永興元年（西元三〇四年），東海王司馬越等奉惠帝北征盤踞鄴城的成都王司馬穎。司馬穎急忙召集部下討論對策。司馬睿的叔父、東安王司馬繇說：「既是天子親征，自當放下武器，出迎請罪，不能以兵戎相見。」司馬穎不甘心束手就擒，派大將石超等人出戰，結果在蕩陰（今河南湯陰）大敗帝師。惠帝中了三箭，臉頰受傷，又丟失了玉璽，跟隨他北征的司馬睿等人也一起成了俘虜。只有司馬越僥倖逃走，回到自己的封地東海國。司馬穎擔心司馬繇密謀背叛他，派人把他殺了。

司馬睿唯恐災禍降臨到自己頭上，急切地想逃出鄴城。這夜月明風清，守衛的人早接到司馬穎加強防衛的命令，也加緊了防守。司馬睿著急得像熱鍋上的螞蟻。忽然雲吞明月，霧掩層樓，雷雨交加，守衛的人稍稍放鬆了警惕。司馬睿即乘機逃出鄴城，慌慌忙忙逃到河陽（今河南孟縣）。

守衛渡口的小吏也接到命令，要對來往行人嚴加檢查，不得輕易放走一人；他見司馬睿相貌奇異，行色匆匆，心中生疑，就把他攔下盤問。剛巧司馬睿的隨從宋典從後面趕來，見此情形，靈機一動，用馬鞭輕拂司馬睿背部，假裝笑著問：「舍長，人家是禁止貴人通行，怎麼你也被攔住了呢？」小吏從未見過司馬睿，聽宋典這麼一說，還真以為拘錯了人，便向宋典探問。宋典裝出一副老實的樣子，跟他說司馬睿只是小吏，不是什麼貴人；再加上司馬睿是微服出奔，小吏就信以為真，放他們渡河。司馬睿這才匆匆趕回洛陽，迎接太妃夏侯氏回到琅琊。

沒過幾年，司馬越在部下的勸說下，決定北伐。東海國與琅琊國相鄰，司馬越和司馬睿也有些交情。臨行前，他把自己的後方軍事基地下邳（今江蘇睢甯）交給司馬睿鎮守，負責供應軍需。司馬睿請求他把參軍王導留下任司馬，司馬越一口答應下來。

永嘉元年（西元三〇七年）晉懷帝司馬熾即位。司馬越最後把持了政權。這年早秋，他任命司馬睿為安東將軍，都督揚州、江南諸軍事。

下邳素來是兵家必爭之地，王導建議司馬睿向司馬越請求移鎮建鄴（今江蘇南京），避開下邳這塊「四戰之地」。當時北方匈奴首領劉淵建立了漢帝國，他的部下石勒等人勇猛善戰，經常率領騎兵南下劫掠中原，時時威脅到長安、洛陽等重要城市。司馬越和他的重要謀士、王導的族兄王衍以及東海王妃裴氏早就有意在江南培植勢力，以留退路，所以他欣然同意司馬睿的請求。於是，司馬睿率領部下渡過長江，將孫吳舊都的宮室加以修繕，逐步安頓下來。當時追隨他南下的還有一些北方世家大族和流民，他們都擇地定居下來。

自晉平吳以後，孫吳人心未附，時有叛亂。太安二年（西元三〇三年），義陽（今湖北棗陽）蠻張昌起兵。他命令部下石冰進攻揚州，諸郡相繼淪陷。廣陵國（今江蘇揚州一帶）相陳敏攻破石冰老巢建鄴，自己住進去，並號稱揚州刺史，設置官吏，有稱霸江東的野心。在江東世家大族的反擊下，陳敏被殺。司馬睿渡江之後，進一步清除了陳敏餘黨，平定了江東。

這之後，洛陽局勢越來越危急。永嘉四年（西元三一〇年）十一月，司馬越率眾退出許昌（今屬河南）。第二年，在行軍南下的途中，他憂懼而死。眾人推太尉王衍為元帥，準備護送司馬越靈柩還葬東海，不料被石勒大軍趕上，王衍及王公以下十萬餘人被俘遇害。西晉主力全被消滅。六月，洛陽被劉淵另一大將劉曜攻陷，晉懷帝等人被俘並被押送到漢都平陽（今山西臨汾）。劉曜等人的軍隊在洛陽燒殺搶掠，為所欲為，百官平民死者達三萬多人。洛陽城頃刻化為灰燼。

建興元年（西元三一三年）四月，晉懷帝被殺的消息傳到長安，賈疋等人擁立原秦王司馬鄴為帝，這就是晉湣帝。為避湣帝諱，建鄴改名為建康。建興四年（西元三一六年）十一月，劉曜攻破長安，擄走湣帝，西晉滅亡。北方成了匈奴、氐、鮮卑等民族爭雄的天下，人民無法安定地生活。一部分漢人率軍堅持同各割據勢力作戰，企圖收復中原，復興晉室。

「王與馬，共天下」

司馬睿雖然選用了一批自北方南來的名士輔佐軍政事務，但還是覺得手下人才不夠，因此留心徵求南渡名士入府。只是過了一個多月，還沒有一個江南名士來拜見他。這使他很難堪，也心有不安。江南在孫吳時已有一批世家大族，以「吳中四姓」（顧、陸、朱、張）為代表。在他們看來，北人是「亡官失守之士」，這些人渡江後到處占山擇水，顯然威脅到自己的利益；更何況北人一向視南人為「亡國之餘」，令人又氣又恨。新來的長官司馬睿素無威名，南人很瞧不起他。司馬睿深知，他要在江南站穩腳跟，必須取得江東世家大族的支持，這樣才可能進一步發展勢力，成就大業。

精於政治謀略的王導對此也極為憂慮。這天他正在廳堂踱步，考慮如何讓南人歸心於司馬睿，忽聽門外有人說：「王大將軍駕到！」王導聞言，大喜過望。王敦是王導的叔伯兄弟，自永嘉五年（西元三一一年）出任揚州刺史、都督征討諸軍事後，曾多次出兵征討大小反叛勢力，立下大功。他的聲名在湘、漢一帶幾乎無人不知、無人不曉。待王敦大步進屋，尚未落座，王導就對他說：「琅琊王仁德雖厚，只是名聲不高，兄弟你威名遠揚，還望你幫他弘揚威德。」二人就此事商議了一番，想出一個計謀。

到了農曆三月三日上祀節這一天，按民間習俗，男女老少都到水邊嬉遊，借此除邪祈福。建康城裡人來人往，熱鬧非凡，江邊更是摩肩接踵的人群和震天的喧囂聲。江南名士顧榮、紀瞻等人也在人群中。修楔事畢，大家聚到一起飲酒聊天，談論著南渡的王公名士們。他們談得正熱烈時，忽然注意到人群相擁而前，不知發生了什麼事情。好奇心驅使他們也擠到人群中引頸探望，只見一頂肩輿上端坐著一人，他相貌堂堂，神態安然。後面跟著一大群人，個個都騎著高頭大馬，攬轡徐行，顯得畢恭畢敬。這裡面就有知名人士王導、王敦等。顧榮、紀瞻等人目睹此景，為司馬睿風采打動，又見那幫北方名流傾心相從，當時不由得望塵下拜。司馬睿步下肩輿，雍容答禮，毫無驕吝之色，這更令顧榮等人悅服。

等到司馬睿一行人返回宮城，王導就對司馬睿說：「吳中最有名的人士，莫過於顧榮、賀循。目前應當首先按禮節把他們請來做官，他們兩人肯來，就不用擔心其他人不來了。」司馬睿連連點頭，並派王導帶著厚禮去見顧榮、賀循，傳達心意。顧、賀二人欣然從命，隨從王導來見司馬睿。司馬睿起座相迎，殷勤慰問，當時就任命賀循為吳國內史，顧榮為軍司兼散騎常侍；所有軍府政事，都請他們參與討論。顧榮與賀循轉相推薦吳地名士，一時名流接踵而至。

江左初定，司馬睿政權力量薄弱，對此，從北方渡江南下的世族憂心忡忡，對司馬睿能否中興晉室滿腹懷疑。桓彝是北方名士，他渡江後看到朝廷微弱，焦慮地對朋友周說：「本來因為中原多事，特地南來避難以保全生命，沒想到朝廷如此寡弱，怎麼辦呢？」後來他去見王導，和他暢談世事，回來後高興地對周說：「剛才我去見過江左管仲了，看來不用擔心生命安全了。」另一南渡名士溫嶠最初也認為江南形勢不容樂觀，在見過王導後放心地對別人說：「江左自有管夷吾，足可振興晉室，我還有什麼好著急的呢！」王導以其過人的智略和超邁的風神得到了南渡名士們的讚賞和信任。他還注意調和南渡世族和江東世族的矛盾，實行寬鬆政策，提倡清靜無為。在他的帶動下，南北世族聯合起來，同心輔佐司馬睿執政。

建武元年（西元三一七年），平東將軍宋哲，宣讀湣帝詔書：「我以薄德承居帝位，不能振興晉室，反使蠻夷侵掠中原，逼迫京城，實在有愧上天下民。現在我被幽禁在這裡，沒有哪一天不擔憂的，常常害怕身滅國亡。希望你等繼承祖業，總理萬機，以圖有朝一日收回舊都，修復祖宗陵廟，以雪大恥。」眾人聞詔，莫不感慨流涕，紛紛請求司馬睿上尊號，被他堅決拒絕。西陽王司馬羕等再三請求，司馬睿激動地說：「我是天下的罪人，只有堅守節義，才能雪天下之恥，免受誅之痛。我本來只是琅琊王，諸位反倒這樣催逼我！」情急之中，他命令家奴備車馬，準備返回琅琊國。眾人見勢不敢再提請即帝位的事，只得請他依照曹魏和晉王朝建立時的先例，先稱「晉王」，司馬睿這才答應。

半個月後，司馬睿登晉王王位，宣佈大赦天下。同時按王導的建議，從南北世族中選取有名望的人，分別封官。這些人一共有一百零六位，被當時人稱為「百六掾」。這樣，晉王府的行政機構算是初具規模。他還著手建立皇家祭廟，興築祀天地神靈的祭壇。

有關部門請求指定太子，司馬睿偏愛次子宣城公司馬裒，打算由他當合法繼承人，並對王導說：「選立繼承人，應該以品德為主。」王導說：「世子（司馬紹）和宣城公都有清廉高尚的美德，可是世子年長。」司馬睿只得正式封世子司馬紹為王太子，封司馬裒為琅琊王，由小宗改為大宗，作為琅琊恭王司馬覲的嫡孫。

中原大亂之後，江東局面草草創立，很多法制禮儀都未建立。幸而有刁協，過去一直在洛陽朝廷任職，熟悉舊有的法令規章；南人賀循，家傳《禮》學，精通各項禮儀。在他們的主持下，江左的規章制度逐步確立下來。

建武二年（西元三一八年），晉湣帝在長安被害的凶訊傳到建康，司馬睿穿著麻布喪服，住到草房子裡以示哀悼。百官鄭重提請司馬睿上尊號，司馬睿不同意。紀瞻說：「晉室統治衰弱，至今已經兩年。論理，大王是紹承大業的最合適人選，誰也不能與大王相爭。目前洛陽、長安都被燒毀，宗廟無主。劉淵的兒子劉聰在西北稱帝，正是內外交困之時，大王應當順應天時人事，即帝位以隆興晉室。」司馬睿依然搖頭。他命令殿中將軍韓績撤除御座。韓績正要動手，猛聽得紀瞻怒斥：「帝座上應列星，敢動者斬！」弄得他手足無措。司馬睿即為之改容。

奉朝請周嵩站出佇列，肩奏道：「當今先帝梓宮還沒有運回，故都舊京還沒有光復，人心不定。應當廣泛採納正確的謀略，加強軍隊的戰鬥訓練，先雪洗國家的奇恥大辱，滿足天下人的願望，安定人心。不然，帝座怎麼坐得安穩、舒適呢？」司馬睿聽了不大高興。群官見此，深明主上心意，再次請求。司馬睿也不再謙讓，就勢答應。於是即皇帝位，大赦天下。

司馬睿向來倚重王導，稱他為「仲父」，把他比作輔佐漢高祖劉邦建立大漢帝國的蕭何。登基之時，他著實感激幫他成就基業的王導兄弟，請王導到御座上，坐到自己身旁。王導堅決推辭，說：「如果太陽跟地下的萬物一模一樣，眾生怎麼能仰望日光普照？」司馬睿見他這樣說，心中著實高興，也不再勉強他。

在司馬睿創業江南的過程中，王導兄弟起著重要作用。王導為晉室中興殫思竭慮，多次向司馬睿提出治政方案。他曾勸司馬睿說：「西晉衰亡的重要原因之一，是公卿世族競相以豪侈為高，不遵守法度，只追求享樂。」希望司馬睿勵精圖治，厲行節儉；還提議設置學校，恢復禮儀。司馬睿答應照辦。王敦總管征討，多次立下汗馬功勞，對江東政權的穩定盡了不少力。當時王氏子弟多居顯要職位，勢力強盛。所以時人有言：「王與馬，共天下。」

消極北伐，偏安江南

與江南的安定相比，北方真是紛紛擾擾。以匈奴、鮮卑、羯、氐、羌為主的少數民族湧入中原，擄掠人口、牲畜，爭奪地盤。人民過著水深火熱的生活，急切盼望統一。而江南政權只滿足於偏安局勢，對北伐採取消極態度。

建興四年（西元三一六年），當時任丞相的司馬睿聽到首都長安陷落，湣帝被俘的消息後，曾下令大軍北伐，在野外結營，親自穿上盔甲督軍。同時傳令四方各州郡，指日出發。到了約期，因為糧草等軍需未按期運到，他下令斬督運令史淳於伯。劊子手把刀在柱下抹擦，企圖拭去血跡時，刀上鮮血忽然順著柱子上沖，沖出柱梢兩丈有餘，才墜下地面。圍觀的人都認為淳於伯死得冤枉。丞相司值劉隗要求追查責任，王導上書表示自責，司馬睿顯得極為寬容，一概不予追究，同時下令撤軍。這次北伐就這樣不了了之。

建武元年（西元三一七年），前趙大將石虎率軍包圍了譙城（今安徽亳縣）。司馬睿發佈文告於天下，宣稱：「石虎竟敢率犬羊之兵渡河，肆意荼毒生靈。今特遣琅琊王司馬裒等九路人馬，勁卒三萬，水陸並進，直趨敵兵。」但不久，又召司馬裒返回建康。此番北伐又成泡影。

司馬睿實在無心北伐，而滿足於偏安江南，對當時有關北伐的建議採取「知道了」的態度，而且對在北方堅持抗戰的志士也不給予強有力的支援。

劉琨早在永嘉元年（西元三〇七年）出任並州刺史，州治晉陽（今山西太原）常處於少數民族的夾攻之下。劉琨將生死置之度外，在孤軍勢弱的情況下，轉戰十年。這期間司馬睿只因他曾派溫嶠南來勸進而提升過他的官職，此外沒有別的表示。最後劉琨被幽州刺史段匹磾假造皇帝詔書遇害，司馬睿不將段匹磾治罪，也不為劉琨舉哀。經劉琨好友盧諶和老部下溫嶠幾次上疏申理，司馬睿才下詔表示哀悼，追贈他為侍中、太尉。

劉琨被殺後，北方夷人和漢人都對段匹磾不滿，紛紛投奔也在北方抗擊石勒的邵續。當邵續被石勒軍隊包圍於厭次（今山東惠民）時，吏部郎劉胤向司馬睿建議：「北方藩鎮相繼被攻破，現在只有邵續忠心為國，如果他被石勒消滅，北方就無人抗敵了。請趕快發兵救援。」司馬睿沒有應允，待邵續兵敗被俘，才下詔表示旌揚。

司馬睿對北伐的志士不僅不支持，反而會採取措施加以牽制。早在建興元年（西元三一三年），晉湣帝兩次下詔，令司馬睿出兵進攻劉聰的都城，司馬睿都推辭說剛剛平定江東，人心未定，無暇北伐。當時戍守京口（今江蘇鎮江）的祖逖見社稷傾覆而司馬睿不肯出兵，毅然向司馬睿請求委任將領北伐。司馬睿見他義正辭嚴，不便拒絕，只得委任他為豫州刺史、奮武將軍，給他配給一千人的口糧，三千匹布，讓他自行招兵買馬，配備兵器。

祖逖率宗族百餘家乘船渡江，沿途招募了兩千多人。到達豫州（今河南汝南）後安撫百姓，又多次擊敗了石勒精銳騎兵的攻擊，收復了黃河以南大部分土地。在他的抵抗下，石勒不敢寇掠河南。正當祖逖積極練兵買馬，準備推鋒渡過黃河，掃清冀、朔二州之時，太元四年（西元三二一年），司馬睿委任戴淵為征西將軍，同時總管江北各州軍事，名為討伐胡人，實際上是牽制祖逖，防止他勢力增強，威脅到江南政權。戴淵這個人不識軍機而又驕傲自大，祖逖見要受他統領，自然快快不樂，祖逖深悉朝廷要臣勾心鬥角，內亂隨時都可能爆發，此種境況下他的北伐必難成功。自己壯志難酬，憂憤成疾，不久他即抱恨死去。石勒有了反撲的機會，屢次侵掠黃河以南。早有異志的王敦得知祖逖已死，更加肆無忌憚。

司馬睿政權對北伐採取的消極態度，當時就有人提出尖銳批評。早在太興元年（西元三一八年）十一月，禦史中丞熊遠上疏指出：「胡人亂華夏，懷、湣二帝靈柩沒有迎回，朝廷不能派軍進討，這是第一失。群官不以報仇雪恥為意，而沉湎於花天酒地，這是第二失。」這一批評是切中要害的。但司馬睿有他的顧慮：江左政權雖建，人心仍有未附的，有些人招集流動人口興兵作亂，他需要考慮平定叛亂。這是一。自西晉以來，士大夫們以談玄為高，鄙視務實理政的人。這種風氣流襲到江南，不僅未減弱，反而更加盛行。

百官中除卞壼、陶侃等人勤於政務外，大多推崇清談，他們遊山玩水、飲酒賦詩、弈棋賭博、談玄論道、崇佛采藥……何嘗把政務放在心上。當然，司馬睿自己也喜歡與名僧、名士周旋。這種情形下，要號召全民北伐，確實困難。這是二。北方劉聰、石勒的軍隊強盛，南方兵力寡弱，還得分心平定叛亂，經濟實力也不夠雄厚，司馬睿擔心一旦出師北伐，可能全軍覆沒，這樣是「偷雞不成反蝕一把米」，恐為天下人所笑。這是三。所以他堅決「不與劉、石通使」。當然，司馬睿最大的顧慮是皇權弱小而以琅琊王氏為首的世家大族勢力的強大。

無奈王敦亂

司馬睿喜好法家申不害、韓非子的治國理論。他認為西晉末年以來社會風氣敗壞是由於法禁鬆弛。為了整頓社會風俗，也為了加強皇權，他著意提拔了刁協、劉隗任要職。兩人都有較高的文化素養，善於揣摩司馬睿的心意並依意行事，因而深受司馬睿的信任和賞識。在司馬睿的默允下，他們大膽彈劾違禮犯法的官吏，並依法處置。南中郎將王含是王敦的兄長，他以宗族顯貴，勢力強盛，一次選用參佐及守長二十多人，這些人很多都沒有實際才能，因此遭到劉隗彈劾。司馬睿考慮到琅琊王氏的強盛，不敢加罪，下令不予追查。但王氏對劉隗痛恨不已，總想一除為快。刁協性情剛烈強悍，又不注意自我克制，每每借酒裝瘋，淩辱高官。他還征取豪門強族的私奴為兵士，徵發將吏隱藏的私客從事運輸工作。這觸犯了很多世家大族的利益，引起了他們的反感。他們心懷怨恨，卻又無可奈何。

再說司馬睿見王氏勢傾朝野，心存戒意，所以言行之中不免疏遠王導。王敦對此憤憤不平，上書為王導訴說：「當初陛下說過，『我與王敦、王導是管鮑之交』，這話我至今銘記在心。我想陛下一定不會食言吧。」此書先到了王導手裡，王導密封後退還給王敦，王敦派人直接送到司馬睿那裡。司馬睿看到這封上疏，心裡很不舒服。這天晚上，他召請譙王司馬承入宮，把王敦的上疏拿給他看了，並對他說：「我待王敦不為不厚，他反倒要求不少，言辭咄咄逼人，你看該如何處置？」司馬承答道：「陛下不早削減王敦的權勢，以至有今天這種局勢，只怕他不久就要作亂。」司馬睿也嘆悔不已。

第二天，司馬睿派人召劉隗進宮，與他商議對策，劉隗勸他趕快派重臣出鎮地方，以備非常，司馬睿表示贊成。剛好王敦上表送到，是推薦宣城內史沈充代替甘卓出任湘州（治所在今湖南長沙）刺史。湘州處長江上游，地勢重要，自然不能再用王敦的人，司馬睿決定派司馬承任湘州刺史。

太興四年（西元三二一年）春天，太陽中間出現黑子，終南山忽然崩塌，當時人都認為這是災禍的前兆。司馬睿更擔心王敦作亂，就派尚書戴淵為征西將軍，出督司、兗、豫、並、雍、冀六州軍事，鎮守合肥（今屬安徽），丹陽尹劉隗為鎮北將軍，出督青、徐、幽、平四州軍事，鎮守淮陰（今屬江蘇）。這兩人以討胡為名，一面牽制祖逖，一面防禦王敦。他還遷王導為司空、錄尚書事，表面上是加意尊崇，實際上架空了他的權力，一切軍政要務都不請他參與謀劃，他與劉隗之間則頻有信使傳遞敕奏，商議大事，決計施行。

王敦知道司馬睿的用心，打聽到劉隗專政，就派人送信給劉隗說：「承蒙聖上注意到足下，加以提拔重用。當今大賊未滅，中原鼎沸，當與足下共同盡忠王室，平定海內。如果天下安泰，則帝祚久長，晉室興隆；如果不這樣，天下將永無安定之時。」劉隗回信表示：「魚相忘於江湖，人相忘於道術。竭盡綿薄之力效忠王室，是我的志向。」王敦得信後看出了他的言外之意，更加忿恨，當即寫回信一封，指出：「古今忠臣遭君上懷疑，都是因為有佞幸小人說壞話。」這明明是指斥劉隗。司馬睿聽說後，更生疑忌，只是防備王敦的人事物力還沒有妥善安排，他也沒法先下手，只得加送羽葆（以鳥羽為飾的儀仗）鼓吹給王敦，借示羈縻，拖延時日。

王敦認為刁協、劉隗這些人都不是自己的對手，只有祖逖讓他忌憚。太興五年（西元三二二年），祖逖病逝的消息傳開，王敦喜出望外，決計起事。

五月，司馬睿宣佈改元永昌，詔令全國，實行大赦。沒過幾天，王敦發難的表文就送到了司馬睿手上。表文要求立刻誅殺劉隗。王敦本人率領水陸各軍，從武昌（今湖北鄂城）出發。到了蕪湖（今屬安徽），又上表列舉刁協的罪過，要求司馬睿儘快處死刁協，這樣他才退兵。司馬睿接到表文，知道王敦已經造反，不由大怒。他派快騎召戴淵、劉隗速速回京，保衛建康，一面詔示天下：「王敦恃寵肆狂，竟敢把我比作商王太甲，想要囚禁我。是可忍，孰不可忍！我將親率六軍，誅討大逆。有殺王敦者，封五千戶侯。」

劉隗、戴淵快馬奔回建康，百官夾道歡迎。劉隗頭戴岸幘，腰懸佩刀，神態頗為自得。及至入宮見到司馬睿，他提出剷除朝廷中琅琊王氏子弟，遭到司馬睿的拒絕。他這才心生疑懼，略有收斂。

王敦起事後，王導深恐朝廷因此加害整個宗族，每天率領宗族子弟二十多人到朝門請罪。尚書周顗起入朝，行經台省，王導托他向司馬睿求情。周沒有搭理他，見到司馬睿時卻大力陳述王導無罪，反復說明不可加罪；回家後又上表申述王導無罪，言辭極其懇切。司馬睿接受了周的上表，下令召見王導。王導叩頭謝罪說：「亂臣賊子，哪一代沒有？可恨今日出自臣族。」司馬睿急忙走下御座，連鞋子都顧不得穿上，拉住王導的手說：「茂弘（王導的表字），我正要委任重擔於你，何煩多言！」王導請求去討伐王敦，司馬睿求之不得，馬上下詔任命他為前鋒大都督，周為尚書左僕射，戴淵為驃騎將軍，王導的堂弟中領軍王邃為右僕射。他又派遣王導的另一堂弟王廙去勸王敦撤兵。王敦不肯從命，反把王廙留下，同時下令向石頭城（今江蘇南京市清涼山）進軍。司馬睿命征虜將軍周箚為右將軍，都督石頭諸軍事，又命劉隗屯守金城（今江蘇南京市郊）；他親自披甲上馬，檢閱諸軍，並向士兵曉諭順逆，鼓勵他們奮勇作戰，然後才返回都城。

王敦軍到石頭城下，準備直接進攻金城。他的部下杜弘獻計說：「劉隗手下勇士眾多，不易攻克，我看不如先攻周箚。周箚一向少恩，士兵不肯為他賣命，一定抵抗不了多久。我們把周箚打敗，劉隗那批人自然也嚇走了。」王敦命杜弘作前鋒，去攻打周箚。周箚料知抵擋不住，直接大開城門，把杜弘等人放進石頭城。王敦隨後住進城內。他登上城頭，眺望建康宮殿，嘆惜道：「我不能做恢弘道德的事了。」他的好友兼參謀謝鯤介面道：「大將軍怎麼說出這話？從今以後，不記前嫌，使君臣兩釋，互不猜疑，也無傷盛德呀。」王敦默然不語。

不多久，探馬來報劉隗、刁協、戴淵等正率領軍隊向這裡進軍。王敦下令做好作戰準備。刁協、劉隗等本來不懂軍務，所領士卒久不操練，一看王敦軍隊陣勢就嚇住了，都立足觀望，不肯前進。王敦部下自出兵以來還未大戰過，便仗著一股銳氣，橫衝直撞，一往無前。戰了幾個時辰，刁、劉、戴三部將士早被沖散，死傷不少，三帥撥馬奔還。王導因周沒有當面答他，心存芥蒂，不肯聯合出戰；雖與其他將領郭逸、虞譚幾路並進，但號令不一，行止不同，結果也紛紛敗還。

敗報連達宮廷。宮廷宿衛，驚慌得不得了，逃的逃，躲的躲，最後只剩下安東將軍劉超和兩名侍中陪在司馬睿身邊。司馬睿到了此時，真是一籌莫展，只得脫下戎衣，穿上朝服，悶坐在太極殿上，看著劉超說：「王敦想要我的座位，也該早跟我說明，我自回我的琅琊國。何至於這般擾亂百姓！」劉超找不出合適的話來勸慰，只得隨聲嘆息。

忽又傳來消息說，王敦放縱士兵到處搶劫，鬧得雞犬不寧。司馬睿忙派人去對王敦說：「公若還紀念本朝，就此息兵，那麼天下還可以一同來安定。如果不肯罷手，我當歸老琅琊，自避賢路。」王敦置之不理，急得司馬睿沒法，更覺慌張。

剛好刁協、劉隗二人狼狽逃回宮殿，伏在司馬睿坐前，嗚咽不止。司馬睿拉著他們的手，相對流淚。過了好一會，他說：「事已至此，你們二人趕緊逃命去吧！」刁協答道：「臣當守死盡忠，不敢有貳。」司馬睿著急地說：「你們在這裡只有死路一條，不如快走！」下令給二人備馬，派人隨從侍衛，讓他們自擇去路。刁協年老，騎馬不便，平日對下人刻薄寡恩，走到江乘（今江蘇句容），被人殺死。司馬睿聽說刁協被殺，又痛又恨，偷偷派人追查兇手並予以處死。劉隗投奔了石勒，後來做了大官，老死在那裡。

王敦起兵本來是為「清君側」，現在聽說了刁協、劉隗的下落，君側已清，理應入朝謝罪，收兵還鎮。但他不肯就此甘休，仍據住石頭城，按兵不動，也不肯上朝見司馬睿。司馬睿無計可施，只得令公卿百官到石頭城去見王敦，勸他罷兵。

王敦擺足架勢，不待百官開口，就先問戴淵：「前日交戰，你還有餘力嗎？」戴淵心下一驚，勉強介面道：「怎敢有餘，只覺得兵力不足。」王敦又問：「我這次舉兵，天下人如何議論？」戴淵委婉回答：「只看表面，可說是叛逆；如果體察誠心，應該說還是忠心的。」王敦冷冷一笑道：「你可真會說話。」轉而看著他一向又忌又怕的周說：「伯仁，你負我！」周凜然答道：「你興兵犯上，我親率六軍作戰，不能盡職，致使王師敗北，這才是有負公心呢。」王敦被周譏諷，一時無詞可答。

王敦單召王導進室，對他說：「當初尊司馬睿即位時，我說立年齡小的皇上才便於控制，你不聽我的話，這次險些滅族了。」王導說：「你也做得太過分了，趕緊歇手吧。」王敦鬍子一掀，說：「兄弟你怎麼這樣膽小？刁協、劉隗餘黨還在朝廷，需把他們除去。再說皇上由我們這些人推戴。他怎能懷疑我家？就算皇上不換，也該作些改革，免除後患。」王導說：「但教朝廷不再疑忌我們，保得家族安全，也就算了。」王敦仍是搖頭，王導只得退出。

王導與百官商議了一番，回去見司馬睿。百官順從王導的意思，請求司馬睿頒發赦書，並加王敦官爵，勒令退兵。司馬睿沒有辦法，只得下詔大赦，進王敦為丞相，都督中外諸軍，錄尚書事，封武昌郡公，領江州牧；派太常荀崧去見王敦，傳達旨意。王敦對荀崧說：「我這次來，不望升官，只想為國家除患，一切封爵，我不願接受，還煩你回復。」荀崧勸說了幾句，見他仍是不聽，這才回來覆命。

王敦又召集百官，準備廢太子司馬紹。他把太子中庶子溫嶠叫到跟前，厲聲問道：「太子有什麼德望？你久侍東宮，應知道得最清楚。古人有言：『事父母幾諫。』主上有過，沒聽說太子勸阻，難道還能稱孝嗎？」溫嶠從容答道：「皇太子鉤深致遠，不是一般見識淺薄的人看得出來的。據我看來，太子實是賢孝，就是公來都下，也沒有聽得東宮表示抗議，說是貽誤國家。怎見得他沒有諫阻呢？」百官也隨聲附和，交口稱讚太子有德，說得王敦無法辯駁，不得不草草收場。百官重回建康宮城。

司馬睿召見周顗，愁眉苦臉地說：「近來王敦起事，所幸二宮無恙，諸人平安。依你看，大將軍王敦是不是與眾望相副？」周顗不便直言，只得說：「二宮確實如陛下所說，平安無恙，臣等生死尚未可知。」司馬睿不禁長嘆。

王敦早就忌恨戴淵、週二人的才望，在部下的慫恿下，頓起殺心。他徵得王導默許，派人收捕戴淵、周顗。儘管謝鯤勸阻，他仍下令殺害了二人，於是民心浮動，暗地裡責罵王敦。

王敦令西陽王司馬羕為太宰，王導為尚書令，王廙為荊州刺史，擅自改換百官及各處鎮將，轉調、徙遷、黜免者，數以百計。這才準備率兵西還武昌。謝鯤對他說：「公至都城以來，一直稱病不朝，所以功業雖建而人心不服。如果去朝見天子，使君臣兩釋，天下人自會心悅誠服。」王敦說：「你敢保證不會發生變故？」謝鯤說：「近來我入宮見皇上側席以待公至。宮省和平寧靜，毫無兵馬氣象。一定不會有變故。」王敦最終沒有去見司馬睿，直接返回武昌。

王敦既已得志，更加驕奢倨傲，目中無人。四方貢物，多入王敦府中。重官顯職，都被王敦的人佔據。王敦心腹沈充、錢鳳等人都兇險殘暴，倚仗權勢，大興土木，占人田宅，白日裡公然搶劫，百姓敢怒不敢言，暗裡詛咒王敦早死。王敦還作威作福，自領寧、益二州都督，好像沒有君主一般。荊州刺史王廙病死，王敦也不上表奏聞，自命王含繼任，並都督沔南（今屬湖北）諸軍事。又使下邳內史王邃，都督青、徐、幽、平四州軍事，鎮守淮陰；武昌太守王諒任交州刺史，並令王諒誘殺交州刺史修湛。朝廷毫無主權，長江上下游，全是王敦的勢力範圍。

此時淮北河南，屢受後趙襲擊。泰山太守徐龕，忽叛忽降，結果被石虎攻破，徐龕被殺。兗州刺史郗鑒，退保合肥；徐州刺史卞敦，也退保盱眙（今屬江蘇）。石虎又攻陷青州（今江蘇揚州一帶）。石虎別將石瞻，攻下了東莞、東海（今江蘇北部、山東南部一帶）。後趙將領石生進攻黃河以南地區，司州刺史李矩，潁川太守郭默，屢戰屢敗，轉向前趙主劉曜申請援助。劉曜派人攻擊石生，結果敗還。郭默等人率眾南歸。豫州刺史祖約，自譙城退守壽春（今安徽壽縣），陳留（今河南開封）失守。至此，司、豫、青、徐、兗諸州，都被後趙奪去。

司馬睿內為王敦所制，外受強寇所逼，雖名為江左天子，實際上號令不出國門。成日憂愁，以至於憂鬱成疾，臥床不起。他想內外重臣，只有司徒荀組是舊臣，老成持重，就升他做太尉兼太子太保，希望他主持朝事，遙制王敦。哪料荀組年已六十五歲，未曾到任，就辭世而去。司馬睿索性將司徒、丞相二官空缺。眼見自己病情一日重似一日，他還不想見人，群臣有事也無法奏報。

撫軍將軍南頓王司馬宗、左衛將軍虞胤等，見司馬睿病重，暗中與西陽王司馬羕圖謀起事。司馬睿岳父庾亮非常著急，不等侍臣通報，徑直闖入司馬睿臥室，見他病體瘦弱，忍不住淚流滿面。接著，庾亮振作精神，告訴司馬睿宮中近況，提醒他早日詔令太子繼位。司馬睿這才命人寫下遺詔，由太尉庾亮和司空王導輔佐太子司馬紹即位。當晚，他抱恨死去，時年四十七歲。總計他自渡江以來共十六年，在位五年。葬於建平陵，廟號中宗。

西晉末年，五胡亂華，王室內亂，使得兩京陷落，晉武帝、惠帝嫡屬盡死於難。晉室在北方已無立足之地，使僻遠的江南成為新政權建業的基地。司馬睿以旁支弱藩而又「寄人國土」，本來不具備繼統的資格。他與汝南王、西陽王、南頓王、彭城王同時渡江南下，他們同是宗室藩王，只有司馬睿創建了江南的政權，所以當時童謠說：「五馬浮渡江，一馬化為龍。」司馬睿僅因際遇和政治才幹取得帝位，沒有傳統、實力和功勞的憑藉；加之司馬氏勢力大為削弱，因而他不可能擁有強大的皇權，不足以控制世家大族，導致士族專兵，從而形成了祭則司馬、政在士族的政權模式，開創了東晉一朝皇帝與士族共同把持政權的門閥政治格局。

東晉政權是在以琅琊王氏為首的南北世家大族聯合的基礎上擁立司馬睿建立起來的，司馬睿利用劉、刁二人加強皇權的措施侵犯了大族的利益，導致了王敦之亂的發生。這一政權幾經動搖，終於延續了一個世紀之久。這與司馬睿的勤儉治國是分不開的。司馬睿設置僑州郡縣（南北朝時稱流亡江南的北方人為僑人，為安置他們而設立了僑州、僑縣，並沿用已經淪陷的舊名），安頓流民，借此安定社會局面；又多次鼓勵農桑，興建學校。這些措施無疑促進了江左政權的安定和經濟的開發，改善了人民的生活環境。

但是，以司馬睿為首的東晉初期的統治上層並無一匡九合的雄心。他們只是盡力籠絡南人，和輯僑姓，以圖苟安江南，儘量避免與北方少數民族政權發生衝突。在此以後，僑人逐漸安於現狀。南北分裂局面遂為人們接受，北伐口號也喪失了原來的意義，往往成為強臣擴大權威的一種手段，得不到朝野一致的支持。這種苟安心態的形成和偏安局面的長期存在，作為東晉開國皇帝的司馬睿不能不承擔部分責任。

胡秋銀　文

第十章

隋文帝 楊堅

北周大象三年（西元五八一年）二月十四日，正是甲子大吉大利之時。北周都城長安皇宮內正在舉行一次隆重的禪位儀式，太傅、杞國公宇文椿、大宗伯趙炅，捧著周靜帝宇文闡的禪位策書和皇帝符璽，畢恭畢敬地站立在皇帝平日專用於到諸侯家乘坐的象輅上，手持符節，後面簇擁著皇家儀仗隊，文武百官緊隨其後，一路上吹吹打打，來到正陽宮大丞相府門前。大丞相楊堅戴著遠遊冠，在禮官陪同下，步出大門，在東廂面西而立，長揖請進。百官依次進入殿庭，宇文椿雙手高擎策書走入堂中轉身向南，高聲宣讀了皇帝禪位策書。讀畢雙手捧獻給楊堅。楊堅依禮節北面跪拜，照例假意推辭再三。見此情景，上柱國李穆率百官上前程式化地勸進一番，楊堅仍然不從。如此這般，反復兩次。宇文椿等又一次捧著策書敦促楊堅接受，楊堅這才顯出百般無奈、天命難違的樣子俯伏在地，拜受策書和皇帝符璽。宇文椿等使者和百官見狀歡喜雀躍，連忙插好笏板，振臂三呼「萬歲」。由此，楊堅登上覬覦已久的皇帝寶座，建立起新的大隋帝國，宣佈改年號為開皇元年。

龍潛淵底

楊堅祖籍弘農華陰，即今陝西華陰縣。遠祖乃東漢太尉楊震，楊震九世孫楊元壽在北魏任武川鎮（今屬內蒙古）司馬，全家人便定居於此。再經四傳而至楊忠，即楊堅父親。楊忠是西魏、北周名將，武藝絕倫，謀略超群，官至柱國、大司空，爵封隨國公，娶呂氏為妻。呂氏小名苦桃，山東濟南人，出身貧寒。

楊堅於西魏大統七年（西元五四一年）六月癸醜日夜晚出生於馮翊（即今陝西大荔縣）般若寺。據說他出生時紫氣充庭、祥雲籠罩。又雲頭上忽然長角，驚得其母把他一下子扔在地上，以為生了個妖怪；楊堅長大成人後，額上有五根肉柱直貫頭頂，目光外露，腰長腿短。性情深沉木訥，不苟言笑。

由於楊忠是西魏和北周王朝的高官貴族，所以，楊堅從小進入太學讀書，但學業並不好。楊堅十四歲時，當時的京兆尹（京城最高長官）薛善把他選拔為部下功曹；十五歲時，西魏恭帝封賞功臣子弟，授予他散騎常侍、車騎大將軍、儀同三司的榮譽職銜，封爵為成紀縣公；十六歲時，北周取代西魏，楊忠為北周開國功臣，他又榮升為驃騎大將軍，開府儀同三司。據說北周太祖宇文泰第一次看到他時，驚嘆不已，說：「這小兒相貌非常，不像是經常能出現的人物。」北周明帝即位後，以功臣子弟的名義授予楊堅右小宮伯，晉爵為大興郡公。

西元五六〇年，周武帝繼位，他又被升為左小宮伯。不久，調任隨州刺史，進位大將軍，時年十九歲。西元五六六年，與楊忠同為北周大將的柱國大將軍獨孤信將第七個女兒嫁給楊堅為妻，這一聯姻為他日後的飛黃騰達帶來了裙帶基礎，因為獨孤信的長女和第四女均為北周皇后。楊忠於西元五六八年去世後，楊堅襲爵為隨國公。西元五七三年，楊堅長女楊麗華被選為皇太子妃，這是楊堅一生仕途的重要轉捩點。西元五七七年，北周滅齊，楊堅在平齊戰爭中立下戰功，晉升為柱國，後又隨齊王宇文憲出征，被任命為定州總管，不久轉任亳州總管。西元五七八年，皇帝即位，立妃楊麗華為皇后，楊堅因皇后父親身份，被徵召回京城，進位為上柱國、大司馬。西元五七九年，宣帝設四大輔官，以楊堅為大後丞。不久又升任為大前疑，權威始見隆重。

據史書記載，在楊堅未成名前，當時的著名相士來和、趙昭、董子華、道士張賓和焦子順都曾對他說過：他會據有四海，為天下帝王。其中趙昭還對他說：「您為帝王必須大誅殺才能穩定天下，請牢記鄙言。」中央和地方部分文武大臣如鄭譯、竇榮定、龐晃、郭榮、宇文慶等也以為他不是凡夫俗子，將來會奄有天下而傾心結納。他由定州總管轉亳州總管時，內心十分不樂意，在隨州刺史任上與之過從甚密的龐晃竟勸他：「燕代是天下精兵所在之處，現在如果起兵反叛，天下不愁到不了手。」但他以為「時機未成熟」而拒絕了這一建議，可見他很早就有政治野心。

在位帝王及執政者也暗中忌恨楊堅，北周明帝、武帝和權臣晉公宇文護、齊王宇文憲等都曾有過殺掉他的企圖和行動，只是由於趙昭、來和等人的暗中保護，他才得以多次倖免於難。而楊堅也只好韜光養晦，遇事裝傻，不露鋒芒，「晦明藏用，故知我者希」。楊堅最後升遷到大前疑的地位，基本上是憑皇后之父的身份。

周武帝去世後，其不肖子宇文贇繼位，是為宣帝。這位宣帝是個不折不扣的暴君，嚴刑峻法，濫殺無辜，喜怒無常，言行乖誕，對楊堅也嫉妒在心。他有四個最寵愛的妃子，便在楊皇后之外又別出心裁地設立四個皇后。五個女人爭風吃醋，相互詆毀。宣帝自然袒護四個愛妃，曾有一次對楊皇后大發雷霆：「我必定有朝一日要殺了妳全家！」下令賜楊皇后死，並當場逼她自殺。又把楊堅召進宮內，預先吩咐手下人說：「只要他臉色稍有變動，就殺掉他。」楊堅卻能在周宣帝的百般責辱和女兒面臨死神威脅的情況下裝聾作啞、泰然自若。楊堅夫人獨孤氏得知消息，立即進宮，在宣帝面前跪拜求饒，磕頭流血，才算化解了宣帝怒氣，免除了楊堅父女倆一場劫難。

虎躍峰巒

楊堅深知既然受到猜忌，留在帝王身邊就等於慢性自殺，便通過深受宣帝寵信的好友、內史上大夫鄭譯請求出任地方官。北周大象二年（西元五八〇年）五月，周宣帝決定派鄭譯率兵討伐江南陳國，鄭譯趁機推薦楊堅作元帥，於是楊堅獲得了揚州總管的任命。正當楊堅準備溜之大吉的時候，繼位剛滿兩年的周宣帝突然得急病，於當月十一日死去，年僅二十二歲，其皇儲周靜帝則只有七歲（在這前一年的二月，宣帝已宣佈傳位給七歲長子宇文衍，後改名宇文闡，是為周靜帝，自己則稱天元皇帝）。

同時由於宣帝的荒淫無道，誅殺了皇族中頗有權略的齊王宇文憲，又將叔父中有威望有軍政經驗的趙王、陳王、越王、代王、滕王等五個侯王一概遣送回各自的封國，以致此時朝廷中既無老練掌權的皇族侯王，也沒有威權崇重的功臣宿將，宣帝所信任的鄭譯、劉昉等人則都是些無遠略、無忠心的平庸之輩。

顯然，北周王朝出現了前所未有的權力真空。所以，當皇帝寵臣劉昉、鄭譯等對宣帝死訊秘而不宣，商議請身為皇后之父的楊堅出來主政時，胸懷宏圖大略的楊堅緊緊地抓住了這一契機，略一推辭便答應下來，導演了一出改朝換代的政治連續劇。不過，其少年時代的同學元諧當時曾這樣告誡他：「您沒有黨羽援助，猶如水中一堵牆，非常危險，可要小心努力。」楊堅深以為然，在篡周立隋的過程中循序漸進、偷樑換柱，十分講究策略，在歷史上落了個「以詐取天下」的名聲。

劉昉、鄭譯等人想讓楊堅以大塚宰的頭銜主政，以便自己能從中分一杯羹，分別出任小塚宰和大司馬，實際上是想三人共同輔政。楊堅為此請教了當時朝廷中受人仰慕的大學者李德林。李德林告訴他：「應當稱作大丞相、假黃鉞、都督中外諸軍事。否則，不能以威服人。」當時的政治體制，大塚宰只是百官之長，相當於丞相。而李德林所列舉的這一連串的頭銜中，假黃鉞意味著代皇帝行使權威，都督中外諸軍事則擁有內外一切軍隊的實際指揮權，這就是說，李氏所列囊括了皇權、政權、軍權。楊堅果斷地採納了這一建議，在宣帝死的當天就假傳詔令，受命輔政並總督皇城內外禁衛軍。三天後才公佈宣帝去世的消息，出任假黃鉞、左大丞相，總攬內外軍政。

楊堅受命輔政之日，即將勇武過人的將軍盧賁、元胄、李圓通、陶澄等召至身邊日夜宿衛，委以心腹。五月二十三日，楊堅召集文武大臣公佈宣帝去世、自己受命為大丞相的消息，並宣佈要以東宮為丞相府，群臣議論紛紛，多有不服。盧賁即率兵將群臣團團圍住，使之不敢不從。而楊堅在輔政的大半年時間裡，屢遭周室諸王暗算，也是得力於元胄兄弟及李圓通等武士的死命護衛才化險為夷。

護身用武將，運籌需文臣。輔政之初，楊堅即特地派弟弟楊惠去找當時朝中素負重名的儒士李德林，告知心腹大事，轉達倚重之意。李德林也是識時務者，毫不猶豫地表示「願以死相從」。隨後又派楊惠去找「精明強幹、熟諳軍事、足智多謀」的高熲，高熲同樣樂意為楊堅效勞，說：「即使您的大事不成功，我也不怕遭受滅族之禍。」後又拔擢重用了蘇威、李穆、韋孝寬、楊素、賀若弼、韓擒虎等文武俊才。李德林博通經史百科，具有軍政大略，時人譽為「經國大體，是賈生、晁錯之儔；雕蟲小技，殆相如、子雲之輩」。恒受北齊、北周諸帝器重，是北朝第一流的學者。他與楊堅一拍即合，遂成為楊堅改朝換代、治國安邦的重要智囊人物。高熲對於楊堅的重要猶如漢代蕭何之於劉邦，不僅在後來楊堅在位時長期擔任宰相，屢運奇策，多建偉功，而且為楊堅招納了諸如蘇威、楊素、賀若弼、韓擒虎等一大批名將名臣。

當然，楊堅雖有奪位野心，但並沒有必勝把握，輔政之初，曾在夜晚把當時專掌天文歷數的太史中大夫庾季才召到相府問道：「我以不才之身，受如此顧命重托，就天道人情而言，你以為結果如何？」庾季才說：「天道精微悠遠，難以逆料，但以人情而論，大勢所趨，不可推託。即使我說不可，主公您能再像商代箕子那樣佯狂而退隱嗎？」楊堅沉默了半天才抬頭嘆道：「是啊，我如今就像騎在老虎身上一樣，誠然無法再跳下來。」楊堅還不止一次地徵求其夫人獨孤氏的意見，獨孤氏是個有主見的人，以為：「大勢已經形成，騎虎難下，一定要勇往直前。」

不論是剛剛到手的權力還是下一步要攫取的皇位，對楊堅來說，最大威脅來自皇室。當時宇文泰去世才二十餘年，其威名與恩惠猶在人耳目。七歲的周靜帝自然微不足道，周皇室諸王卻不可等閒視之，特別是宇文泰的十三個兒子中僅存的五個兒子，即上面所謂五王。一旦他們與宇文泰的功臣宿將相呼應，足以翻天覆地。楊堅很清楚必須迅速除掉皇室諸王，但要殺之有名。當時宣帝弟弟、十幾歲的宇文贊仍以皇叔身份任上柱國、右大丞相之職，位在楊堅之上，且與靜帝同住在一起，這對楊堅控制靜帝是個嚴重障礙。楊堅遂指使劉昉給宇文贊送去幾個美女，並乘機騙他說：「大王，您是先皇帝的弟弟，眾望所歸，靜帝太小，豈能做皇帝！如今先帝剛死，人心未定。您暫且回到王府去，等到事情辦妥後，您再入宮做天子，這是萬全之計。」宇文贊長期生活在皇宮，毫無政治經驗，聽了劉昉的話，好不高興，即日便回自己的王府去了。

在尚未公佈宣帝死訊前，楊堅又假借趙王宇文招將嫁女於突厥為理由，以宣帝名義發佈詔令，徵召趙王、陳王、越王、代王、滕王速來長安參加婚禮；在公佈了宣帝死訊後，又以周靜帝的詔命徵召手握重兵且極有可能與楊堅唱對臺戲的宇文泰外甥、相州總管尉遲迥進京參加葬禮，而派當時一流的軍事家韋孝寬去取代他。

六月，五王進京，看到宣帝已死，楊堅大權在握，內心既不滿又不安。一直在京任太師但年輕而無政治經驗的畢王宇文賢（周明帝長子、宣帝堂兄）也看出楊堅包藏禍心，就暗中聯絡五王，謀劃伺機刺殺楊堅。殊不知楊堅表面上若無其事，實際上遍佈耳目，早有戒備，很快便得到有關情報，立即下令以謀反罪名處決宇文賢及其一家。但楊堅講究策略，對五王的同謀隱而不問。因為此時雄踞河南的尉遲迥已舉兵對抗，如果殺了五王，懲治謀反罪就會被人理解成誅殺皇族，不僅使京城皇族和文武大臣寒心，而且也會給尉遲迥造成有力的藉口。五王也不是傻瓜，深知楊堅要篡位換代就決不會放過他們。

不久，趙王主謀，伏甲於帷幕而後邀請楊堅到府中宴飲，企圖借機刺殺他。楊堅裝聾賣傻、欣然從命，自帶酒肴，帶著堂弟大將軍楊弘及大將軍元冑、元威兄弟等幾位心腹兼侍衛前往赴宴。席中趙王幾次暗示部下動手，皆因元冑嚴密護衛而終未得逞。把柄到手，事後楊堅立即以謀反罪誅殺趙王、越王及其子女。十月，殺陳王及其子；十二月，殺代王、滕王及其子。罪名照例是謀反。至西元五八一年夏曆二月，楊堅登基，大功告成，再也不需遮遮掩掩，於是，北周皇室所有王公子孫同日被處死。

楊堅在一個個剷除內部隱患的同時，對於外部叛亂則斷然使用武力，毫不手軟。當時的相州總管尉遲迥不僅是北周皇室外戚，而且手握強兵、控扼河東（今河南、山西）要地。楊堅剛剛受命輔政，即預計到尉遲迥可能舉兵相抗，於是採取先發制人的手段，以進京參加葬禮為理由徵召尉遲迥入朝。果然，朝廷徵召和委任詔命甫出，代為總管的韋孝寬尚未到達相州，尉遲迥即舉兵反叛，其弟青州（今山東臨淄）總管尉遲勤以及東楚州刺史費也利進、滎州刺史邵公冑、申州刺史李惠、潼州刺史曹孝遠、徐州總管席毗羅等都隨之回應。

不久，據有今湖北江北地區的郥州（州治在今湖北安陸縣）總管司馬消難和鎮守巴蜀的益州（今四川成都）總管王謙也起兵反叛，與尉遲迥遙相呼應，加上北面突厥遊牧民族的不斷侵擾。這樣，都城長安幾乎處於四面楚歌的境地，形勢相當嚴峻。楊堅首先派楊尚希率楊氏宗族家兵三千駐守潼關，以防叛軍直搗關中；然後，先禮後兵，派破六韓裒為特使前往相州進行勸說，在勸說無效後，立即任命韋孝寬為元帥，率梁士彥、元諧、宇文忻、宇文述、崔弘度、楊素、李詢等大將出兵討伐尉遲迥，派王誼率軍鎮壓司馬消難叛亂，在消滅了這兩股反叛勢力後，再派梁睿率軍進攻巴蜀的王謙。由於師出有名、將帥有略，這些叛亂很快被平定。

得民心者得天下，而收攬民心的最好辦法是革除弊政、施惠於民。楊堅剛一上臺即舉賢任能，去奸除弊，制定《刑書要制》，廢除宣帝制定的嚴刑峻法，停止洛陽宮的營建；尊禮佛道二教，施寬大無為之政，倡勤奮儉樸之風。這些措施很快博得朝野一片歡呼，也就取得了入主皇宮的入場券。

同時，楊堅循序漸進地一步步加強自己的權力、抬高自己的地位。在尉遲迥起兵叛亂後，七月二十四日，楊堅兼都督中外諸軍事，將全國的軍隊指揮權抓在手中；平定叛亂後的九月二十八日，任命長子楊勇為洛州總管、東京小塚宰，加強對潼關以東地區的控制；九月三十日，受命為大丞相，廢左、右丞相之職，以杜絕分權的可能；十二月，楊堅先是奏請靜帝下詔廢除以前周皇室對漢族文武大臣的賜姓，以取得大批漢族官員的支持；接著進位為相國，總百揆，即總領百官和內外一切軍政事務，並晉爵為隨王。以安陸等二十郡為隨國，可以用九錫之禮，建天子旗幟，戴天子十二旒冕，乘天子六馬金銀車。這樣，楊堅便取得了東漢末曹操、三國魏司馬懿、東魏高歡、西魏宇文泰那樣的名譽和實權，距皇帝寶座只一步之遙了。

不過，楊堅在消除了內憂外患、控制了軍政大權、籠絡了朝野民心、取得了大批文武幹將支持後，卻沒有像曹操等政治家那樣把已經到手的皇冠留給後代去頂戴，而是理直氣壯地於次年二月接受周靜帝迫不得已的禪讓，登上皇帝寶座，時年四十歲。楊堅覺得「隨」字帶「走之旁」，不吉利，就把「走之旁」去掉，改為「隋」，是為隋朝。

春雨瀟瀟

楊堅登上皇帝寶座以後，取年號為開皇。二十年間，順應時代潮流。對政治、軍事、經濟、文化等領域進行了一系列較為徹底而合理的改革，不僅孕育出了高水準的「開皇之治」，也為後來的盛唐氣象打下了基礎。

改革政治、安定社會要做的第一件事就是建立新的中央政府。北周實際開國者宇文泰崇尚《周禮》，執政期間據此推行周代官制，但由於漢魏官制行之千年，為人所習，故終北周一代實際是兩種官制並行，弄得重架疊屋，使人們不知所從。所以，隋文帝剛剛即位，小內史崔仲方等大臣便建議依漢魏之舊改革中央官僚體制。於是，設太師、太傅、太保三師，太尉、司徒、司空三公，尚書、門下、內史、秘書、內侍五省，御史、都水二台，太常、大理等十一寺，左右衛等十二府；並置上柱國至都督十一等勳官銜和特進至朝散大夫七等散官階，以褒獎那些有功有德的文臣武將。三師是給德高望重者的榮譽職銜，三公原則上有參預國家大事的職責，但只是顧問性質，沒有實權，也不常設。秘書省掌皇家圖書和天文曆法，內侍省負責皇家日常生活的宦官機構，左右衛十二府是皇家和宮城衛隊，御史、太常等台寺的職責比較龐雜但基本屬具體辦事機構。

中央真正的掌權機構是尚書、門下、內史三省，尚書省是中央軍政執行機關，長官為尚書令和左右僕射，下設吏部、禮部、兵部、都官、度支、工部六部；門下省和內史省原則上都是協助皇帝執政的決策和審議機關，對皇帝決策和國家大事有審議、修正、諷諫、駁回等職責，但實際上只是皇帝的顧問和秘書班子，大多只能負責皇帝詔令的起草、簽發、保存和大臣章奏的批簽、收發轉呈，對皇帝決策和國家大事有一定建議權，其長官分別為納言和內史監、內史令（不久即廢內史監）。同時廢除北周滅北齊後一直閒置於東都洛陽的另一套中央官屬。這一新的中央官僚體制實際上是對漢魏中央三公九卿制的一次較為徹底的變革，也是對魏晉南北朝官制改革的經驗總結，為後來唐宋幾百年政治所繼承。

確定了中央政體，接下來便是選任官員，組成了相當精明強幹的中央政府，隨後還對九品官人選拔官員方法進行了初步的改革。兩年後，隋文帝又開始改革地方政治。針對西魏以來「民少官多，十羊九牧」的狀況，將原來的州、郡、縣三級行政體制改為州、縣兩級，合併了許多州縣，裁汰了大批地方冗官，既節省了財政開支，又便利了政令的迅速推行。並規定地方九品以上官員全部由中央吏部統一任免、定期考查，刺史、縣令三年一換地方，從而有效地控制了地方割據勢力的發展和豪強地主把持地方行政的可能。

鑒於北周「刑政苛酷，群心崩駭」從而導致滅亡的教訓，隋文帝在從中央到地方建立起新的政治體制後，馬上指示新的中央政府把制定刑律作為第一件大事來抓。在高熲、蘇威、牛弘等人的參預下，當年，新的《開皇律》頒佈實施，刑罰分死、流、徒、杖、笞五等，另加「十惡」條例（十惡為謀反、謀大逆、謀叛、惡逆、不道、大不敬、不孝、不睦、不義、內亂等十大罪惡）。與北朝舊律相比，死刑由五種減至絞、斬兩種，廢除了極為殘酷的梟首（即砍頭）、裂（即車裂全身）、磬礫等死刑和鞭刑，改鞭為杖，改杖為笞，流放和徒役量刑標準都大為減輕，進一步緩和了社會矛盾。

開皇三年（西元五八三年），文帝看到法律仍然太嚴酷，再次命蘇威等人重新修訂，定刑律五百條，再次刪除死罪八十一條、流罪一百五十四條、徒杖等罪千餘條，並廢除了一人犯法、九族株連之法。又在大理寺設律博士，在各州縣設律生，專習律令。並明令規定審案時須將律文寫出，按律判決；各級官員長史以下、行參軍以上都要學習法律，政績考核時一併檢查。並明令各地，有冤屈而當地司法部門不理時可以越級上訴，直至到朝廷擊登聞鼓。隋代的法制改革是對漢魏刑法系統的一次根本性的「手術」，開此後唐宋幾百年法制先河。

為加強對農民的控制、擴大政府財政來源，開皇五年（西元五八五年），隋文帝採取了「大索貌」（戶口普查）和「輸籍法」（戶籍制度）兩大措施。京畿地區以五家為保，五保為閭，四閭為族，分置保長、閭正和族正；京畿以外地區，五保為里，五里為黨，分設保長、里正和黨長。在此基礎上，繼續推行北魏以來的均田制和租庸調製。均田制是一種國家土地分配制度，規定二十一歲以上成年男子可分露田八十畝、永業田二十畝，另外，婦女、奴婢也可分得一定土地，王侯將相大小臣僚另有永業田和職分田。得到了土地就得給國家交稅，成年男女每年交納粟三石為租，養蠶地區每年交絹一匹和綿三兩為調，成年男子每年為國家服徭役一個月為力役，五十歲以後力役可以交布帛代替，稱作庸。這幾項制度在一定程度上防止了土地的高度集中和農民的大量流亡，保證了國家財政收入的穩定。

幣制和度量衡是社會經濟生活的重要環節，北朝以來，幣制非常紊亂，度量衡也變得參差不一。隋文帝即位之初便下令改鑄五銖錢作為隋代通行貨幣，開皇三年，又下令完全廢除其他各種貨幣，只准五銖錢流通。又做出規定：以古尺一點二尺為一尺，古斗三升為一升，古秤三斤為一斤，特製銅鬥鐵尺作為市場樣板。這些措施有利於工商業的發展。

在文化方面，為了在大分裂、大亂離之後儘快建立正常的社會秩序和傳統的道德規範，隋文帝還命牛弘等人重新制定了禮樂制度，頒行天下，在社會上極力鼓勵好學行禮的新風尚；又接受牛弘的建議，開天下獻書之路，並對收集到的各類文獻進行了一次全面的整理。

在軍事上，隋文帝一生做了三件大事：征服突厥、統一江南、改革府兵制度。突厥是中國北方逐水草而居的遊牧民族——匈奴族的一支。興起於北魏末年，到北周時，已佔有今長城以北、貝加爾湖以南、興安嶺以西、裏海以東總計約東西萬里、南北六千里的遼闊地區，以於都斤山（今蒙古共和國哈爾和林西北）為可汗（突厥最高統治者稱號，相當於中原地區的帝王稱號）牙帳所在地，擁有精銳騎兵幾十萬，動如旋風，具有很強的戰鬥力和很高的機動性。但他們飄忽無常，中原有隙則入寇抄掠，舉兵反擊則遠遁漠北，無影無蹤，是當時中國北部邊疆的不安定因素。隋文帝即位以後，以統一中國為己任，本打算先平江南，再征突厥，可是突厥沙缽略可汗以北周女婿身份（其王后為北周皇室趙王女兒千金公主）打著為周復國的旗號，且趁隋朝初立未穩，頻頻出兵南侵。在這種情況下，隋文帝被迫改變戰略，先集中兵力打擊突厥。並接受大臣長孫晟「遠交而近攻，離強而合弱」的策略，先後派長孫晟、元暉等人和大量間諜對突厥各部落進行離間和策反工作，在反間得逞之後，連續三次出動大軍對突厥實施全面進攻和戰略打擊，終於，在不到十年的時間裡徹底征服了東突厥，在相當長一段時間內解除了北部邊境的威脅。

征服突厥後，隋文帝立即回過頭來著手完成統一大業。當時偷安江南的陳朝代表著魏晉以來腐朽的門閥士族統治，已到了公私俱竭、朝野思變的垂死狀態。但隋文帝為統一江南做了十分認真和充分的準備，戰前他廣泛徵求大臣的戰略建議，最後採納高熲和崔仲方兩位大臣提出的戰略：在大戰前，對敵實施騷擾和疲勞戰術，「廢其農時，焚其糧儲」，造成「財力俱盡，陳人益敝」的狀況。然後，在長江上游「速造舟楫，多張形勢」，發動牽制攻勢，下游則「更帖精兵，密營渡計」，待陳國在上游「令精兵赴援」，下游主力部隊「即須擇便橫渡」。

經過幾年準備，西元五八八年三月，隋文帝頒發詔書，列舉陳後主二十條大罪狀，下令開始平陳戰爭。十月，任命次子楊廣為總指揮，出兵五十一萬，兵分八路從長江上游下游，同時對陳發動全面進攻。十二月初，上游以秦王楊俊、信州總管楊素為主帥，兵力二十餘萬，對長江中上游各戰略要地發動進攻。取得初步戰果後，次年正月初一日夜，下游吳州總管賀若弼、廬州總管韓擒虎在楊廣指揮下，趁陳國君臣與軍民沉醉於過年氣氛的機會，兵分兩路，偷渡長江，直撲建康，二十天後攻佔建康，活捉陳後主陳叔寶。然後由陳後主發佈投降命令，江南各地軍隊紛紛解甲歸順。精心策劃、規模浩大的統一戰爭不到兩個月時間，以大獲全勝而告結束。分裂近四百年的南北對峙局面從此歸於一統，隋文帝成為繼秦始皇、晉武帝之後，第三個統一中國的皇帝。

府兵制是西魏大政治家宇文泰一手創制的一種新的職業兵制，它將士兵及其家屬和土地合為一個系統，在戰爭頻仍年代顯示出了很大的優越性。但在和平年代，這種職業兵制不僅直接影響國家賦稅收入，還容易造成地方軍閥割據勢力。在完成統一大業後，隋文帝意識到大規模的軍事行動暫時已不需要，於是著手對府兵制進行改革，將所有軍人戶籍全部劃入當地州縣政府管理，土地分配與賦稅徵收方式與農民一樣。也就是兵歸於農、兵農合一。這既增加了國家賦稅收入，又加強了對軍隊的控制。同時還宣佈將天下民間兵器一律收繳銷毀，著力營造一種安居樂業、平和無爭的太平景象。

同時，隋文帝努力宣導恭勤節儉之風，多次派出大批使節到各地巡省督察、了解吏治與民情，

「人間疾苦，無不留意」。有一年，隋文帝東拜泰山，路上與饑民相遇，命左右隨從讓饑民與侍衛參雜而行，不得驅趕，遇有扶老攜幼、荷擔負重者，「令左右扶助之」，自己則上前安慰，引馬讓路。文帝一生最可貴的地方是生活十分節儉，所用之物，務從簡樸，破舊者隨時補用；除非宴會，自己所食，每餐不超過一個葷菜。後宮都時常穿縫補漿洗過的衣服。上行下效，所以，開皇、仁壽年間，社會上以節儉為榮，男子都穿布衣，不著綾綺，裝飾不過銅鐵骨角，無金玉之飾，居處不出屋門的女人更是如此。

隋文帝及其文臣武將的勵精圖治取得了預期的效果，二十年間，「愛養百姓，勸課農桑，輕傜薄賦」，「衣食滋殖，倉庫盈溢」，「君子咸樂其生，小人各安其業，強無淩弱，眾不暴寡，人物殷阜，朝野歡娛」，「足稱近代良主」。（《隋書．高祖紀下》）國家墾田數增加三倍，戶口翻了一番，「天下儲積，可供五十年」（《資治通鑒》）。元代史學家馬端臨說：「古今稱國計之富者，莫如隋。」

秋風瑟瑟

隋文帝在位二十四年，前十八年是他事業的輝煌時期，後六年（開皇十八年至仁壽四年）則是他得意忘形、年老昏耄的多事之秋。

開皇十八年（西元五九八年），隋文帝不近情理地發佈命令，禁止江南各地造船。江南澤國，無船何以行路，何以謀生？這是政治上的不智跡象。也正是這一年，隋文帝從長安到仁壽宮（故址在今陝西麟遊縣西）建十二處行宮，與五年前仁壽宮建成時因其過分壯麗而要殺主持者楊素的文帝判若兩人，這是生活上的不仁表現。

開皇十九年（西元五九九年），隋文帝聽信楊素和獨孤皇后讒言，將二十年來一直作為自己左右手的宰相高熲免職為民。高熲可以說是隋文帝的第一功臣，文韜武略，德才兼備，不僅任宰相十九年，參與了所有政治決策和實施工作，而且，在平定三方叛亂、征服突厥、統一江南、進軍高麗等所有隋代重大軍事行動中都是實際主持者，多運奇策，屢建偉功。當朝執政二十年，朝野欽服，物無異議。隋文帝之所以能致治升平，實在是他傾心竭力的結果。隋文帝在解除高熲職務不久，當著高熲的面對文武大臣說：「我沒有辜負你高熲，是你辜負了我。我視你如同兒子，平日雖偶然不相見也像你在我眼前一樣，但自從你被解職後，我卻能一下子把你忘掉，就像原本就沒你這個人一樣。」這段話充分表露出隋文帝的刻薄無情和年老昏耄的心態。這恐怕是隋文帝一生最大的政治失誤，由此導致了許多嚴重的後果。高熲去職後，楊素接任第一宰相。楊素是一個有大才無厚德的人，隋代政治在他手中江河日下。

開皇二十年（西元六〇〇年）十月，隋文帝下令廢黜皇太子楊勇，立楊廣為皇太子，這是隋文帝一生中的大悲劇。這一悲劇的根源還得從隋文帝懼內說起。作為專制帝王，隋文帝十分怕老婆，這在中國古代絕無僅有。隋文帝的皇后獨孤氏是一位精明強幹的女人，文帝從篡周奪權開始，遇事總是與她商量，「往往不謀而合，宮中稱為二聖」。由於兩人相親相愛，在文帝稱帝前，即商定「誓無異生之子」，也就是說除了獨孤氏，文帝再也不准和別的女人生兒子。果然，除孤獨氏生有五個兒子（依次是楊勇、楊廣、楊俊、楊秀、楊諒）外，文帝再也不敢和哪個妃嬪生孩子。

隋文帝即位後，照例以大兒子楊勇為太子，定為皇位繼承人，把其他幾個兒子都封為王。據說楊勇比較好學，為人寬厚仁慈，儉樸灑脫，對其父的政務於時不便之處，「多所損益」，頗得父皇喜愛。無奈皇后獨孤氏是一個非常古怪的女人，她一生最愛吃醋，最討厭的是男人納妾，不僅把丈夫隋文帝管得死死的，連五個兒子和文武大臣也不准在她面前公開談論妻子的不是或妃妾的可愛，甚至要文帝對那些娶妾生子的大臣治罪。這就苦了皇太子，因為楊勇別的嗜好不多，唯獨愛好奢侈淫逸生活和漂亮女人，且只喜歡姬妾而不喜歡正妃元氏，三十多歲的人居然已生了十個兒子和許多女兒，卻沒一個是元氏所生。最要命的是這元氏患有心臟病，有一天突然發作，一命嗚呼。皇后平日就對楊勇冷落元妃頗有煩言，這下更是斷定元氏是被太子毒死的，對楊勇深為不滿，乃至派人暗中監視楊勇行動，以期發現他的過失。

隋文帝則太熱衷於權力，也許因為自己靠陰謀得位，所以對身邊任何人都持有戒心，連既定皇儲也不放過。開皇十八年冬至日，朝廷文武百官到東宮（古代皇太子所住宮殿稱東宮，因往往在宮城皇帝所住正殿之東而得名）朝見皇太子，楊勇為隆重起見，就大擺樂隊奏樂。不料這事卻引得隋文帝醋意大發，說是節日慶賀，只應三五個人，隨到即走，為何還要有關部門召集大家同一時間都去，且太子身著朝服設樂隊而接待呢？這不就像我接受群臣朝拜一樣了嗎？因而下詔把楊勇痛罵了一頓。從此，對楊勇越來越不喜歡，派出許多人晝夜監視楊勇的一舉一動，並逐步削弱東宮衛隊實力。

這些早被覬覦皇位已久的次子晉王楊廣看在眼裡、記在心上。從史書記載和生平行事來看，楊廣顯然是一個天資高超、英俊瀟灑的人，手不釋卷，會寫文章，愛好音樂，深沉嚴肅，「有類至尊」，就是說像他父親，似乎各方面都比楊勇強些，所以「高祖及後於諸子中特所鍾愛」。只是比大哥楊勇晚出生幾年，遂屈居第二。但他十三歲即開始在外帶兵打仗，征突厥、平三叛，特別是作為平陳戰爭總指揮率軍平定陳國、統一江南之後，志得意滿，自以為勞苦功高，對大哥楊勇身無尺寸之功而居皇太子之位極為不滿。

他知道母親不喜人納妾寵姬，不願姬妾生兒育女，便只按照規定人數備足姬妾員額，且平日只與王妃蕭氏生活起居。姬妾所生兒女皆弄死不養；凡是父皇和皇后的手下人到他那裡去，無論貴賤老少，他都要和他的王妃一起到大門口接送，佳餚美酒款待，再贈以豐厚禮品，所以，這些人都稱讚他仁孝厚德；他知道父皇和皇后不喜奢侈，偏愛謙恭，每次進宮朝見總是只帶少量車馬隨從，在朝廷大臣面前則始終保持謙謙君子姿態，而對掌握實權且深得皇上喜愛的大臣則盡心結交，極力拉攏，因而在大臣中間聲望遠超過其他幾位兄弟；每逢父皇和皇后到他府中來，他便事先把美貌姬妾統統關閉在密室中，只留下又老又醜的穿著樸素的服裝出來侍候。又把宮室中的綢緞帳幕改為一般粗布，把樂器的弦統統弄斷，撒上一層灰塵。偽裝得非常漂亮，陰險得十分毒辣。由此騙得老父老母以為他不好聲色，勤儉樸素，從而越發喜愛他。

楊廣接下來便在親信張衡的策劃下，派遣親信大將宇文述用大量金寶賄賂得寵宦官楊約，通過楊約拉攏其兄長、當權用事的宰相楊素，施展陰謀，陷害楊勇。結果，在楊素和獨孤皇后的雙重攻擊之下，隋文帝終於宣佈將楊勇軟禁起來，命令有關部門收捕楊勇的黨羽，下令廢楊勇為庶人，立楊廣為太子。

不久，隋文帝四子楊秀也在楊素、楊廣的陷害下，被廢黜軟禁起來，直至隋亡才被宇文化及殺死。後來楊廣即位時，又下令處死了楊勇及其所有子女。隋文帝的第三個兒子楊俊則早在楊勇被廢之前，由於驕奢好色，被妒忌成性的王妃崔氏下毒造成重病，在文帝的削職責辱中死去。最小的一個兒子漢王楊諒在楊廣即位時起兵造反，結果兵敗被俘，死在獄中。

仁壽元年（西元六〇一年），隋文帝下令：「國學學生將近千人，州縣學學生也不在少數。徒有名籍，空度時光。並沒有培養出德堪楷模、才能安邦的人才。如今應當精簡，明示獎罰。」於是除了國子學保留學生七十人外，京城的太學和四門學及各州縣學一律撤銷，這是隋文帝在晚年做出的另一個愚蠢的決定，其消極影響不亞於秦始皇的焚書坑儒。

次年，獨孤皇后病逝，「妻管嚴」解除，隋文帝以六十二歲高齡從此大寵女色，兩年後即壽終。那是在仁壽四年（西元六〇四年）四月，隋文帝在仁壽宮得病，七月，病危，傳令尚書左僕射楊素、兵部尚書柳述、黃門侍郎元岩和皇太子楊廣入宮守候陪侍，楊廣怕父皇要死，有些後事要預先準備，就寫條子問楊素，楊素為之寫成書面條文，不料送信人把楊素寫的東西誤送到文帝病床前，文帝一看大怒：我還沒死你小子就為我辦起了後事，這還了得！正好在身邊護理的寵妃陳氏早晨出去換衣服，被楊廣調戲，神色慌張地跑回來，文帝追問出來，氣得直捶床沿，大叫：「畜生何足以託付國家大事！獨孤氏害了我啊！」忙讓柳述、元岩起草詔令，宣召楊勇進宮。楊素知道後，立即通知楊廣，二人合謀，派心腹大將宇文述、郭衍率東宮衛兵將仁壽宮內外守衛全部撤換，假傳詔令將柳述、元岩抓起來，派親信張衡率親兵三十人入宮趕走所有妃嬪宮女，隋文帝死於毒手，享年六十四歲！

隋文帝在位二十四年，文韜武略，選賢任能，對外平定叛亂、征服突厥、統一江南；對內改革政治、發展經濟、富國強兵、與民休息，「天下無事，區宇之內宴如也」。個人品格上，兢兢業業，勤勞節儉，遠奸佞小人，興起了一代踏實苦幹、勤奮節儉的良好社會風氣。在中國歷史上的地位應該說遠遠超過秦始皇與晉武帝等所謂統一中國的君主。當然，後人指責他最多的過錯是為人猜忌苛察、聽信讒言，導致過多殺戮功臣故舊乃至兄弟子女，尤其在晚年更是如此。這既是他品性殘忍的表現，更是中國封建社會以皇權為核心的專制集權制度造成的必然惡果。

第十一章

唐高祖　李淵

隋朝末年，隋煬帝楊廣倒行逆施，政亂臣奸。自大業七年（西元六一一年）始，全國各地幾乎都爆發了農民起義。大業十三年（西元六一七年）五月，隋太原留守李淵突然起兵反隋，率軍三萬直入關中，十一月攻入長安，立年幼的代王楊侑為帝，自任大丞相，實際上奪取了隋朝軍政大權。次年五月，李淵廢帝自立，登上帝位，國號大唐，建元武德，定都長安。

封疆大吏

李淵祖籍隴西成紀（今甘肅秦安縣），祖父李虎因輔佐宇文泰建立西魏政權有功，成為當時著名的八柱國之一，官至太尉，爵封隴西郡公，是隴西名門望族，死後追封唐國公。父李昞襲封唐國公，北周時任安州（今湖北安陸縣）總管、柱國大將軍。北周天和元年（西元五六六年），李淵在長安出生，七歲襲封唐國公。

據說李淵年輕時倜儻豁達，任性率真，寬仁容眾，深得老幼喜愛。加上妻子竇氏是隋朝貴族神武公竇毅之女，隋文帝獨孤皇后又是李淵的姨母，這樣，李淵經常出入隋皇宮，頗得隋文帝喜愛，歷任譙（今安徽亳縣）、隴（今陝西隴縣）二州刺史，那時他不到三十歲。隋煬帝繼位以後，李淵先後出任滎陽（今屬河南）、樓煩（今山西靜樂縣）二郡太守，不久，調回長安，出任殿內少監。大業九年（西元六一三年），升任衛尉少卿，這已是高級官員，時年四十七歲。這一年，隋煬帝發動入侵高麗的戰爭，李淵調駐懷遠鎮（今遼寧遼陽市西北）督運糧草。楊玄感起兵反叛後，隋煬帝又派李淵前往弘化郡（治所在今甘肅慶陽縣）逮捕留守元弘嗣，因為元弘嗣乃是楊玄感的黨羽，並就便代為弘化留守，兼知關右諸軍事，以防禦回應楊玄感者。這期間，李淵大約看到隋室天下已從根本上發生動搖，便借助自己歷任中央和地方官的有利條件，廣結善緣，樹黨營私，頗受煬帝猜忌。一次，隋煬帝因事徵召李淵，恰逢李淵生病在床，沒能及時應召，隋煬帝便問李淵在後宮的外甥女王氏，王氏回答說舅舅有病所以沒有及時前來，隋煬帝馬上又問：「會不會死？」作為帝王，這樣問大臣的病情，顯然是十分不客氣的。李淵此時已是相當老練的政客了，一聞此語，便知煬帝用意不善，從此好一陣子縱酒納賂，以便自毀聲譽。

畢竟是自晦有術，加上貴族皇親的背景，不久，李淵又開始被重用。大業十一年，煬帝想北巡雁門，但當時的河南、山西遍地是農民義軍，便命民部尚書樊子蓋率關中兵數萬前去鎮壓。樊子蓋不分青紅皂白，將當地農民房屋統統放火焚燒，抓到義軍一律活埋，弄得農民個個義憤填膺，反抗烈火愈燒愈廣。煬帝只得又任命李淵為山西、河東撫慰大使，總攬今山西全部及河南一部的軍事大權，以取代樊子蓋。這是李淵出仕以來最有權勢的職位，李淵後來的發跡全得力於這一次的起點，也表明煬帝此時已開始信賴與重用李淵。當李淵率軍及家眷赴任時，在龍門遇到母端兒率領的農民義軍的圍攻，但他很快擊敗並收編了這支起義軍，聲威一時大振。隨後，又陸續鎮壓了幾股小規模農民義軍。

在鎮壓這些起義軍時，李淵採取恩威兼施的辦法，對農民義軍邊鎮壓邊誘降，很快就平定了大部分反叛，並收編義軍，將自己的部隊由幾千擴大到幾萬人。不久，突厥人南下侵擾，山西一境人心驚慌，作為當地軍事長官，李淵不能不奮起抵抗，但即使與邊防要塞馬邑太守王仁恭合兵一處也遠遠不能與突厥大軍相敵。李淵挑選兩千精兵扮作突厥人的樣子，飲食居處與突厥人一模一樣，專門襲擊敵人並負偵察之責，另外又挑選善射者組成強大的伏擊圈。突厥人被引入伏擊圈後，看到與自己模樣相同的兵士在那裡悠閒馳射，正猶豫不決時，李淵指揮伏擊部隊發起攻擊，突厥人大敗而逃。這次戰鬥顯示了李淵的軍事才能，為他立足山西奠定了基礎。

由於上述戰功，到大業十二年（西元六一六年）年底，李淵被任命為太原留守。由於太原為關中門戶，也是阻擋北邊少數民族武裝南下侵掠的要塞，歷來為山西乃至中原的軍事重鎮，自秦漢以來歷代統治者均在此駐重兵，屯足糧，留守一職也就成為功臣宿將的去處。這一年的四月，當時山西最大的一股農民義軍「曆山飛」部的將領甄翟兒率軍十萬進攻太原，臨陣斬隋將軍潘長文，一時遠近驚駭。李淵上任後，立即率軍前往鎮壓，與甄翟兒的義軍在雀鼠谷相遇。當時義軍有兩萬多人，李淵所部僅六千多人，被義軍重重包圍。李淵面對兵力懸殊的狀況，沉著冷靜，將部隊分為兩部分：老弱病殘及輜重部隊居中，揚旗鳴鼓，虛張聲勢，排成主力陣容，將近千精兵分為左右隊擺成犄角小陣。交戰時，中軍搖旗吶喊，做出決戰架勢，義軍不知是計，傾全部精兵前來攻擊中軍，以期搶奪輜重物資，李淵則乘機指揮左右二隊，兩面夾擊，拼死衝殺，義軍抵擋不住，大敗而潰。

李淵在太原任內，短短幾年時間，便北敗突厥，南平農民義軍，深得當地官僚、地主、豪商的支持與擁護，成為當時山西、河南一帶較為穩固的一方軍閥。李淵便趁機招納亡命，收留人才，訓練士卒，屯積糧草，為以後的起兵反隋打下了較為堅實的基礎。

橫空出世

李淵坐鎮太原時，全國各地的農民起義此起彼伏，隋室天下已是四分五裂、名存實亡了。農民起義軍的三大主力李密領導的瓦崗軍、竇建德領導的河北義軍、杜伏威領導的江淮義軍，基本摧毀了隋朝軍隊主力。

正是隋朝這種分崩離析的狀況，促成了李淵反隋思想的產生。李淵身邊此時已聚集一批具有反隋思想的志士能人，他們時時勸告、慫恿李淵趁早起兵奪天下，李淵的兒子李世民更是極力主張舉義兵、爭天下。正好此時，突厥人進犯馬邑，李淵派副將高君雅和馬邑太守王仁恭率軍抵抗，結果節節敗退。煬帝得知消息，大為震怒，特派使者到太原逮捕李淵，以便押解到江都嚴厲懲處。李淵遂決定起兵反隋，他對李世民說：「隋朝的天下將要滅亡，我李家上應符命，當繼膺大任。之所以沒有早早起兵反隋，只是顧慮到你幾個兄弟尚遠在河東，沒有回來。如今我們將要遭受昔日文王所曾經歷過的羑里之厄，你們兄弟應當舉兵會盟津之師，不能同受孥戮，家破身亡，為英雄所笑。」（溫大雅《大唐創業起居注》卷上）於是，一面派人召回兒子、女婿等人，一面讓晉陽令劉文靜、晉陽宮監裴寂和次子李世民秘密做好起兵準備。

要造反，首先要激起民眾的不滿情緒，雖說當時天下大勢是民怨沸騰，但太原及其周圍地區相對比較安定，李淵遂命劉文靜詐稱得到煬帝敕書，徵發太原、西河、雁門、馬邑地區居民年二十以上、五十以下男丁入伍當兵，年底到涿郡集中，以便進攻高麗。一時間，弄得人心惶惶，個個思亂。早在大業十三年二月，馬邑部將劉武周舉兵造反，殺太守王仁恭，自稱皇帝，國號定陽。李淵在將民心撩撥得沸沸揚揚之後，馬上利用劉武周割據馬邑這一事件，將文武官員召集起來，準備徵集兵馬以便舉兵反隋。他先說：「劉武周佔據汾陽宮，我們身為太原留守官員而不能加以制止，按朝廷法律罪當族滅，怎麼辦？」王威等人見李淵如此一說，不覺害怕起來，都要求李淵出主意，李淵仍然訴苦：「朝廷用兵法度，動止都要稟報皇上，聽候皇上節度。如今劉武周賊黨近在數百里內，而皇上遠在三千里外的江都，加以道路險要，還有其他反賊佔據，我們如今以新集寡弱之兵，抵擋敵人狼奔豕突之勢，必定不能獲全城池。進退維谷，我們如何處置才好呢？」王威等人只好說：「主公您既是皇親又兼賢才，同國休戚，若等奏報，豈能及時處理事機？關鍵在於儘快平定賊黨，完全可以獨自決定用兵事宜，不必上報皇上。」得到大家的認可，李淵才裝出不得已的樣子端出自己蓄謀已久的算盤：「那麼我們應當先徵集兵馬，準備反擊。」於是命令李世民與劉文靜、長孫順德、劉弘基等心腹將領各率隨從募兵，幾天之內，便徵集到幾萬人。

再說忠於隋煬帝的副留守王威、高君雅看到士兵大批集中，特別是看到長孫順德、劉弘基等從前線逃回的將領出來帶兵，懷疑李淵有反心。為了剷除異己分子，李淵設下了逮捕王威和高君雅等人的計謀。五月十四日夜，李淵派李世民率兵埋伏於晉陽宮城外，次日晨，李淵約請王威、高君雅共坐議事，暗中則指使劉文靜引開陽府司馬劉政會來到議事庭中，詐稱有密狀稟報。李淵示意王威等人接狀閱視，劉政會不給，說：「所告乃副留守事，唯唐公可以看。」李淵假意吃驚地說：

「哪有這種事！」便走上前拿過狀子，只見狀子寫道：「王威、高君雅已偷偷結連突厥人入寇。」李淵遂名正言順地把王威和高君雅拘留起來。正巧，第三天，突厥人有數萬騎兵入寇，直進到太原城北門外。

這一來，大家都以為王威、高君雅果真召來了突厥人，王威和高君雅遂被斬首示眾。同時，李淵命裴寂等人勒兵做好準備，將所有城門統統打開。突厥人不測高深，反而不敢進城。李淵又在夜晚把部隊悄悄派出城外，天明後，這些部隊則張旗鳴鼓，從不同方向進入城中，就好像是外地來的援軍。突厥人更加疑惑，在城外駐紮兩天後就退走了。

當時的李淵，論勢力在隋末各路反隋大軍中是相當弱小的一股。劉文靜、裴寂等人都勸李淵聯絡突厥作為後援，李淵便親自寫信，派劉文靜出使突厥，卑辭厚禮，說明自己舉兵的目的是去江都迎回煬帝，重新與突厥和親，恢復開皇時期的政治。突厥始畢可汗卻複書說，只有李淵自為皇帝，突厥才會出兵相助。李淵部下紛紛慫恿李淵暫時答應突厥人的建議，以求得到突厥人兵馬的支援。但李淵覺得以自己的實力一開始就打出爭天下、做皇帝的旗號不太妥當，經與裴寂、劉文靜等人慎重研究，最後決定了北連突厥、西入關中尊立留守長安的代王楊侑為帝以安定隋室天下的政治策略。於是，一面派人再次出使突厥，請兵馬援助，一面發佈文告到各郡縣，改易旗幟，宣佈起兵的政治意圖。

確定了政治策略，還必須得到民眾士宦的支援。而太原轄下處於太原西去關中要路上的西河郡太守高德儒卻不服從李淵的命令，李淵毫不猶豫地派兒子李建成、李世民率兵前去鎮壓，並在不到十天的時間內攻克西河郡城。李淵又大開倉儲，賑濟貧民，以此爭取了大批貧民百姓的支持。一切準備就緒，李淵遂於大業十三年六月十四日建大將軍府，任命裴寂為長史，劉文靜為司馬，將部隊分為左右六軍。

不久，突厥派使者送來戰馬千匹，並答應派兵援助，多少隨李淵所需。對於突厥援助，李淵採取了十分可取的策略，他只選留了五百匹戰馬，並對前去複使的劉文靜說：「突厥人的兵馬進入中原，是中國民眾的大害。我之所以採取聯合突厥的方式，只是因為擔心劉武周結連突厥人共為邊患。而且，突厥軍隊可以放牧自給，不費我糧食，我可以借其壯大聲勢。所以，你去請援兵時要注意，至多只需數百人即可。」

七月四日，李淵留李元吉鎮守太原，親率大軍三萬，從太原出發，西圖關中，並向各郡縣發佈檄文，表明西進關中的用意在於尊立代王楊侑。此時的瓦崗軍首領李密正率幾十萬大軍圍攻洛陽，隨時可能進軍關中，得知李淵在太原舉起反隋大旗後，李密立即派使者前來聯絡，謀求建立聯盟關係，共取關中。李密自恃兵強將猛，如意算盤是想借結盟以盟主身份拉李淵的軍隊一道與東都隋軍作戰。

作為老練的政治家，正在進軍途中的李淵深知李密勢力遠遠勝過自己，是自己西取關中的強大對手，於是針對李密狂妄的特點，決定將計就計，先穩住李密，命名士溫大雅複書說：「天生黎民，必有君主，當今君主，非您有誰？我已年過半百，豈敢望此，衷心擁戴賢弟，只求攀鱗附翼。惟願賢弟早日回應圖錄所示登上大位，以救百姓。我忝列兄長，只望宗族譜牒有名，仍封在太原，就平生願足了。至於說到讓我出兵長安和東都，誅滅像商紂王那樣的隋朝帝王，實在不敢想望，因為我所在汾晉周圍尚且需要安輯，哪還有餘力出兵關中和東都呢。如今煬帝南遊，恐怕難以複返，中原空虛，賢弟正可大展宏圖。」

李淵的意圖用他自己的話說是這樣的：「李密狂妄自大，不是一封書信可以降服的。我如今正在計畫進軍關中，如果斷然拒絕他，就是又樹一個敵人。不如卑辭推崇以助長他的驕氣，使他不在意我的出兵動向，並為我擋住東都的隋軍，以便我專心西入關中。待關中平定，據崤函天險，足食足兵，那時再旁看鷸蚌相爭，坐收漁人之利，為時不晚。」李密得到李淵覆信後，不作深究，竟信以為真，對部下說：「唐公如此推崇我，天下就不愁到不了手啊！」遂對李淵這支反隋大軍視同盟友，不加注意。李淵由此贏得了進軍關中、暢通無阻的大好時機。

隋代王楊侑得知李淵起兵反隋並準備進軍關中後，即派郎將宋老生率精兵兩萬駐守霍邑，又派大將屈突通駐重兵於河東，試圖阻止李淵的西進軍團。李淵的部隊距霍邑五十里時，遇上連綿陰雨，部隊軍糧供應不上，又傳突厥可能與劉武周聯合偷襲太原。面對這種形勢，李淵召集將佐會議，多數將領認為太原是根本，而霍邑險固難以猝下，應暫時退兵回太原，伺機再圖後舉。李淵一時聽信眾言，遂決定退兵。李世民、李建成等苦苦請求，堅決主張避實就虛，不顧一切先入關中。最後，李淵感悟，命令繼續前進。八月，天氣晴朗，李淵率軍從山中小道進至霍邑，李世民、李建成親率數十騎進至城下，採取激將法將宋老生的主力誘出城外，圍而殲之，順利攻佔霍邑。

在酬賞戰功時，軍吏打算將奴隸出身的士兵與一般平民身份士兵區別對待，李淵說：「矢石交戰時不分貴賤，論功行賞時為何要分等差？應當一律平等對待，按其本身功勳大小計功。」一路上，李淵採取開倉濟貧、廣授官爵、優待俘虜、來去自由、禮賢下士、懲惡賞善等政策，最大限度地取得了地主及平民的支持。有人覺得這樣授官授勳太濫，李淵說：「隋煬帝吝惜勳賞，這是他失民心的一個重要原因，我們何必要步他的後塵！而且，以散官虛銜收買人心，不比用兵攻城奪眾要划算得多嗎？」可見李淵的做法是為籠絡天下民心而實施的權宜之計。

霍邑之戰旗開得勝，鼓舞了將士的鬥志，此後一路上李淵的軍隊勢如破竹，很快打到龍門。是從龍門直接渡河直撲長安，還是從龍門順黃河而下先消滅盤踞戰略重鎮河東且手握重兵的屈突通？這是李淵到達龍門後面臨的又一個重大戰略問題。

河東城靠近潼關，是控扼關中的重要門戶，李淵如果舍此而去，一旦攻長安不克，屈突通就隨時有可能抄其後路，使李淵陷入腹背受敵的被動局面；但如果先攻河東，頓兵堅城之下，若連日不克，又會失去乘虛搶佔長安的戰略主動權。以裴寂為首的部分將士主張先攻河東，以李世民為首的部分將士則主張先占長安。

結果，李淵同時採納兩種意見，留李建成、劉文靜率大將王長諧等攻佔潼關及附近的永豐倉，繼續圍攻河東並防備潼關以東有軍隊入關。李淵、李世民則率主力渡河直撲長安，一路上分兵廓清長安周邊地區乃至整個關中地區，使長安成為孤城，李淵的隊伍也擴展到二十多萬人。十一月初，李淵召集各路大軍圍攻長安，於初九日輕而易舉地佔領全城。佔領長安、控制關中，這是楊玄感、李密、竇建德等起義軍久已看好的戰略目標，李淵以區區三萬人起兵，十分順利地實現了這一戰略目標，使自己一躍而成反隋大軍中的領導力量，處在十分有利的戰略位置上。

安邦治國

李淵佔領長安後，立即下令封府庫，收圖籍，禁擄掠，並與民眾約法十二條，盡除隋煬帝的苛酷政治，據說城內秩序井然，市民夾道歡迎，像沒發生什麼流血大戰似的。李淵起兵時，長安留守官員挖了他家祖墳，毀了他家祖廟。李淵入城後，逮捕陰世師、骨儀等主要官員處以死刑，又把與他素有嫌隙而早已逃回長安的原馬邑郡丞李靖抓起來，準備斬首示眾。李靖臨刑大呼：「李公興義兵，本欲平定暴亂，如今難道因私怨而要殺一壯士嗎？」李世民又從旁說情，於是李淵釋放了他，李靖就這樣保住了性命。此後李靖為唐代一統天下立下了汗馬功勞，成為一代名將和流芳百世的軍事家，這件事也體現了李淵能夠容納異己的胸懷。

隨後，李淵依據先前的政治聲明，迎立十三歲的代王楊侑為帝，遙尊隋煬帝為太上皇。李淵則自加假黃鉞、使持節、大都督內外諸軍事、尚書令、大丞相，進封唐王。朝廷文武百官全部換上李淵的文臣武將，李淵及其將帥從此控制了隋中央軍政大權。

次年三月，隋煬帝在江都被部下大將宇文化及謀殺，四月，消息傳到長安，李淵便加緊了代隋的步伐。五月，李淵迫楊侑禪讓帝位，自己登上皇位，國號唐，改年號為武德元年（西元六一八年），隋朝統治曆三十八年宣告結束。在李淵的新政府中，李淵特別器重蕭瑀和裴寂，決策一聽右僕射知政事裴寂，日常政務則委內史令蕭瑀。李淵又立長子李建成為太子，封次子李世民為秦王，四子李元吉為齊王。

李淵建立唐朝後形勢相當嚴峻，全國各地四分五裂，幾十個割據政權同時並存，近在洛陽的李密義軍、竇建德義軍和王世充的軍隊各有幾十萬人，即使是關中地區西部也還存在薛舉、李軌等幾股割據勢力。所以，李淵登上帝位後面臨兩大迫切任務：一是建立完善的中央政權體制和一整套新的法律制度；二是平定各地叛亂和割據勢力，重新統一陷於分裂狀態的中國。

於是，李淵一方面著手重建國家政治秩序和制度，一方面開始實施重新控制全國的戰略部署。對於重新控制全國這一戰略目標，李淵採取了先關中後關外、邊鞏固邊發展的戰略步驟，以及招降和鎮壓雙管齊下的政治手段，並始終堅持與突厥人結盟的外交路線。

首先，李淵立即分派使者四出招撫，擴充地盤。一路由姜謨、竇軌率領出散關安撫隴右即今甘肅河西走廊，但很快被隴右割據者薛舉擋回，李淵立即改以武力征服，派李世民統大軍反攻薛舉，於次年（西元六一八年）徹底消滅了薛舉集團；一路派堂侄李孝恭招慰山南即今陝西漢中和四川等地，這些地方一一表示歸順，並帶動今甘肅中西部一些郡縣相繼降唐；一路由太常卿鄭元璹、馬元規率軍出商洛經南陽，安撫今河南西部和兩湖地區，爭取地方勢力的支持，很快便爭取了控制著江淮、手握幾十萬大軍的杜伏威和其他許多小股起義軍的投降，兵不血刃地將統治勢力擴展到今江淮及三吳地區和四川，這種勝利是李淵尊隋戰略正確的有力證明。

李淵佔領長安後，關中各地基本歸順，但近在眼皮底下的河東屈突通部和西面金城（今甘肅蘭州）的薛舉仍然直接威脅著長安的安全，這是李淵的兩個肘腋之患。屈突通在得知李淵率軍直撲關中後曾率精兵西援長安，但在潼關被劉文靜、王長諧擋住，雙方相持一個多月，後聽說長安被占，即率軍退走，打算東向洛陽，在途中被劉文靜打敗俘獲，李淵素知屈突通有大將之才，遂命之為兵部尚書。

薛舉原是金城校尉，在前一年的四月，即李淵起兵的前一個月，與其子薛仁杲一道乘天下大亂奪取金城權力，自稱西秦霸王，不久稱秦帝，幾個月之間佔有今甘肅、青海大片地區，兵力號稱三十萬。在聽說李淵攻佔長安後，於當年十二月令全軍進圍扶風（今陝西鳳翔縣），意在爭奪長安，但不久病死，其子薛仁杲繼統其眾。

李淵一面與突厥重申結盟關係，並派人封位於薛舉集團西面的李軌為涼王加以籠絡，藉以截斷薛仁杲的外援，一面派李世民兩次率軍出擊，於次年十一月，徹底打敗了薛仁杲，佔領西北重鎮靈州（今寧夏靈武）。與此同時，遠在甘肅敦煌、張掖而自稱天子的李軌，也是新唐後方一個不穩定因素。對此，李淵採取了智取的辦法，派部下安興貴前去聯合諸胡和吐谷渾一道，對李軌軟硬兼施，因為安興貴的哥哥安修仁是李軌的戶部尚書，並專掌機密，故得安興貴為內應。果然，安興貴不負李淵所望，至武德二年五月，與其兄安修仁一道擒獲李軌，佔領涼州（今甘肅武威），消除了關中西面的又一大隱患。

李淵在取得隴蜀的同時，也精心佈置了對突厥的防禦體系。當時對北方突厥的防禦線主要由幽州、太原、靈州、涼州四大戰略重鎮構成。李淵及時派出使者全力爭取原隋朝幽州總管羅藝歸附，這樣便最終形成了對北方突厥人的系統防線，並斬斷了河東王世充、河北竇建德對突厥人的依賴。在完成了關中及隴蜀大後方的開拓與鞏固，並向中原地區伸出了兩個有力的觸角（北為太原和幽州，南為杜伏威所據江淮）後，李淵實際上構築成了對當時最具有軍事實力的河北義軍竇建德、河南瓦崗軍李密、洛陽王世充部的戰略包圍圈。

李淵起兵時，馬邑校尉劉武周即已殺太守王仁恭，依附突厥，不久自稱皇帝，在李淵西入關中後，便頻頻出兵進攻太原。李淵留下來守太原的第四子李元吉是個無賴子弟，在劉武周的進攻面前丟下大軍，獨自溜回長安，沒了主將的太原城很快於武德二年九月失守，劉武周成為橫行山西的一支強勁軍隊。太原不僅是李淵的發祥地，更是關中的重要門戶，劉武周佔領太原，對長安構成了極大的威脅，關中為之震駭，李淵甚至主張放棄河東城，退保關中。李世民則堅決主張出兵消滅劉武周，奪回關中門戶。此時，李淵已完全控制關中、甘肅和四川等地，形成了較為穩固的戰略大後方，可以騰出手來對付河東地區了，於是李淵於十一月派李世民率軍首先出擊劉武周，拉開了爭奪中原的序幕。經過近半年的苦戰，劉武周屢戰屢敗，至次年四月，終於支持不住，率百餘殘兵投奔突厥，不久即被突厥人殺死。

當李淵進攻長安和忙於鞏固關中時，與其爭奪天下的真正勁敵李密的瓦崗軍正在洛陽周圍與王世充為首的隋東都洛陽守軍捉對廝殺，大小百餘戰，最後，李密幾十萬大軍被王世充徹底打敗，李密本人率兩萬殘兵於武德元年九月入關投降了李淵；王世充廢帝自立，國號鄭，成為洛陽一帶新的霸主。另一對手竇建德所率幾十萬義軍正橫行河北、山東，忙於吞併周圍小股起義軍。打敗劉武周後，李淵馬上於武德三年（西元六二〇年）七月派李世民率大軍出關，圍攻洛陽。王世充立即向竇建德求援，具有政治戰略眼光的竇建德深知王世充一旦敗亡，唐朝的下一個目標就是自己，便親率十餘萬大軍從河北、山東向洛陽挺進。李世民則採取「圍點打援」的方式，留下一部分兵力繼續圍困洛陽，親率主力掉轉頭打擊竇建德援軍。經過幾次大戰，最後，竇建德於次年五月戰敗被俘，全軍覆沒。王世充見大勢已去，也只好率部向李世民投降。不久，竇建德、王世充在長安先後被殺。

隴蜀和中原平定後，下一步的戰略目標自然輪到了割據今兩湖及河南西南部、擁兵四十萬自稱梁帝的蕭銑。武德四年（西元六二一年）二月，李淵派李靖率大軍進攻蕭銑，十月，蕭銑戰敗投降。至此，唐朝基本重新統一中國，所剩偏遠地區一些小股割據武裝已不足為憂。

與此同時，李淵在都城長安加緊制定和實施了一系列的政策措施，建立起較為完整而系統的中央和地方機構。武德七年（西元六二四年），頒佈新律令，在隋代政體和律法基礎上，確定了新的政體和律法制度。中央政府設太尉、司徒、司空為三公，尚書、門下、中書、秘書、殿中、內侍為六省，禦史台、太常、光祿、衛尉、宗正、太僕、大理、鴻臚、司農、太府九寺，將作監、國子監、天策上將府，左右衛、左右驍衛、左右領軍、左右武侯、左右監門、左右屯、左右領為十四衛府等機構。尚書省長官為尚書令，下設吏、戶、禮、兵、刑、工六部，各部長官為尚書，部下各設四司，共二十四司，共同構成國務處理機關，相當於今天的國務院；門下省長官為侍中，中書省長官為中書令，秘書省長官為秘書監，內侍省長官為內侍監。與隋代相比，增設了殿中省，長官為殿中監，專掌皇帝一人的生活起居事宜；其次，進一步強化了中書省決策政令、門下省審議監督、尚書省具體實施的機制。御史台長官為御史大夫，具體負責中央和地方官員的監察檢查工作，相當於今天的最高檢察院；九寺長官為卿，其中，大理寺為司法審理機關，相當於當今的最高法院，其餘都是為皇家服務的機構。將作監長官為將作大匠，職掌國家建築設計與規劃；國子監長官為祭酒，掌管中央教育事務；十四衛府則是皇城與中央政府的警衛部隊。地方政治也照搬隋制，實行州縣兩級行政體制，州設刺史，縣設縣令。

武德七年的律令還規定繼續實行隋代的均田制。所不同的是奴婢、部曲、婦女一般不再授田，而增加了對僧尼和工商業者的授田，這說明唐代奴婢已大為減少，工商業者已形成一股較大勢力；此外，還放鬆了對永業田買賣的限制，允許在一定條件下轉讓或買賣田地。建立在均田制基礎上的租庸調製，與隋代相比，租調額約降低了三分之一，力役也有所減輕。同時，於武德四年，發行新的紙幣「開元通寶」，改變隋末錢幣濫薄、民眾不勝其弊的狀況。

李淵還令劉文靜、裴寂等人在「務從寬簡，取便於時」的原則指導下，制訂了《武德律》，宣佈廢除《大業律》，而與《開皇律》相比，條文和用刑標準都有所減輕。

總之，在太子李建成、秦王李世民、齊王李元吉等率軍頻頻出擊，逐一平定天下時，李淵在長安督率一批文官基本上建立起了中央和地方行政體制，制定了初步的各項制度，這些體制與制度雖然在後來李世民的貞觀統治時期大多有所變革，但無疑是貞觀體制必不可少的過渡。

急流勇退

作為開國帝王，李淵與隋文帝楊堅有著許多相似之處，冷靜沉著，少言寡語，寬仁大度，胸懷遠大。但李淵的性格更為靜虛，政治作風也就更加散漫一些，缺乏一種大刀闊斧的淩厲之氣。這不僅表現在他即位不久就開始寵妃怠政、不辨忠奸而枉殺開國功臣劉文靜等方面，也暴露在處理皇儲爭奪問題上。

李淵五十三歲即位為帝時，已有眾多子女。長子李建成二十九歲時被冊立為太子，性格大約如其父，有一定的政治與軍事才能，也立有一定的軍功，但並無遠大抱負，比較樂於享受，在京城陪同李淵處理政務中漸漸養成驕奢之性；李世民則懷抱濟世安邦之才，素有艱苦創業、從善如流之性，不僅於太原定策起兵，且屢屢帶兵東征西戰，可以說李唐平定戰亂的功績多半應記在他的身上，精兵猛將也就逐漸彙集門下。

這樣，自然產生了李建成忌諱李世民功高而威脅自己地位、李世民因才高功巨而不甘居李建成之下的矛盾，性情頗為簡易的李淵則從太原起兵時就對李世民許願說：「若事成，則天下皆汝所致，當以汝為太子。」後來，李淵不能脫離封建宗法制規定的「立嫡以長」的原則，內心免不了對李世民深懷歉意，只好對李世民大加讚揚，任命其為尚書令，總理國家政治與軍事要務，似乎想造成將來李建成做皇帝擁虛名、李世民做宰相得實權，各在其位、相安無事的政治格局。

殊不知專制政治的輪盤不以人的意志為轉移。李建成視李世民為眼中釘，必欲除之而後快。李元吉也對皇太子位垂涎欲滴，只是知道隔著兩個哥哥，夢想難以成真，但他看出「只要把秦王扳倒，對付東宮太子易於反掌」。因而，兩人結成一團，一面想方設法樹立自己的威望，一面結好後宮諸妃，通過李淵寵妃在李淵面前詆毀李世民，並招兵買馬、陰養死士，組成兩千多人的東宮私人武裝，號「長林兵」，謀求一旦文攻不成，就以武力除掉李世民。當然，李世民對李建成也早有防備，他不僅利用南征北戰的機會將精兵猛將集於麾下，還將洛陽作為退身之所，駐屯重兵，派親信將帥鎮守，一旦有變，就擁兵自衛。

武德九年（西元六二六年）夏，突厥人進犯邊境，李建成在手下謀士的策劃下，推薦李元吉為出征元帥，並借調李世民手下猛將尉遲敬德、程知節、段志玄、秦叔寶等歸李元吉統轄。再借李世民為李元吉及諸將出征餞行之機殺掉李世民。李世民很快得知這一密謀，遂與諸將定計於六月三日將此消息告知李淵，借李淵之口令李建成等於次日進宮接受訊問。

次日，李世民在長安皇城內玄武門伏下將士，當太子李建成、齊王李元吉途經玄武門時，李世民親率伏兵將其殺死。然後，派尉遲敬德前往李淵處報告說，太子圖謀造反，已被秦王處死。李淵是明白人，一聽就知道幾個兒子終於開始互相殘殺了，氣得半晌說不出話來。但事已至此，他也無可奈何，只好順水推舟，承認既成事實，下令立李世民為皇太子，並很快於八月份宣佈退位，讓李世民登基為帝，自己做起了太上皇。

李淵本來為人寬簡，不好權術，退位以後更是悠閒自得，將心思全放在女人和宴游方面，對政事概不過問。他的這種態度對減少宮廷矛盾和權力之爭是非常有利的，也為李世民大展雄才創造了極為寬鬆平和的氛圍，就這一點而言，他是一個較為明智的帝王。李世民作為一個英明的帝王，也對李淵隆禮相待，有求必應，盡到了兒臣之義與孝。所以，李淵的晚年是十分安逸快樂的。貞觀九年（西元六三五年）正月，李淵壽終正寢，溘然長逝，享年七十一歲，心滿意足地為自己的一生劃上了句號，死後廟號高祖。

李淵年過半百才登上帝位，做了九年皇帝，便退位讓賢。由於繼承者李世民的豐功偉績，致使李淵自身的光輝幾乎被遮擋無遺，乃致千餘年來說唐史者言必稱太宗，贊必歸貞觀。近年，一些學者又反過來將李淵抬得頗為高大，把李唐開國全說成李淵一人的英明和偉大。這似乎又有點矯枉過正。事實上，李淵最值得稱道的應是兩大功績：一是乘亂而起，二是急流勇退。李淵身處隋末那種亂世，如同其他朝野人士一樣，有著混水摸魚、乘亂得志的意願是勿庸置疑的，但他生性寬簡，知足常樂，並沒有冒險拼搏的精神。太原起兵，李世民等人的有意策劃和再三敦促功不可沒，而李淵審時度勢，拍板定策，乃致以老練的政治手腕從容對付各種內政外交事務，這也是不容否認的。

李唐建國，沒有李淵的把握方向、因勢利導，是不可思議的事，沒有李世民的勇往直前精神和常勝不敗記錄，也是不可能的。急流勇退更是李淵在封建帝王中的勝人之處。中國封建社會的專制政治幾乎使得每一個有機會接近權力的人為了權力可以不惜一切代價，可以不顧一切親情，即使在眾多太上皇中，也是假戲假做，很少有真正把權力完全交出去的人。

李淵能在六十歲即把皇位讓給李世民，而自己真正做到交位就交權，實在是很不容易的，這除了李世民的英明以外，恐怕與李淵善於審時度勢和顧及大局、樂於知足和寬簡的個人品格有關。歷史也給了他這種比較偉大的品格以豐厚報答，唐代成為中國歷史上空前絕後的鼎盛時期。所以，盛唐豐碑應是唐高祖李淵與唐太宗李世民共同樹立的。

董恩林　文

第十二章

宋太祖 趙匡胤

後周顯德二年（西元九六〇年）元旦，後周北方的鎮、定二州傳來邊報，說契丹與北漢聯軍南下，形勢危急，要求朝廷火速派兵抵禦。當時在位的後周恭帝柴宗訓年僅八歲，主少國疑，宰相范質等人信以為真，急忙派禁軍的最高統帥、殿前都點檢趙匡胤率軍出征。初三早晨，趙匡胤率軍出發，走至開封東北四十裡的陳橋驛，因天黑駐紮下來。就在這天晚上，在趙匡胤的弟弟趙匡義及其幕僚趙普等人的策劃和指揮下，一些將領和士兵鼓噪而起，發動了兵變。第二天天剛亮，兵變的將領們即把象徵皇帝登基用的黃袍加在了趙匡胤的身上，兵將們高呼「萬歲」，趙匡胤被推上了皇帝的寶座，這就是歷史上有名的「陳橋兵變」。趙匡胤向兵變者們約法三章後，馬上回軍開封，順利地奪取了後周政權。由於他當初任歸德節度使的地方是宋州，就改國號為宋，趙匡胤就成了兩宋三百二十年統治的開創者，史稱宋太祖。

久經沙場，完成統一

趙匡胤（西元九二七至九七六年），字元朗，祖籍涿郡，生於洛陽。其父趙弘殷，在後周時已是禁軍的高級將領。家庭的薰陶使趙匡胤從小就練就了一身高超的武藝。他還具有不怕困難和危險、頑強拼搏的性格。如他曾要馴服一匹烈馬，不施銜勒，結果狂奔的烈馬不聽使喚，趙匡胤的額頭撞在城門梁上，摔了下來。但他慢慢起身後，又緊追烈馬，一躍而上，終於將烈馬馴服。

後漢初年，趙匡胤應募入伍，成了郭威的部下。他曾是郭威兵變時的積極參與者，由於他足智多謀，作戰勇敢，很快就成了禁軍軍官。後周世宗即位後，進行了一系列的統一戰爭。趙匡胤曾多次隨駕出征，獻計獻策，屢立戰功，其官職和地位也一步步上升。高平之戰，趙匡胤身先士卒，在危急時刻，大敗北漢軍，建立奇功，與臨陣脫逃的樊愛能等將領形成鮮明的對比，深得周世宗的賞識，被提升為殿前都虞侯、嚴州刺史。

顯德二年（西元九五五年），趙匡胤跟從周世宗征淮南，他在渦口斬將奪關，一舉攻下清流關，又策應守揚州城的後周軍，在六合大敗南唐軍，因功被提升為殿前都指揮使。第二年，征淮南時，周世宗指揮攻打壽、濠、泗、楚等州，趙匡胤率部為先鋒，所向披靡，以至南唐國主也畏其「威名」。這次南征，迫使南唐割地求和，後周取得了重大勝利。

顯德六年（西元九五九年），趙匡胤又跟從周世宗北伐，把矛頭指向了北方勁敵契丹，後周軍隊進展比較順利，但因周世宗身染重病，只好撤軍。周世宗在臨死前，把趙匡胤提拔到殿前都點檢這個炙手可熱的顯要官位上，這為趙匡胤效法郭威，重演黃袍加身的故事，創造了有利條件。

趙匡胤黃袍加身以後，回到京城，震懾了在朝的後周文武臣僚，只有侍衛親軍副都指揮使韓通準備頑抗，結果全家被殺，京城安定下來了，但後周的其他地方割據勢力對趙匡胤奪權十分不滿。在上黨一帶盤據八年之久，後周時已「倔強難制」的李筠，首先起兵反抗。平定這次叛亂是「服天下人心」的戰鬥，趙匡胤親臨前線指揮。從建隆元年（西元九六〇年）四月到六月，在宋軍的強大攻勢下，李筠的反抗被鎮壓。九月，後周的淮南節度使、郭威的外甥李重進又以揚州為根據地起兵反叛，趙匡胤再次親征，於十一月平定了這次叛亂。為避免重蹈「二李」兵敗身死的下場，一些擁兵自重的地方勢力不得不臣服宋廷。

五代後期，趙匡胤曾隨後周世宗南征北戰，進行了一系列的統一戰爭，並取得了一定的勝利。他稱帝後，繼續考慮和完成統一大業。當時北方的北漢政權有契丹的保護，幽雲十六州在後晉時已割給了契丹，北方的敵手軍事力量比較強大，而南方幾個政權經濟比較富庶，但軍事力量相對較弱。針對這種情況，趙匡胤最後確定了「先南後北」、「先易後難」的統一策略。建隆四年（西元九六三年），宋以援助割據湖南的周保權平定湖南內亂為名，假道荊南，結果兵不血刃，佔有荊南，緊接著又消滅了湖南的割據勢力，可謂旗開得勝。

北宋的統一使其他幾個割據政權十分恐慌。後蜀與北漢準備聯合攻宋，趙匡胤以此為藉口，西討後蜀，結果宋軍只用了六十六天的時間就在乾德三年（西元九六五年）滅亡了後蜀。這時，宋

「必將盡有海內，其勢非一天下不能已」已成為很多人的共識。事實亦然，宋於開寶四年（西元九七一年）滅亡南漢，開寶八年（西元九七五年）滅亡南唐。開寶九年（西元九七六年），趙匡胤去世，雖沒能看到最後的統一，但大局已定，不可逆轉。

調整機構，加強集權

趙匡胤在進行統一戰爭的同時，也在著手解決五代以來的弊政，採取了一系列加強中央集權的措施。為此，趙匡胤與他的心腹謀臣趙普有過這樣一段對話。趙匡胤提出兩個問題：「天下自唐末以來，數十年間，帝王凡易八姓，戰鬥不息，生民塗地，其故何也？吾欲息天下之兵為國家長久計，其道何如？」趙普回答：「此非他故，方鎮太重，君弱臣強而已。今所以治之，亦無他奇巧，惟稍奪其權，制其錢穀，收其精兵，則天下自安矣。」趙普的建議為趙匡胤採納。

靠兵變登上帝位的趙匡胤，對五代時期「兵權所在，則隨之以興；兵權所去，則隨之以亡」的現實是有深刻認識的，因此，他對加強軍權尤為重視，可謂煞費苦心。以「強幹弱枝」為指導思想，著眼於把禁軍建成一支牢牢控制在皇帝手中的精銳部隊。

建隆二年（西元九六一年）的一天，趙匡胤在宮中設宴招待他的親信石守信、王審琦、高懷德等禁軍高級將領，正值大家高興之際，趙匡胤向大家講起自己雖然當上了皇帝，但因擔心統兵將領中有人也可能兵變奪權，以致夜不能寐的苦衷。石守信等人趕緊請皇帝指示出路。趙匡胤說：「人生短暫，你們要想永遠富貴，就應該放棄你們手中的兵權，我授予你們節度使的榮譽頭銜，然後你們就廣置田宅，為子孫後代立永恆之業，自己可以每日有歌兒舞女相伴，喝酒娛樂，我還要與你們結為親家，這樣，我們君臣之間就會互不猜疑，上下相安，不是也很好嘛！」大家聽後，紛紛要求解除軍職，於是趙匡胤當場就罷去了他們的軍權。這就是「杯酒釋兵權」的故事。

趙匡胤對禁軍將領的設置也做了調整。他取消了殿前都點檢、殿前副都點檢的官職，而設置殿前都指揮使、侍衛馬軍都指揮使、侍衛步軍都指揮使，即所謂的「三帥」來分領禁軍，以削弱禁軍統帥的軍權。同時在中央設立主管天下兵籍、武官選授及軍隊戍守何處的樞密院，把三帥的統兵權與樞密院的調兵權分開，三帥和樞密院長官分別直接對皇帝負責，此外，對次一級的軍官則用一些資望較淺、容易駕馭的人充當，遇有戰事，統兵將領大多臨時任命，而且實行將從中禦，且不允許統兵將領有私人武裝力量。

這樣，就使中央禁軍牢牢地控制在皇帝手中。趙匡胤還大力整頓禁軍，對於禁軍中的老弱均加以裁汰，選擇地方軍中的精銳士兵補充到禁軍中來。還選強壯的士兵作為「兵樣」，分別送到全國各地，要求各地官員以「兵樣」為準，召募士兵，進行訓練，待練成精兵後，即送到京城，編入禁軍。這是一箭雙雕的辦法，既可以加強禁軍的戰鬥力，又可以削弱地方軍事勢力。對禁軍，趙匡胤一方面厚其賜糧，另一方面又十分注意以法治軍，若軍士犯法，決不姑息，「惟有劍耳」。

他還經常到校場觀看訓練，檢閱士兵。這些做法，既可以鼓勵將士為宋王朝賣命，又能樹立自己對軍隊的控制權。為防止兵變的發生，趙匡胤在禁軍的部署上實行了內外相制的方針，即把禁軍一半部署在京師，一半部署在全國各地，使他們互相牽制，不敢輕舉妄動。另外，還實行兵不知將、將不知兵的「更戍法」。

趙匡胤在集中兵權的同時，也採取了一系列措施集中政權和財權。在中央主要是削弱相權，趙匡胤設參知政事，分割宰相的一部分行政權，設樞密院分割宰相的軍權，設三司分割宰相的財權，且樞密院、三司的長官與宰相互不統屬，分別直接對皇帝負責。在地方主要是針對節度使的權力開刀。

五代時期，節度使之所以能夠與中央抗衡，獨霸一方，是因為他們在地方上掌握一切大權。宋太祖通過對禁軍領導機構的調整以及加強禁軍士兵素質、禁軍的部署等，已大大削弱了節度使的軍權，即使節度使手中有兵可用，那也遠不是禁軍的對手。

不僅如此，還削奪了節度使的財權。五代時，藩鎮多以賦入自贍，節度使還任命自己的部下管理所在地區的場院，厚斂以自利，這樣藩鎮就逐漸積累了大量財富。富強的藩鎮，往往就心懷異志，與中央抗衡。在趙普的建議下，趙匡胤下令各地每年除留下必要的經費開支外，剩餘的財物一律送到京城，地方不許私下占留。對藩鎮所轄的場院的管理也做了調整，經常派朝官廷臣監臨，又設置轉運使通判，節度使想從場院獲得經濟利益的途徑也被堵住了。在地方政權方面，重點仍在解決武人跋扈的問題，實行的原則即重文輕武。當藩鎮守帥出現空缺時，朝廷不再以武人補缺，而是命文臣權知；對於其他州，則以文臣知州事，設置州通判，規定通判要和知州聯合署名，「文移方許行下」。作為一方之長的知州，無論事情大小，都要與通判或判官、錄事一同裁處，這就讓地方官在權力上互相限制，誰也不能獨斷專行，這對加強中央集權是十分有利的。

以法治國，任人唯才

法律和軍隊一樣是國家機器的重要組成部分。五代時期，軍人實力派掌權，連皇帝的廢立都操縱在他們手裡，國家的法律對他們來說只是一紙空文。趙匡胤即位後，決心改變五代諸侯跋扈，多枉法殺人，而無人過問的積習，著手進行法制建設。

首先，趙匡胤從藩鎮手中收回了司法權。在各州設置司法參軍，負責本州刑獄，為防止司法參軍權力太重，又設了司寇參軍，而且他們有明確的司法分工。宋廷還規定，對於各地上報的死刑案，要由大理寺詳斷，刑部核實。但趙匡胤還是擔心刑部、大理寺用法不當，又另設審刑院，再做審核。司法程式理順的同時，對執法官員的任用和要求也較嚴格。凡御史、大理官屬，「尤嚴選擇」，執法者瀆職枉法，就再無進身之望，這就保證了國家法律的貫徹執行。

趙匡胤對以法治國是有深刻認識的。為了維護地主階級的利益，他在位期間頒佈了一系列法令，如「竊盜律」、「茶法」、「鹽法」、「折杖法」、《重定刑統》等。要求各級政府必須依法斷案，任何人都不能無視國法，不能設私刑，泄私憤。

在制定法律和執行法律時，趙匡胤遵循「立法之制嚴，用法之情恕」的原則。他提出「禁民為非，乃設法令，臨下以簡，必務哀」，因而在很多詔令中，對前代苛法加以修正。如趙匡胤認為後周規定販私曲至五斤者處死的律令太苛峻，於是下詔規定民販私曲十五斤，「始處極典」。他還勉勵執法官員以漢代張釋之、于定國為榜樣，秉公執法，讓天下無冤民。嚴懲貪污是趙匡胤法律實踐的一大特色。他在位期間，因貪贓枉法被處以死刑者比比皆是。趙匡胤還明確宣佈，犯貪污罪的官吏，遇有大赦，均不予以赦免。

趙匡胤即位後，還通過一系列措施開創了宋代「優禮儒士」、「重文輕武」的社會風氣。他黃袍加身之時，就明智地對兵變者提出了約法三章，要求他們保護周帝及太后，毋施暴於臣僚，嚴禁剽掠。這使宋政權建立伊始，就向世人預示著興文教時代的到來。後來范質等人仍被重用，在新政權中發揮了應有的作用。趙匡胤以「興文教，抑武事」為指導思想，大大提高文臣的地位。從建隆四年開始，派文官知州縣事。以文臣為地方長官，不僅可使州郡長官不能擅兵逞強，據地自雄，而且文人知書達禮，能夠依法辦事，對推行教化是有益的，這對文人是一種優禮，對國家的鞏固有利。史稱：「太祖即位，罷藩鎮權，擇文臣使治州郡……每一詔下，雖擁眾兵，臨大眾，莫不即時聽命。」

為廣泛吸收知識份子參政，北宋之初即恢復了科舉制。最初幾科，取士較嚴，錄取者較少，後來宋廷不斷擴大錄取名額，爭取地主階級知識份子的支持。開寶三年（西元九七〇年），趙匡胤為「貢士及十五舉嘗終場」的一百零六人，賜本科出身，稱為「特奏名」。這種以皇帝特恩名義錄取是宋代科舉制中的一項新內容，是籠絡知識份子的一個重要手段。開寶五年（西元九七二年），趙匡胤又在講武殿召見科舉合格舉人，然後下詔放榜，以示重視。第二年，又通過殿試，考核了一百九十五人的優劣，從此殿試成為定制，錄取之權掌握在皇帝手中。趙匡胤憑著自己的雄才大略，大刀闊斧地改變了五代以來武人跋扈、文人受歧視的局面，大大提高了文人的社會地位。

在用人的具體實踐方面，趙匡胤遵循的具體原則，首先是任人唯才。他擔心吏部在銓衡官員時只憑資歷，埋沒人才，於是下令，吏部選官要依據本人的才能和政績，量材而用。他在選用人才方面也很細心，考察朝內外官員中有一材一行可取的，就暗暗地記下來，以後遇到某部門缺官，就按自己的記載選出適當的人充任，司馬光稱他：「知人善任使，擢用英俊，不問資級。」

其次，趙匡胤還實行略其細而求其大、久其官而責其成的原則。靠半部《論語》治天下的趙普，深得趙匡胤的信任，雖然有人檢舉他的不法行為，趙匡胤卻略而不問，而認定其為「社稷之臣」，仍委以重任。這就使趙普在重要崗位上為宋初各項政策的制定，起了舉足輕重的作用。又如張美，是位有才能的人，但他搶民女，掠民財，趙匡胤認為如果對張美教育好了，他的才能發揮出來，對國家是有利的。於是對他進行勸誡後，仍委以重任，結果張美在滄州頗有政績。李漢超駐守關南，是獨當一面的大將，當有人把他在榷場走私的事報告後，趙匡胤隨即下詔：「漢超私物所在，悉免關征。」在趙匡胤看來，朝廷損失點商稅，來換取沿邊守將的忠心，保一方平安是值得的。趙匡胤統治時期，他所任用的邊將任期多者達四十年，少者也不下十餘年，如：何繼筠屯棣州二十餘年，董遵誨屯通遠軍四十年，郭進控扼西山十餘年，等等。這種略其細而求其大、久其官而責其成的做法，體現了趙匡胤的勇氣和氣魄。

最後，趙匡胤還用人不惑。平南唐時，他委大任於曹彬，並授給他尚方寶劍，全權負責滅南唐事宜。他以戶部員外郎范旻當淮南諸州並淮北徐、海、沂等州水陸計度轉運公事時，也授予范旻全權，凡是有關「除去民隱，漕輦軍儲」之事，均可便宜從事，不用一一上報請示。郭進的部下曾告發他不法，但趙匡胤認為這是因為郭進對部下嚴格，引起不法分子的不滿所致，不僅處死了誣告者，而且為郭進造了一處只有親王、公主才能享用的高標準府第。趙匡胤能夠在短時間內撥亂反正，鞏固新政權，進而基本完成統一，與他的用人方針是密切相關的。

革除弊政，發展經濟

宋政權初建，百廢待興。除了在政治、軍事、法律等方面需要改革整頓以外，如何儘快恢復和發展凋敝的社會經濟，也是一個亟待解決的問題。對此，趙匡胤採取了一系列有力措施。

賑濟災民、蠲免租賦、招撫流亡。趙匡胤統治時期，局部地區的自然災害時有發生，他多次下詔，或派使，或令地方官對受災百姓予以賑濟，幫助百姓度過難關。如建隆二年，濠州、楚州發生饑荒，他下詔地方官開倉賑濟。建隆四年二月，派使臣到澶、滑、魏、晉、絳、蒲、孟等州，開倉賑濟百姓。乾德四年（西元九六六年），數千淮南地區的饑民歸附宋朝，趙匡胤下令，淮南饑民所在的地方官要開倉給以賑濟。有時當地府庫糧食不足，就從京城調運，或從其他地區調運，有時甚至動用軍糧。開寶六年（西元九七三年），為賑濟曹州饑民即從京城運去兩萬石米。次年，調用河中府軍糧三萬石賑濟饑民。

對受災地區或新征服的國家，趙匡胤均下詔蠲免錢糧或其他雜稅，使人民有餘力重建家園。建隆三年（西元九六二年），河北、陝西、京東諸州發生旱災、蝗災，河北地區尤其嚴重，趙匡胤下詔「悉蠲其租」。開寶六年三月又下詔，各地流民恢復本業的免去當年的蠶鹽錢、租稅，並免除三年徭役，類似的詔令很多。為避免災民流離他鄉，趙匡胤除了下詔賑濟，給以蠲免租賦的優撫政策外，還要求地方官要安撫百姓，做好善後工作，不要使百姓遷徙流亡。對各地流民，根據他們離故鄉里程的遠近發給他們糧食，讓他們回鄉，回去後由政府給以賑濟，使他們能儘快安頓下來，從事生產。

為保證宋政權的財政收入，趙匡胤即位以後，就沿用後周顯德三年（西元九五六年）的規定，確定了農民對國家的賦稅負擔，並要求地方官進行督促，勸課農桑，對墾荒者，止徵舊租，以資鼓勵。他還下令：朝臣出使回來後，要把在地方上見到的有關百姓利害的事彙報給他。在他看來「治世莫若愛民」，因此，對害民之官，害民之事，趙匡胤一定程度上做了較妥善的處理。前面提到過趙匡胤對貪官污吏嚴懲不貸，處理得十分堅決。土地是老百姓的命根子，也是封建國家的主要稅收來源。趙匡胤即位後，就派官到各地均括民田，在括田中官員若「苛暴失實」，即行罷黜。如建隆二年，大名府館陶縣民郭贇到朝廷告狀，說括田使和縣令括田不均。趙匡胤派另一個縣的縣令去核查，果然查出有不實之處。結果，館陶縣令程迪被杖刑後流放到海島，括田使常准被削奪兩官。還有的官吏在收稅時，用大量器多收，發現後也給予處罰，如吏部郎中閻式即是。對怠忽職守的官吏，趙匡胤也給以重處。開寶四年十月，黃河在澶州決口，鄆、濮二州也因此受災，大量民田被毀，損失嚴重。因地方官沒有及時把險情、災情上報朝廷，趙匡胤大怒，派使臣查問。最後對澶州通判、司封郎中姚恕處以棄市之刑，澶州知州、左驍衛大將軍杜審肇被免職。

此外，趙匡胤曾下詔，要求諸道運送上供錢帛的車和船，一律由官府提供，不許從民間徵調，騷擾百姓。開寶三年，趙匡胤詔三司，要求諸路兩稅折科物，不是當地所產，不得抑配，給百姓造成負擔。還詔命各州，凡是絲棉、細絹、麻布、香藥、毛翎、箭笴、皮革、筋角等，夠支兩年用的，就不要再去徵收。趙匡胤看到桂陽監上繳的白金數後，對宰相說：「山澤之利雖多，頗聞採納不易。」於是下詔減去舊額的三分之一，以寬民力。

開寶四年，發廂軍千人到京北地區修繕先代陵寢，他下令不許再為此徵調百姓，而且自此以後凡是有類似的工役，都由鎮兵來做，不再煩擾百姓。潭州上供的新茶，斤片重厚，與往年不同，趙匡胤看到後，也認為此茶甚好，但他同時又說這是重困吾民的做法，詔命潭州依舊棬模製造，不要增改。

他曾說：「煩民奉己之事，朕必不為也。」還把「治世莫若愛民，養身莫若寡欲」作為準則，寫在屏風上，以隨時提醒和鞭策自己。滅後蜀後，趙匡胤命人砸碎後蜀國主孟昶鑲有七寶的溺器，並說：「自奉如此，欲無亡，得乎？」他自己生活比較節儉，常穿洗過的舊衣服，其弟趙光義認為他「服用太草草」。他乘坐的車輦、用的器物都比較質樸，很少裝飾，寢殿設青布緣葦簾，宮闈帟幕無文采之飾。趙匡胤宣導並躬行節儉，對宋初節儉風氣的形成是有促進作用的，直接或間接地減輕了廣大人民的負擔。

宋統一前，各政權都有名目繁多的苛捐雜稅，趙匡胤在統一的過程中，逐步地革除了五代時的某些弊政。後周廣順初年，鎮州屬下各縣，十戶中選一位智勇雙全的人為弓箭手，其餘九戶要為這名弓箭手提供武器、鎧甲、糧草。建隆二年，趙匡胤下令取消這個規定。五代以來，收完稅後，要求縣吏「會州」，為此縣吏乘機從裡胥那裡收斂財物，賄賂州吏，裡胥又把這部分負擔轉嫁給農民，使百姓負擔加重，苦不堪言。建隆四年，趙匡胤下令不得追縣吏「會州」。合併荊湘後，免去當地的雜配之物，並頒度量衡，以「懲割據厚斂之弊」。滅後蜀後，凡無名科役及增益賦調，命令各州逐條寫明上報，全部廢除。後蜀弊政較多，趙匡胤多次下詔，要求地方官考察，對後蜀政令有煩苛刻剝害民的，一律蠲除。南漢劉鋹統治時，收租稅用大量器，凡輸一石，乃為一點八石。

開寶四年，趙匡胤下詔，在廣南諸州收租一律用宋政府的標準量器，每一石外，另交兩升為鼠雀耗即可。五代以來，常檢視百姓新墾荒地以定稅額，官吏從中作弊，使賦稅不均，百姓失業，田多荒蕪。趙匡胤下詔，百姓新墾土地，州縣不得檢括，只以百姓先前佃種的土地為準徵稅。五代弊政極多，趙匡胤從本階級利益出發，不可能全部革除，但他為此而做的事情，對宋初經濟的恢復和發展是有利的。

民族關係，友好第一

如何對待周邊的少數民族，是歷代中原王朝無法回避的問題。北宋建立後，趙匡胤即確定了與周邊少數民族友好相處的方針。

五代時，招募百姓去盜少數民族的馬，然後政府給盜馬者錢，將盜馬作為戰騎使用。為敦信保境，建隆二年，趙匡胤下令沿邊諸州嚴禁百姓出境盜馬，以前所盜，要全部歸還。這種不損害少數民族利益的做法，達到了「邊方畏慕，不敢內侮」的效果。對於前來貢奉的少數民族，趙匡胤總是優禮有加，給以豐厚的回賜。

為了維護邊境和平，趙匡胤對能貫徹執行他安邊思想的邊帥均給予重賞，對破壞民族友好關係的，一律撤換。如尚書左丞高防知秦州時，擴充地盤，侵犯了少數民族的利益，引起邊境衝突；靈武節度使馮繼業掠奪少數民族羊馬，二人均被撤換。當然，趙匡胤所用邊臣，除了能執行其維持和好的政策以外，還是能征善戰的猛將。和好需要雙方的共同努力，一旦邊境發生衝突，軍事威力的震懾作用不容低估，趙匡胤對此的認識十分清醒。其所用郭進、董遵誨、何繼筠、賀惟忠等人都是威震敵膽的名將，有他們守邊，少數民族就不敢輕舉妄動。

契丹是北宋的勁敵，其佔有的幽雲十六州，是趙匡胤時刻想收復的。然而，在處理雙方關係時，趙匡胤仍然奉行友好政策。契丹使臣來訪時，趙匡胤親自接見，贈送了很多禮品，並派使臣回訪。關於收復幽雲十六州，趙匡胤也有打算：他曾設封樁庫，等封樁庫的財富積蓄到三五十萬時，決定以此為贖金，換回幽雲十六州的土地和人民。如果契丹不答應，就用這些財富招募勇士，再用武力收復此地。從趙匡胤的這個考慮可知，在解決幽雲地區的問題上，他首先想的是用和平的方式解決，把維持和好放在了第一位。可惜的是，趙匡胤沒能來得及實施這個計畫就去世了。

趙匡胤承五代動盪之後，建立宋朝，勵精圖治。「在位十有七年之間，而三百餘載之基，傳之子孫，世有典則。」他是中國歷史上一位雄才大略的地主階級政治家，為結束五代時期軍閥混戰、綱紀不立、民不聊生的局面，做了不懈的努力。他以自己的睿智、膽魄和才能，抓住當時社會的癥結，完成了統一大業，進一步加強了君主專制主義中央集權，在政治、經濟、文化、軍事、法律、外交等方面確立並實施一些切實可行的措施，保證了宋初各項事業的順利進行，奠定了立國規模。趙匡胤所做的一切，不僅維護和鞏固了宋朝的統治，而且創造了相對安定的社會環境，使廣大人民從戰爭的苦難中解脫出來，促進了當時社會經濟的恢復和發展，使社會生活的各方面步入了正常的軌道，這是趙匡胤對中華民族的貢獻。

靳華　文

第十三章

宋高宗　趙構

宋宣和七年（西元一一二五年），金軍大舉攻宋，迅速進逼汴京城外。北宋朝廷圍繞著和戰問題展開了激烈的爭論，尚書右丞李邦彥以兵弱將寡為由主張割地請和；太常少卿李綱則主張激勵將士，拼死抵抗。朝中大臣們因各自附和某一種意見而分成主和派與主戰派。宋欽宗本來就對抗金缺乏信心，主和派在這場爭論中稍占上風，故決定派出使臣去金營求和，提出以割讓太原、中山、河間三鎮，換取金兵停止攻宋。恰在這時，金軍統帥宗望也遣使入城，傳言邀請宋之親王、宰相到金營商談議和之事。宋欽宗思前想後，把康王召來授以軍前計議，使往金營交涉，又任命張邦昌為計議使，陪同康王前往。康王就是日後的宋高宗趙構。

靖康之恥，金亡北宋

趙構，字德基，生於大觀元年（西元一一〇七年）五月，是宋徽宗的第九子，欽宗的異母弟，這次以弱冠之年接受重任，倒也大義凜然，慷慨應諾。只是張邦昌一臉愁容，因為他雖極力主和，但做夢也沒想到自身會成為人質，被派往金營議和。

金軍統帥宗望本以為很快就能攻下宋朝京城，沒想到在城下遭到頑強抵抗，竟一時不能得手。氣急敗壞之時，忽有人來報，宋朝議和使節已到，宗望為了給其來個下馬威，便在營帳內外佈滿了持刀荷槍的兵士。見到這殺氣騰騰的陣勢，趙構知道這不過是金人虛張聲勢而已，於是從容不迫地穿過刀山槍林，走進營帳。這一舉止反倒令金人十分吃驚，他們沒想到這位康王有如此膽量，而趙構身後的張邦昌已嚇得臉色灰白，邁不開腳步。

就在趙構使金期間，種師道、姚平仲、范瓊、馬路等各路勤王兵馬相繼開到京師，宋軍之勢大振，金兵攻下汴京實際已無可能。這種情況下，欽宗一面加強京師及其要地的防禦，一面改派肅王出質金國，換回康王。在經歷了近一個月的人質生涯後，趙構與張邦昌一同被金人放還，不久，金兵撤走。

趙構此次使金為質，雖為求和，卻不辱使命，為北宋政權度過危難立下功勞，欽宗也認為這位異母弟勞苦功高，特加封趙構為太傅。

第十三章
宋高宗　趙構

靖康元年（西元一一二六年）八月，金國又發兵攻宋，十月，以宗翰率領的一路金兵力攻太原，太原軍民奮勇抵抗，終因後援不繼，太原陷落了。十一月，宗望率領的另一路金兵攻破真定。這樣，宋朝北方關隘重鎮先後失陷，局勢再度吃緊。

對宋用兵的同時，金人放還使金的宋臣王雲，讓他傳話給欽宗，須再派趙構出質金營。欽宗也無他計可施，只得召來趙構，讓他再度使金，還解下身上的玉帶賜贈，以示信任。此舉使趙構十分感動。回到府後，立即把與自己隨行的耿延禧、高世則喚至房中，神情嚴肅地對二人說：「國家多難，君主憂辱，如果此行可以解決問題，我們當義不容辭。可是，我們幾人深入金廷，吉凶未卜，你們應回去與你們的父母、妻子訣別，明日五更起程。」二人聽後，一股悲壯之感油然而生。

十一月十九日，趙構一行尋跡到達相州（今河南安陽市），知州汪伯彥告訴他們：「宗望已於十四日由大名府（今屬河北）魏縣渡河南下，追趕恐怕是來不及了。」略停頓了一下，汪伯彥接著說：「請大王暫留此地，從長計議。再說肅王在金營至今未返，大王此去，恐怕也難以順利返回。」趙構聽此話的意思是阻止他北上，於是態度堅決地答道：「我受命於國事危難之際，此次北上議和的任務一定要完成，不能半途而廢。」第二天一早，趙構一行又向磁州（今河北磁縣）進發。剛到磁州城外，守禦該地的老將軍宗澤立刻迎了上來，激憤地對趙構說：「肅王自被騙至金營，至今未返回，如今金兵又一次侵我宋境，這種情形下，大王再去金營又有何益？不如就留在磁州吧。」趙構哪裡肯聽，堅持前往金營。磁州軍民見康王執意去金營，認為這是王雲出的壞主意，一腔怒火噴向他，結果把王雲當場打死。正在這時，忽有兩名士卒持汪伯彥用蠟丸密封的書信求見，信上說：「大王離開相州的當晚，本州西面火炬相連二三里遠，金人鐵騎五百餘一路追索大王。大王如在此渡河，那正好自投羅網。現在宗望已率金軍直撲京師，議和已失去時機，不如先返回相州，聚集人馬，牽制金軍，以副二聖維城之望。」看完此信，趙構才打消了赴金營議和的念頭。

沒過幾天，耿南仲受欽宗之命，趕來相州求見趙構，說金兵已把京師圍得水泄不通，京城已危在旦夕，陛下令其盡起河北諸郡兵馬前往救駕。趙構便立即與耿南仲聯名揭榜，招兵買馬，組建起一支勤王軍。到十二月一日，這支勤王軍人數已達萬人，趙構在相州成立大元帥府，將其所部分為五軍，自任河北兵馬大元帥，知中山府陳亨伯為元帥，汪伯彥、宗澤為副元帥。十四日，趙構率領這五路兵馬出擊，攻到大名府時，宗澤及信德知府梁揚祖等各率所部來與之會合，「兵威稍振」。

稍後，宋欽宗派使臣曹輔帶著詔書來見趙構，告訴趙構金人攻城未能得手，正與我方談判議和，令其原地屯兵，不要輕舉妄動。接到詔書後，趙構部下對於在何處紮營屯兵產生了不同意見，宗澤主張南下直趨澶淵（今河南濮縣），以此為基地，繼而解京師之圍，汪伯彥、耿南仲等相信和議主張應移軍東平（今屬山東）。經過權衡，趙構決定兵分兩路，令宗澤率軍一萬屯於澶淵，並謊稱自己在這一路軍中。另一路則由自己親自統領，朝東平方向而去。

靖康二年（西元一一二七年）正月間，宗澤在開赴澶淵途中，與金兵交戰十三次，每戰皆捷。金兵自此懼怕宗澤，不敢與之交戰。趙構在東平駐紮了一個多月，隊伍不斷擴大，所屬官軍和百姓自發組織起來的抗金武裝人數已達八萬之眾，卻未與金兵交過一次手，眼睜睜地看著京城被金人攻陷。由此可見，在入援京師，救回二帝、同金兵作戰等問題上，大元帥趙構是另有打算的。

金兵俘獲徽宗與欽宗後，為徹底傾覆北宋，金主下詔廢二帝為庶人，在靖康二年三月扶持傀儡張邦昌登帝位，國號為「楚」。四月一日，金軍押著徽、欽二帝及親王、皇孫、駙馬、公主、后妃等三千餘人，滿載劫掠來的大批資財北歸。

金兵北去後，偽皇帝張邦昌失去了靠山，而趙構卻擁有十於萬大軍。在民心歸順，實力對比懸殊的情形下，張邦昌不得不一面迎元祐皇后（哲宗皇后孟氏）入居延福宮，尊為宋太后，垂簾聽政；一面派人把「大宋受命璽」送至趙構手中。在大家的一致請求下，趙構決定移師應天府（即宋之南京，今河南商丘市南），積極準備登基大典。

建炎元年（西元一一二七年）五月初一，趙構在應天府天治門登壇接受冊命，正式即皇帝位。大禮完畢後，趙構遙望被擄去的父兄母妻，心中一陣楚痛，傷心得痛哭一場。這一天，元祐皇后在東京宣佈撤簾還政。她在寫給趙構的賀信中說：「宗廟得以保全，就全靠你了。」

中國歷史從此進入了南宋時期。

李綱為相，高宗畏敵

趙構即皇帝位後，金兵雖然撤出了東京，但仍然控制著河東、河北兩路的太原、河中（今山西永濟縣）、真定（今河北正定縣）、磁州、相州、河間等地，對南宋政權的威脅很大。所以，抗金依然是頭等大事。在此問題上，原先的主戰與主和兩派的紛爭又延續下來，以李綱、宗澤為代表的主戰派與汪伯彥、黃潛善為代表的主和派進行了激烈的爭吵，而宋高宗則遊移於這兩派之間，由此構成這一時期一波三折的政治、軍事局勢。

建炎元年五月，宋高宗召宿臣李綱入宮，任命其為尚書右僕射兼中書侍郎，同時任命黃潛善為中書侍郎、汪伯彥為同知樞密院事，從而構成自己的班底。

起初，趙構對李綱還是十分信任和重用的。在說服李綱就任宰相之職時，趙構曾說：「朕很久以前就知道卿的忠誠信義，智勇謀略，想要使敵國畏懼歸服，四方安寧，非認卿為相不可，卿不要推辭了。」這番話感動得李綱落淚叩頭謝恩，並且說：「如陛下能允諾臣的十事，賜令施行，臣才敢於接受任命。」李綱上奏的這十事為：國事、巡幸、赦令、僭逆、偽命、戰、守、本政、責成、修德。高宗口頭上允諾，並實際採納了部分建議。李綱兼任禦營史後，建議設置河北招撫司、河東制置司，組建地方上的軍隊，為抗金作準備。他還提出募兵、買馬、勸民出財三項建議，增強軍事力量。此外，李綱還向朝廷推薦張所、傅亮等統兵賢才。對於上述重要建議，宋高宗尚能認真聽取，並且付諸實施。

如果說，李綱這時是南宋朝廷中輔佐皇帝、重建朝廷、制定守戰禦敵方案的總設計師，那麼，宗澤則是將此討諸實施並且最得力的統帥。宗澤到應天府見高宗，陳述興複大計，高宗便想將宗澤留在宮中。因黃潛善等人阻撓，遂任命宗澤為襄陽知府。六月，又任命宗澤為東京留守。

宗澤就任東京留守後，以他傑出的才能，英勇的氣魄，很快便安定了京師的社會秩序，並加強城池守備設施。建炎二年（西元一一二八年）正月，金兀術統率金兵再次來犯，宗澤在與金兵交戰中多次打敗敵人。宗澤的聲望，使金兵聞風喪膽，稱他為「宗爺爺」。

在金兵攻佔河北、河東部分地區後，兩河地區的民眾自發地組織成抗金隊伍，並彙集成以王善、楊進、丁進、王再興、李貴、王大郎等人為首的幾十萬人的浩蕩大軍。這些被誣稱為「盜賊」的抗金武裝，在民族危亡關頭，是抗擊金兵的一支重要力量。李綱就是鑒於南宋朝廷剛剛建立，正規軍還來不及整編的情形下，建議設置河北招撫司、河東制置司兩大機構，招募各地奮起的義軍，抗擊金軍。宗澤較好地貫徹執行了李綱的這一意圖，在任期間十分重視聯絡各地義軍，使之得以發揮抗擊金兵的作用，這無疑是十分高明的。在此過程中，宗澤發現了有勇有謀的軍事人才岳飛，並著力培養，岳飛由此成長為知名的將領。

然而，李綱一時受高宗的重用，引起了黃潛善、汪伯彥的嫉恨，他們處處與李綱作對，不僅污蔑宗澤聯絡義軍，共同抗金，詆毀其赫赫戰功，而且將李綱所推薦的張所、傅亮罷官。

趙構即皇帝位後，李綱、宗澤與黃潛善、汪伯彥就戰與和問題上爭執的焦點，集中在定都於何處。宗澤極力主張高宗應以京師汴梁為都城，以振作全國軍民的抗敵士氣，收復兩河失地。李綱提出如汴京不可，則以長安為上，襄陽次之，再次為建康的上中下三策。宗澤、李綱定都意見的出發點，是把定都與收復河北、中原的失地聯繫起來，以有利於恢復失地為宗旨。很顯然，定都於汴梁，抑或長安、襄陽乃至建康，都能使君王不忘失地，又可集結天下的抗金力量，維繫河北、中原人民盼望光復的信念，有利於振作全國軍民的士氣，抵禦金人南下，並收復失地。

以黃潛善、汪伯彥為代表的一派人，主張皇帝遷都東南，以杭州為都城。這種意見的出發點是為著顧全自己的身家性命，認為杭州有長江、錢塘江兩道天險，比汴京、建康更有安全感，可見他們主張的是一條妥協投降的路線。

宋高宗作為一國之君，在定都問題上遊移不定。汴京陷落，二帝被擄給他的刺激太大，可以說趙構被嚇破了膽，因此在收復失地與自身安全的問題上，宋高宗顯然把後者看得更為重要，所以，從內心上講，他傾向於定都東南。但是，趙構也明白，一旦這樣做，將永遠喪失中原，國仇家恨無以為報，而且中原淪喪，東南的偏安局面能否長久也是個問題，因而他內心極為矛盾。

高宗即位不久，在李綱的勸說下，曾頒旨還都汴京，可沒過多久又改主意，提出「巡幸東南」。李綱對趙構要巡幸東南很不滿意，極力勸說道：「自古以來中興的君主，起於西北則足以佔據中原而領有東南，起於東南則不能光復中原而領有西北，因為天下的精兵健馬都在西北。陛下如認為汴京不安全，可暫時在南陽駐蹕。但如果現在乘舟順流而前往東南，固然是很方便，但恐怕一旦失去中原，東南難保無事，那時再想退保一角，便不可能了。況且曾經降詔，應許留在中原，人們心悅誠服，為什麼詔書墨蹟未乾，便急忙失去天大的信用呢？」這番話講得有情有理，使高宗一度打消了巡幸東南的念頭，決定巡幸南陽。

趙構迫於形勢緊迫，對李綱的意見無不容納，但他真正親近的，是靖康時期護駕有功的黃、汪二人，視此二人為心腹。黃、汪二人為了削弱李綱對朝政的影響，鼓動高宗罷免河東經制副使傅亮。李綱立即表示反對，但高宗不聽，傅亮等終於被罷官。

由於與自己志同道合之人紛紛被排擠出朝廷，李綱感到自己在朝中已是孤掌難鳴，於是提出辭官請求。此舉正中黃、汪二人下懷，勸說高宗將李綱調離朝廷。李綱在相位才七十七天，就被降職為觀文殿文學士。在此短短的時期裡，他為朝廷建設、治理國家、組織軍隊準備抗金等方面做了大量的工作，南宋王朝因此得以維持，誠如朱熹所評論的那樣，「李綱入來，方成朝廷」。

李綱被罷相的消息一傳開，群情激憤，太學士陳東、布衣歐陽澈等上書趙構，極言李綱忠勇，不該罷相；黃、汪二人平庸無能，不可重用，並懇切地希望高宗親自率兵討伐金朝，救還二帝。黃潛善等人對陳、歐陽二人恨之入骨，於是由黃出面密見高宗，請誅陳東、歐陽澈。趙構竟然聽信讒言，將上書二人斬首示眾。過路之人見此慘景，無不為之掩面悲泣。

自李綱被罷相後，他原所規劃的軍政、民政一律廢除，尤其是河北招撫司、河東經制司的罷廢，極大地傷害了中原軍民的抗金熱情，兩河民眾誓死抗金的大好形勢被葬送。同時，朝中主戰派的影響力大減，在定都問題上，趙構採納黃、汪等人主張，決定巡幸東南定都揚州，這是最後的決定。老將宗澤極力勸阻不成，「憂憤成疾，疽發於背」，不幸去世。抗金鬥爭遭遇重大挫折。

金軍南侵，宋廷無能

建炎元年十月初一，高宗趙構帶著他的那幫寵臣，以及後宮家屬，乘船離開應天府，啟程南行。京師軍民聞此訊息，相聚而啼哭，知道光復無望。

趙氏王朝的復辟，勢必為金人所不能容忍。但在被侵佔的北方地區，廣大軍民的抗金鬥爭如火如荼，給金人統治造成極大的威脅。鑒於這種情形，金統治者決定對南宋用兵。十二月，金兵分五路南侵，宗翰所部自雲中（今大同市）出發，沿太行山由河陽（今河南孟縣）渡過黃河，進攻河南，分派銀術可攻漢上；訛里朵與其弟兀術所部，自燕山出發，從滄州（今河北滄縣東南）渡河，進攻山東，分派阿里蒲盧渾攻淮南；洛索、婁室所部攻陝西。

金人各路大軍中，進攻河南的一路遭到宗澤統率的宋軍及義軍的抵抗，過河後沒有什麼進展，進攻陝西的一路，開始時頗為得手，一路西行，竟引兵進犯熙河（今甘肅臨洮），被都監劉惟庸率領的兩千精騎擊敗，金兵統帥之一的黑鋒被刺死，金兵向東逃回。這說明，當時陝西的各路軍馬是有能力給金軍以重創的。遺憾的是將帥之間意見不合，節制陝西六路軍馬的王庶卻調動不了曲端、王似、席貢等人的兵馬，宋軍因而不能協力配合作戰。金兵則正是利用王、曲二人的不和，攻城略池，橫衝直撞。進攻山東的金兵，也取得了重大的進展，相繼攻陷德州、東平、濟南和大名府。稍後，一代抗金名將宗澤病故，河北抗金局勢迅速瓦解。

趙構等人棄國家民族利益於不顧，偏安東南，以為這樣就可以遠離戰火，保全自身，結果又怎樣呢？

建炎二年春天，金兵南下，南宋將領張浚見事態嚴峻，請求趙構預做臨戰準備，在一旁的黃潛善、汪伯彥二人聽後哈哈大笑，陰陽怪氣地說：「還是不必太多慮吧！」建炎三年（西元一一二九年）正月，金軍前鋒已攻下徐州，直驅淮東。二月三日，天剛濛濛亮，天長軍來報：金兵即日趨揚州，內侍鄺詢急忙跑進皇帝臥榻旁，一時竟忘記了昔日宮廷的規矩，大聲呼喊：「金兵到了！」此時正摟著美妾熟睡的高宗驚坐而起，不待細問，撇下美妾匆忙穿戴好盔甲，騎馬而逃，護駕的只有王淵、張浚和軍卒數人。金兵尾追不已，趙構一行逃至鎮江仍感不安全，未敢久留，二月四日，命朱勝非駐守鎮江、劉光世控扼江邊，楊惟忠駐守江寧府（今南京市），他自己則躲在了杭州。

此次高宗逃難，宗室播遷，皆因黃、汪二人把持朝政，不修軍備所致，因此激起朝中大臣們的共憤，紛紛上書彈劾此等奸佞之臣，禦使中丞張瀓勇敢地寫下黃、汪二人的二十大罪狀，要求趙構罷免他們。高宗此次也對二人十分不滿，於是順應輿論，罷免了黃、汪二人的相職，黃潛善、汪伯彥把持朝政大權以來，嫉妒殘害忠良，放逐李綱，毀壞宗澤抗金大業，朝臣、內侍乃至布衣進言政事的人，都遭到其迫害，可以說，朝廷內外對此二人切齒痛恨，唯獨高宗一直寵倖。黃、汪二人終被罷免，人們無不拍手稱快。

此役揚州一度被金兵佔領，說明揚州也並非安全之處。為了順應朝廷的要求，趙構不得已將自己的處所慢慢地由杭州北進至江寧府（今江蘇南京），並改江甯為建康，擺出了一副把行都設在建康的姿態。

建炎三年六月，金兵在攻陷中原之後，分兩路再次渡江南下，一路進攻江、浙，一路進攻兩湖及江西。儘管黃、汪二人已被罷免，但是，南宋朝廷的避戰求和路線並未改變，因而戰事的失敗依然是不可避免的。此役中，金人進攻江州（今江西九江市）時，手握重兵的統帥劉光世在江州不做戰守準備，每天忙於置酒設宴，金兵渡江前三日，他居然毫不知曉，等到金兵逼近城下時，劉光世已被嚇破了膽，引兵棄城逃遁。守衛建康的統帥杜充，在金兵到來之時，則乾脆叛變，獻城投降。

金軍在攻打鎮江時，則遇到了宋軍的頑強抵抗。鎮江守將韓世忠在金兵到來之前，在金山（今江蘇鎮江市西北）龍王廟設下伏兵，待趾高氣揚的金兀術統兵到達，伏兵突然殺出，金兀術慌亂之中掉下馬來，險些被宋兵活捉。接著，雙方交戰數十次，韓世忠極力奮戰，他的妻子梁紅玉也披掛上陣，親執桴鼓助戰，給南宋軍兵以極大的鼓舞，俘獲金兵甚多，連金兀術的女婿龍虎大王也被生擒。兀術無奈，借用火攻之術，突襲宋軍的戰船，乘機逃回了江北。後來韓世忠因戰術運用失誤，才丟了鎮江，退守江陰。

從總的方面看，金人的兩路大軍所遇到的像鎮江這類頑強的抵抗畢竟不多，因而能長驅直入。進攻江、浙的金軍，攻陷建康，自廣德越獨松關直抵臨安，乘勝攻下定海、昌國；進攻江西的金軍，在接連攻破江西各郡後，乘勝進入湖南，攻陷長沙。

其實，金兵長驅直入東南，與其說是金兵的強大，倒不如說是南宋朝廷的腐敗所致。最高統治者趙構，在金兵南下時，首先考慮的是自身的安全，一逃再逃，甚至遠逃至溫州，在海船上度過了建炎四年（西元一一三〇年）的春節。後來，是金兀術害怕戰事遷延過久於己不利，才退兵回北方。與此形成鮮明對比的是，廣大抗金軍民卻創造出了輝煌的戰績，韓世忠以八千士卒同金兀術的十萬大軍相持四十八日，屢敗金軍；嶽飛率兵在廣德境內與兀術六戰六捷，移兵常州時又四戰四捷；徐州知州陳丘率三萬士卒勤王，在楚州城下與金兵激戰。兀術北還時，他又固守楚州，為國捐軀；盧陵的舉子胡銓，在太守棄城逃走的情況下，團結壯丁入城固守，保得城池完整無缺；等等。只是由於朝廷這時已喪失了抵禦侵略的功能，使得各處分散的抵抗不能彙聚成一座銅牆鐵壁，擋住金兵的南侵。

金兵退出江南後，又在已侵佔的山東、河南地區扶持了一個傀儡政權——劉豫小朝廷。劉豫本為南宋濟南府知府，金兵來攻時，他投降了金人。被金主冊封為皇帝後，定國號為「大齊」。偽齊政權建立後，在宿州設置招受司，招降納叛，當時也確實有一些南宋叛將投降劉豫。但是，這一偽政權卻遭到廣大人民的唾棄，一旦劉豫喪失其利用價值後，便被金人廢掉。

保國北伐，功敗垂成

金兵的兩次南侵，都對南宋王朝構成嚴重的威脅，被金兵追得東躲西藏，乃至避難於海上的宋高宗終於明白：消極、被動的防禦並不能保全這半壁河山。從建炎三年起，南宋採取了一些戰略措施，抵禦金人的南下，其中經略川陝具有使南宋轉危為安的重大意義。

建炎三年五月，高宗向張浚詢問治國的方針大計，張浚說：國家由衰落而重新興盛，應當從治理關中、陝西開始。考慮到金人或者首先侵入陝西，窺視蜀地，如此則東南地區不可保有，請求到陝西、蜀地任職。高宗聽後，認為此建議十分重要，降旨讓朝中大臣們議論此事。張浚宣撫關陝得到了監登聞檢院汪若海的肯定和支持，汪若海說：「普天之下，北嶽恒山（今河北曲海陽西北）是長蛇的形勢，秦蜀猶如蛇首，東南地區猶如蛇尾，中原地區猶如蛇脊，現在以東南為蛇首，怎能起動天下的脊樑？將要圖謀恢復中原，必定在於川陝。」這番話進一步點明了張浚建議的意義。高宗認為很有道理，於是任命張浚為宣撫處置使，聽任他根據情況升降官吏。與沿長江、襄陽、漢中的守臣商議儲備，來等待皇帝的臨幸。

趙構採納張浚建議，經略川陝的這一步棋走對了。在治理川陝的三年期間，張浚任用趙開為轉運使，為他理財，使經費開支常常有餘；他任命吳玠、曲端等為統兵大將，屢敗金兵；他任用劉子羽為參議軍事，為他運籌謀劃。事實表明，張浚經略川陝的方略是成功的。從紹興元年（西元一一三一年）到紹興三十二年（西元一一六二年），長達三十餘年中，宋、金軍隊在陝西南部、甘肅東部、寧夏南部以及青海西部多次較量，宋軍勝多於負、得多於失。宋方雖然在關中、陝西喪失了一些土地，但四川全境安然如故。四川物產豐富，金國把攻取四川作為滅亡南宋的重要目標之一，為此投入了大量的兵力與物力。南宋王朝對此亦有明確認識，把保全四川看成國家安危所繫。為保全蜀地，宋軍必須扼守入川的交通要道，因此，西北戰場成了江、淮戰場之外的又一主要戰場。在保全蜀地的軍事鬥爭中，吳玠、吳璘兄弟二人成了功勳卓著的軍事統帥。吳玠於紹興元年在和尚原大敗金兀術；紹興三年（西元一一三三年），在金牛鎮大敗金將撒離喝。次年又在仙人關大敗金兀術，從此金兵不敢輕舉妄動。吳玠死後，吳璘受詔同節制陝西諸軍，成為該方面宋軍的主帥。紹興十年（西元一一四〇年），吳璘與胡世將大敗金兵於扶風，次年又在剡家灣大敗金兵，如不是這時宋金議和，朝廷下詔令班師，還可擴大戰果。紹興三十一年（西元一一六一年），吳璘任四川宣撫使，在黃牛堡大敗金兵，紹興三十二年，宋軍攻佔德順，接連收復十三州、三軍，戰局為之改觀。吳玠兄弟屢敗金軍，使其始終不得染指蜀地，還大大牽制了敵人的兵力，使得金兵在江、淮及東南戰場上也未能得逞，南宋政權得以轉危為安。

在此期間，宋高宗詔令岳飛出師北進，則是南宋的另一重大戰略性舉措。紹興六年（西元一一三六年）六月，岳飛奉命進駐襄陽，被任命為宣撫副使。紹興七年（西元一一三七年），岳飛向高宗趙構提出收復中原的戰略方案，被高宗批准，授予他全權主持北伐，然而由於宰相張浚對岳飛的不理解和秦檜的暗中破壞，使岳飛的北伐方案一時未能施行。

紹興十年五月，和議破裂，金兵分四路南下，宋高宗下詔命岳飛從襄陽出擊，牽制向淮南及陝西進攻的金兵，並相繼恢復京師汴梁。在賜予嶽飛的親筆信中，高宗表示：「設施的方略，一切委託於卿，朕不從中遙控。」岳飛受命抗金，立即分兵北上，並聯合忠義社等義軍共同作戰，這時，他被任命為河南、北諸路招討使。

閏六月，岳飛派出的各路大軍接連告捷，穎昌（今河南許昌市東）、蔡州（今河南汝縣南）、洛陽等地相繼收復。七月，岳飛在郾城（今河南郾城）與金兀術的十二萬大軍交戰，此次戰鬥極為激烈，雙方酣戰數十次，死屍佈滿原野。金兀術軍中有一支勁旅，都身披重鎧甲，用皮索相連，三人為一聯，號稱「拐子馬」，歷次戰鬥都是所向無敵。這次派出了一萬五千餘騎兵前來。岳飛指揮將士持刀斧躍入敵陣，專砍馬足，「拐子馬」本用皮索相連，一馬倒地，其他兩馬不能行走，於是大破「拐子馬」，取得了有名的郾城大捷。岳飛乘勝進駐朱仙鎮，距汴京僅四十五里。郾城戰役的勝利，使抗金軍事鬥爭的形勢發生了極為有利的變化。兩河地區的忠義軍紛紛歸附於「岳」字旗下，各路人馬形成了對金軍的包圍之勢，而敵方則心驚膽寒，金兀術部下的將領紛紛率眾投降岳飛，兀術見大勢已失，已準備放棄汴京逃走。

正是在即將收復中原的大好形勢下，主持朝政的投降派首領秦檜害怕岳飛的勝利阻礙他與金人的和議，請求趙構給岳飛下達班師的命令。趙構此時對擁重兵在外的將領戒心日重，他害怕苗、劉作亂的事件重演，決心在適當時機收奪兵權。於是以論功行賞為名，詔令韓世忠、張浚、岳飛三大將速回臨安，對於岳飛，竟連下十二道金牌，勒令其立即退兵。岳飛接到此命令，心中異常悲憤，但又不能違抗朝廷的命令，只得率軍退駐鄂州。這樣，岳飛、韓世忠、張浚等人所開創的大好形勢瞬間化為烏有，全國軍民浴血奮戰的果實也付諸東流。

更令人氣憤的是，為了討好金人，秦檜與張浚合謀陷害岳飛。張浚素與岳飛不合，積有宿怨，此時為一己之私利，竟與秦檜密謀策劃，先買通岳飛的部下王貴、王俊等人，寫下「首告狀」，誣告岳飛最倚重的部將張憲要引兵到襄陽造反，然後將其逮捕。接著，逼張憲招認是岳雲唆使他這樣做的，又將岳飛之子岳雲逮捕入獄。再進一步把此事往岳飛身上引。當這些岳飛「謀反」的材料擺上龍書案上後，趙構居然深信不疑，當即表示一切聽從秦檜辦理。秦檜立即將岳飛投入獄中，一面令獄吏嚴刑拷打岳飛父子，逼其招供，一面搜尋「謀反」的證據。岳飛在獄中兩個月，秦檜等人卻未找出任何有罪的證據。在這種情況下，紹興十一年（西元一一四一年）除夕夜，秦檜把岳飛父子及張憲定成死罪，全部殺害。秦檜陷害力主抗金的岳飛，成為千古罪人，而高宗對這起冤案也負有不可推禦的責任，誠如史官所評論的那樣：「高宗忍自棄中原，故忍殺飛。」

議和辱國，無奈退位

趙構置抗金軍民的軍事勝利於不顧，下令岳飛、韓世忠、張浚等人班師，並隨即解除了三人的兵權。經他的同意，秦檜將岳飛迫害致死，這些都反映出趙構不圖恢復失地，一心只想偏安於東南半壁江山的思想。雖然趙構也支持過抗金將領，但他更看重的是與金人的和議，因此才對秦檜傾全力支持。

紹興十一年，宋金和議終於達成，從宋方來講，這是一個割地賠款、喪權辱國的和約，從此，宋金關係不是平等的兄弟關係，而是君臣關係，南宋成了金王朝的附屬國。除了割讓河南、陝西、甘肅等處大片土地之外，每年還要納銀、絹各二十五萬。對於訂立這樣一個恥辱的和約，趙構不以為恥，反而認為，能夠獲得金人對其帝位的承認太難得了，安於稱臣、割地、納貢。

趙構以為和議成，天下從此太平，可以好好享受一下了，這時期他建造了各種神殿宮宇，還舉行過盛大的典禮。而在金朝方面，紹興十九年（西元一一四九年）十二月，金主完顏亮即位後，開始籌畫發兵南下，滅亡南宋王朝，為此做了一系列的準備，其中包括把都城由上京遷到燕京。

對於金國的南侵徵兆，南宋的一些有識之士已有察覺，紹興二十六年（西元一一五六年）三月，東平（今山東東平縣）進士梁勳上書說：「金人必定要發兵南下，應當為此有所防備。」高宗閱後勃然大怒，竟以詆斥和議、迷惑大眾的罪名，將梁勳流放到千里之外。並下詔宣佈：「今後如再如此類事情發生，當嚴懲不貸。」

紹興三十一年九月，金主完顏亮統率六十萬大軍，分多路南侵，宋金戰火自此複燃。趙構這才慌了手腳，急忙起用患病在身的老將劉錡和王權率軍抵擋。由於宋方戰前未做戰守準備，完顏亮憑藉他眾多的兵力，在發兵初期攻宋頗為得手。宋軍副帥王權因懾於金軍勢大，居然主動放棄軍事重鎮廬州（今安徽合肥市），致使全軍潰敗。當王權兵敗的消息傳進宮裡，趙構驚慌失措，竟打算疏散百官，自己逃至海上以避敵，被宰相陳康伯所阻。在陳康伯等人勸說下，宋高宗答應率軍親征，不久，兩淮地區失陷，金兵從長江中游的荊、漢以下，一直到揚州一線，佔有長江以北的荊、漢、兩淮地區。完顏亮在揚州臨江築台，督促金軍渡江，想一舉滅亡南宋。

然而，金軍的攻勢已是強弩之末，在長江北岸屢遭敗績，尤其是宋將虞允文所部宋軍在採石磯一舉擊敗完顏亮的大軍，從而將金軍扼制在長江以北。此時，金朝又發生宮廷政變，曹國公完顏雍自立為皇帝的消息傳至金營，金兵軍心大亂，不少將士已開始逃亡，完顏亮惱羞成怒，一意孤行，仍不改南侵之策，甚至以嚴苛的軍令強迫部下冒死渡江，結果激起兵變，一些將領殺死完顏亮，率軍北退，南宋軍隊乘勢收復兩淮，與此同時，山東人耿京起兵收復東平。金兵此次南征終以失敗而告終。

紹興三十二年六月，宋高宗下詔退位，由他的養子，宋太祖的七世孫趙昚繼皇帝位，自己當上了太上皇。在禪讓典禮上，高宗回首戰亂以來，趙宋王朝所經歷的一系列重大災難，以及自己幾十年來的辛勞和蒙受的恥辱，深有感觸地說：「社稷有主，我再也沒有憂慮啊！」

淳熙十四年（西元一一八七年），趙構死於德壽殿，享年八十一歲。

趙構作為南宋王朝的第一位皇帝，在國難當頭、民族危亡之際稱帝，客觀上為中原及南方人民抗金樹起了一面旗幟。但後來的事實表明，他並非抗金軍民所厚望的「中興之主」。趙構三十六年的皇帝生涯，基本上是在宋金交戰之中度過的，處理與金國的關係，是他的第一政務。與廣大抗金軍民要求他進取奮進、收復失地的願望相反，趙構對金人懼怕如鼠，只知退避忍讓。為了能偏安東南一隅，不惜稱臣納貢。雖然趙構也支持過主戰將領的抗敵鬥爭，那也只是為了保存自己的身家性命和趙宋半壁江山不致被金人全部吞噬而已。至於國家與民族的根本利益，廣大人民深受金人蹂躪之苦，趙構是很少考慮的。

從南宋王朝成立的那一天起，朝中大臣就分成主戰與主和兩派，趙構雖超然於兩派之間，但實際上是傾向於主和派的。

關於這一點，從趙構的用人上便可看出。他用過主戰大臣，如南宋初創時用過李綱為相，後來也曾經有過此類任命，但他真正倚重之人是汪伯彥、黃潛善、秦檜等人，這些人不僅主和，而且心術不正，在專斷朝政時做盡壞事，使不少的忠臣良將遭到排擠，主張抗金之人慘遭迫害，尤其是奸臣秦檜以「莫須有」罪名殺害岳飛，遭世人唾罵，成為千古罪人。對於奸臣殘害忠臣良將，趙構負有不可推卸的責任。更令人嘆息的是，蓬勃發展的抗金大業也屢遭破壞，宋終未能反敗為勝，收復失地。其實，趙構自己也成為退避求和路線的受害者，他在位這幾十年裡，受盡了金人的欺侮。

趙構算不上「明君」，更沒有讓趙宋王朝「中興」，但他也並非「昏庸」。趙構主政的三十六年間，是宋金之戰最為激烈的時期，金朝數次舉重兵南侵，卻終未能滅亡南宋，這與趙構對戰局的謀劃以及選帥用將等有一定關係。他雖倚重奸臣，甚至讓這些人把持朝政，卻始終不讓其危及自己的皇位。一旦皇太子長成，便主動禪讓，順利地實現了皇權的交接。由此可見，正是趙構在位的這三十六年，為南宋的延續打下了基礎。看來趙構缺的不是智慧，而是政治家的膽識、氣魄和雄才大略。

謝冰　文

第十四章

元世祖　忽必烈

忽必烈是十三世紀蒙古族的傑出領袖。他在父祖們連綿征戰的土地上建立了一個龐大的帝國——元朝。從此，變各族之間相互傾軋廝殺的戰場為一個民族大熔爐，開創了中國歷史上一個空前廣大、空前統一、多種文化交相暉映的時代。

同室操戈腥雨濃，側窗獨開喜南風

忽必烈十二歲的時候，成吉思汗不幸故去，給他的子孫們留下了一片橫跨亞歐大陸、極其遼闊的土地。這一大片土地雖然已經被征服，但依然閃爍著點點星火，潛伏著重重危機。緊鄰的金朝尚在苟延殘喘；西子湖畔的南宋朝廷依然歌舞昇平；遙遠的欽察、斡羅思（俄羅斯）、波斯、大食等地仍有那麼多誘人的寶物和不屈的人民。這些對於成吉思汗的繼承者而言就意味著征伐永無止境。尤為可嘆的是，隨著被征服領土的擴大和成吉思汗的故去，成吉思汗子孫（被稱為「黃金家族」）間的裂痕漸漸顯露出來了。

成吉思汗臨死前立第三子窩闊台為繼承人，而第四子托雷，也就是忽必烈的父親，卻依照蒙古人幼子繼承的慣例繼承了成吉思汗的蒙古本土和絕大部分軍隊。對此，當上大汗的窩闊台一直心有所忌。西元一二三二年，窩闊台與托雷攻金北還，路上窩闊台得了重病。據說托雷禱於天地，願代其死，並在窩闊台帳中飲下了巫師給窩闊台洗身除災的水，兩三日後即「病死」途中，而窩闊台卻安然無恙。托雷神秘而突然的死亡令他的妻子和兒子們悲憤交加，尤其是沒過多久，窩闊台不經諸王同意，就以大汗的名義奪走了托雷的三千戶軍隊。本來就對窩闊台心存不滿，對父親之死懷有狐疑的忽必烈兄弟（大哥蒙哥、弟旭烈兀及阿里不哥等），此時更是義憤填膺，忍無可忍。他們鼓動諸位大臣、將領到母親唆魯禾帖尼那裡去訴情，請她對窩闊台提出質詢。唆魯禾帖尼考慮到她的兒子們都還年輕，勢力單薄，需從長計議，於是勸他們忍下這一口氣。雖然事情就這麼過去了，但忽必烈兄弟都暗暗發誓，一定要把本該屬於自己的汗位奪過來。年少的忽必烈更是深深領會了母親的堅強、隱忍和深謀遠慮的心性。

西元一二四一年，窩闊台大汗死，皇后脫烈哥那臨朝稱制。雖然窩闊台生前曾指定其孫失烈門為繼承人，但脫烈哥那卻一心想要自己的兒子貴由即位。經過五年的精心準備，她在和林召集了選汗大會，與會的東西諸王及各地的大臣、將領，包括唆魯禾帖尼及其兒子們在內，都同意了推舉體弱多病的貴由為汗。唆魯禾帖尼率兒子參加大會並同意選貴由，可以說是又一次策略性的妥協。此後，她利用窩闊台的長支宗王拔都與貴由的矛盾，極力爭取術赤系諸王的支持，精心守護著托雷留下的龐大軍隊及財產，全力培育諸子的勢力，尤其是長子蒙哥被寄予了更多的期望。

果然，兩年後，貴由暴死（一說是被拔都的奸細毒死的），蒙哥為汗的倡議和說法便在術赤系和托雷系的宗王、大臣中傳開了。拔都召集諸王到他的領地內召開「忽里台」（大會），推舉蒙哥繼任大汗。貴由的皇后海迷失派代表參加，他們以窩闊台曾有意於其孫失烈門為由，主張推舉失烈門為汗。這時，忽必烈出來反駁道：「窩闊台有命立失烈門，但前者脫烈哥那後已經立貴由。你們早已背棄了窩闊台遺命，現在還有什麼可說！」會上遂強行通過了拔都的倡議，立蒙哥為汗。但窩闊台、察合台兩系諸王以大會不是在成吉思汗根本之地召開的，不予承認。此事又拖延了兩年之久，經拔都和唆魯禾帖尼的多次商議、多方聯絡，終於在西元一二五一年六月，在克魯倫河和鄂嫩河的源頭重開大會，正式推舉蒙哥為大汗，並強調違反「箚撒」（法律）者處斬。

蒙哥即位後，立即以違反「箚撒」罪處死了窩闊台孫失烈門、脫脫和貴由之子腦忽、火者以及海迷失皇后、察合台之孫不里等人。許多跟隨他們的將領、宗王或被流放或被廢為庶奴。這次汗位的轉移，成為蒙古國建立以來最大的一次政變。

在這一系列的家族紛爭中，忽必烈似乎一直是寂寞而無奈的。父親托雷死後，汗位之爭尚輪不到他，他只能協助兄長蒙哥積蓄力量，一起從窩闊台系手中奪回汗位。但他的心思卻比蒙哥更深。他雖不敢奢望與蒙哥一爭高低，但也常「思大有為於天下」（《元史》）。早從少年時期起，他除了和兄弟們一起勤練騎射、舞槍弄棒之外，還愛學習漢文，吟誦漢賦唐詩，習讀《孝經》等漢文典籍。他對漢文化有一種天然的喜愛，對其中的為人立世、齊家治國之道領悟深刻。尤其喜好打聽前代帝王的事蹟，聽說了唐太宗招賢納士，寬厚愛民，統一天下，終致太平的故事，「喜而慕焉」（《元史名臣事略》）。漸漸地，他開始注重結交漢人中的儒士，而他也日益明顯地透發出一股儒雅之氣。這位年輕的蒙古藩王，因其英武豪放、俊雅文秀而不同於一般蒙古人，因而受到了一些漢族知識份子的喜愛。

成吉思汗以來，蒙古諸王都相容各種宗教，以為各教的教士都能「告天」祈福。燕京（即今北京）大慶壽寺海雲和尚早為蒙古大汗所尊崇。西元一二四二年，忽必烈把他請到自己營帳中，詢問「佛法大要」、養生之道及「安天下之法」。海雲回答說：「我釋迦氏之法，恐怕大王不能實行。還是應該訪求中原的大賢碩儒，向他們請教古今治亂興亡之事。」於是把同來的青年僧人子聰介紹給忽必烈。子聰俗名劉秉忠，早年在邢州當過小吏，他博覽群書，精習《易經》和邵雍的《皇極經世書》等，通天文、地理、律曆及卜算之術。工於詩詞，且「論天下事如指掌」；忽必烈與他一見投緣，遂把他留下，左右不離。他給忽必烈灌輸了「以馬上取天下，不可以馬上治天下」的指導思想及歷代封建統治的經驗。同年，西京懷仁人趙璧也應召到忽必烈身邊，被稱為秀才，趙璧學習蒙古語，為忽必烈譯講《大學衍義》，還幫他馳驛四方，聘請中原名士。西元一二四四年，金朝狀元王鶚被推薦到忽必烈王府，為忽必烈講《尚書》、《易經》及儒家的政治學和歷史，兩人促膝長談，常至深夜。西元一二四七年，劉秉忠的同學張文謙、張易、漢族豪強史天澤的幕僚張德輝等人又陸續來到忽必烈王府，同時還引見了魏璠、元好問等前金朝名儒二十餘人。他們給忽必烈奉上了「儒教大宗師」的尊號，忽必烈欣然接受。此後，在中原號稱儒學經師的竇默、姚樞和許衡也先後被招攬到忽必烈府邸。在蒙哥即位之前，忽必烈整日與這群漢儒們一起講經論道，吟詩作賦，過著一種與其他蒙古王子不同的清雅的儒生生活。正是這種生活，使忽必烈開闊了眼界，豐富了見識，接受了儒家文化的薰陶，積蓄了治國平天下的雄才偉略及人才優勢。

蒙哥為汗，權力中心回歸托雷家族。但這並沒有使忽必烈心情輕鬆，反而更添了一些惆悵和鬱悶。叔父拔都一心扶持大哥即汗位，為的是換取一個對他在西部土地統治權的確認。因為在拔都看來，與其爭一個沒有實力基礎的大汗座位（蒙古本土和東方諸地是托雷系的勢力範圍），不如加強自己封國的地位更為有利。蒙哥即位之後，果然對這位擁戴功臣聽之任之，拔都也就一心一意去經營自己的地盤——欽察汗國，與蒙古本土只保持著鬆散的聯繫。察合台和窩闊台系的諸王們在被蒙哥打擊之後，大都小心翼翼、陽奉陰違起來。他們的領地被分成了許多小塊，各人維護自己一小塊的利益，互不關聯，各行其是。老三旭烈兀被派往前線進行第三次西征，奔赴遙遠的波斯、木剌夷（今阿拉伯）地區，他能否再回到本土恐怕都很難了。自己被任命管理漠南漢地（即原西夏與金朝的領土），這雖說是委以重任，並任己之所長了，但忽必烈心裡喜中有憂。從此，他將遠離和林這個蒙古帝國的政治中心。況且，祖父留下的精銳軍隊、老營和大量財產幾乎全部掌握在蒙哥汗和留守本土的幼弟阿里不哥手中。

成吉思汗「黃金家族」的裂痕無可彌補地擴大了。各支貴族都著意經營自己的「汗國」，大蒙古國實際已經接近於分裂了。在這種形勢下，忽必烈決心以他山之石攻玉，索性把力量重心放在漢地，逐步培育起自己的勢力，然後圓那個久藏於心的「天下」之夢。

苦心耕耘漠南地，瀝血跋涉林嶂中

蒙古人於西元一二三四年滅了女真族建立的金王朝，佔領了長江以北的廣大地區，其濃厚的草原奴隸制生產方式一時間造成了中國北部社會經濟的嚴重倒退。長期的戰亂，使人民橫遭殺戮；倖存的百姓也因無法忍受蒙古貴族和一些漢族軍閥的劫掠，紛紛逃亡，農業生產殘破不堪，水利失修，農田被破壞。

忽必烈主管漠南漢地之後，聽取儒士們的建議，採取了招撫流亡、禁止妄殺、屯田積糧、整頓財政等一系列措施，初步扭轉了局面。例如，針對邢州（今河北邢臺地區）一帶百姓因不堪忍受蒙古貴族的差徭徵發，紛紛逃亡，致使戶口從萬餘戶急降至五六百戶的情況，劉秉忠上書忽必烈建議：應該減去一半或三分之一的賦稅徭役，並以現有的人口數制定稅額和差役；招募流亡者回來耕作；對地方官吏要有遷降、賞罰的措施，以限制其強取豪奪。於是忽必烈以邢州為試點，派了脫兀脫、張耕、李簡等人去邢州。他們協力整治，革除貪暴，不過月餘，流亡者紛紛複歸，戶口一下子增了十倍。忽必烈從邢州的變化中得到了啟發，從此更加信任重用儒士。

又如，貴族、官吏在地方上和戰爭中隨便殺人的現象在當時也是一個十分突出的問題。忽必烈接受了儒士「以人為本」的思想，對恣意殺戮的做法用法律的手段嚴加制止。規定：「凡死罪必詳讞（即詳細審訊，弄清原由）而後行刑」，如有軍士妄殺無辜者，將被殺以殉，從此使軍隊凜然（《元史·世祖紀》）。對於戰俘，忽必烈也主張釋放，不許殺戮或強逼為奴。忽必烈還規定不許焚燒民宅、不許搶掠百姓財物等。這些不僅為當地儒士們所接受歡迎，更重要的是贏得了廣大被征服地區的民心。

為了做好攻打南宋的準備，忽必烈一改過去蒙古貴族退耕為牧，使大片農田荒蕪的做法，十分注意屯田積糧。西元一二五二年，忽必烈建議在唐州（今河南唐河）、鄧州（今河南鄧州）等地屯田，並在鄧州立屯田萬戶府。敵至則戰，敵退則耕。西元一二五三年，忽必烈又在鳳翔（今陝西鳳翔）屯田，以鹽換取糧食，供應軍需。同年，忽必烈又設置京兆交鈔提舉司，印發紙鈔。這樣，忽必烈逐步控制了當時蒙古政權在中原漢地的很大一部分財政權。

忽必烈在漠南漢地採取漢族傳統的生產方式，花了將近十年的時間，使中原地區的經濟逐步得到了恢復，並建立起以法度綱紀為核心的統治秩序，使動盪混亂的局面趨於穩定。而中原這塊肥沃的土地則回報了忽必烈充裕的糧食、豐厚的軍餉和其他蒙古藩王所無法企及的賦稅收入。

進駐漠南漢地後，忽必烈依靠他早年結交的漢人謀士，更緊密地同當地漢族地主、儒士、軍閥等結合起來。看到劉秉忠、姚樞、楊惟中等早年投靠蒙古的漢人都得到了忽必烈的重用，郝經、許衡、王文統等一大批原受制於金朝的漢人也紛紛應召而來。他們向忽必烈論述了舊制度的弊害，主張建朝省、立法度、定官制、整飭賦稅，採用漢法，對忽必烈產生了極大影響。忽必烈在中原採取的改革措施，更是受到了漢族地主知識份子的歡迎。在他們看來，忽必烈能禮賢下士，重用人才，又能行「中國之道」，將來必能成為「中國之主」。因而一傳十，十傳百，紛紛前來投靠。忽必烈對這些漢族地主知識份子也十分信任，凡有關吏治、用兵、理財、屯田等事宜，以及後來的奪取汗位、「立國規模」，都出自這些人的謀略。除了收羅文人謀士，忽必烈還格外注意籠絡各族的地主武裝。如河北永清的豪族史天倪、史天澤兄弟，易州的張柔、張弘范父子，真定的董文炳、董文用兄弟，山東的李璮，等等，都被忽必烈授予高官厚祿。這批漢族地主武裝的頭目成為忽必烈的重要統軍將領，無論在爭奪帝位、剷除政敵或者是滅亡南宋的戰爭中，他們都立下了顯赫的戰功。

對於其他民族的上層貴族，忽必烈也加以籠絡利用。如回族人賽典赤、畏兀兒人廉希憲（人稱廉孟子）、河西人高智耀等，都是漢文化修養較深的少數民族知識份子，忽必烈同樣予以器重禮待。

廣泛緊密地聯合各族的代表人物及可用之士，使忽必烈在漠南漢地收穫了遠在經濟果實之上的戰略性成果，那就是：一、學會了統治之道；二、擴充了軍事實力。學會統治之道是勢在必行。他除了自己學習漢文化，還要兒子真金及其他蒙古貴族也跟著學。真金王子從小便跟隨姚樞、竇默學習《孝經》等儒家經典，長大之後成為比父親更為堅定的「漢化」政策的代表人物。忽必烈的近侍闊闊拜王鶚為師，學習「治道」，後來成為元朝的中書左丞。忽必烈和他的貴族集團逐漸成為懂得漢法、決心變易蒙古舊俗的革新者。

西元一二五六年，忽必烈命劉秉忠在桓州（今內蒙古正藍旗北）東北、灤河北岸的龍岡（今內蒙古多倫西北），營建宮室、房舍，三年後建成一座都城，取名開平。在這裡聚集了忽必烈的一批重要謀士，成為忽必烈的政治中心和根據地。

在悉心經營漠南漢地的同時，忽必烈一刻也沒有忘記祖宗的使命。征服南宋理所當然成為忽必烈的一項光榮事業。西元一二五二年，忽必烈向蒙哥提出先取大理（今雲南）以包抄南宋的計策，得到了蒙哥的讚賞，被委派親統大軍萬里南征。參加這次遠征的，除了精銳的蒙古軍隊外，還有投降蒙古的漢族地主武裝和色目人的軍隊。忽必烈是如此重視漢儒的意見，以至把姚樞、劉秉忠、張文謙等作為隨軍參謀帶在身邊。這些參謀建議忽必烈要採用懷柔政策，不要多殺人。這年暮秋，忽必烈從蒙古起兵南下。

西元一二五三年，忽必烈駐六盤山，等諸軍會齊，糧餉、器械準備充足，於秋天進駐臨洮，取道吐蕃（今西藏和青海的部分地區）向大理進軍。他們從北往南，翻越大雪山，跋涉大草地，渡過了大渡河和金沙江，完成了中國古代軍事史上一次創舉。忽必烈率領他的軍隊經歷了雪山、沼澤、深川、莽林的嚴酷考驗，表現出同他的祖先一樣的剛毅勇猛、吃苦耐勞。

忽必烈進軍吐蕃，雖說僅是假道而行，但它在元代歷史上有著與遠征大理相等的重大意義。當時，吐蕃正處於四分五裂的狀態，忽必烈軍所過吐蕃東部地區，各部首領各自為政、互相征戰，秩序十分混亂。忽必烈大軍開來，攻下了許多城寨，降服了許多部族首領。加之他們遠道而來，征服了雪山、草地，克服了千難萬險，使當地人感到震驚和欽佩，於是分裂割據的吐蕃頭人不得不陸續投降這強有力的蒙古人。這個地區在忽必烈的武力下獲得了統一和安定。

大理國原稱南詔，西元九三七年為段氏所立，統治區域包括今雲南全省、貴州、廣西西部和四川南部以及緬甸、泰國、老撾的一些地方。境內有許多少數民族。當時大理國勢已衰，內部族與族的矛盾激烈，一些部族已擺脫段氏王朝而自治自立，並相互爭奪地盤，呈現一片割據混戰的狀態。忽必烈軍進入大理，遭到了各部落的頑強抵抗；忽必烈遣使去招降，使者往往被對方殺死。面對這一形勢，忽必烈聽從其漢人參謀張文謙的建議，在武力強攻的同時，實行懷柔政策以取得當地百姓的信任。大臣姚樞制了許多小旗，寫上忽必烈「止殺」的命令，派人到各村寨及城鎮街巷去宣傳。軍隊攻下城寨後，也不再對百姓進行屠殺。

西元一二五五年，忽必烈的大將兀良哈台俘獲了大理國王段興智，將他們押送至蒙古去見蒙哥汗。蒙哥採納忽必烈的懷柔政策，不僅不殺，還賜段氏金符，送其歸國，希望他協同蒙古所委官員、將領安撫並繼續征服未附部族。段興智歸國後，獻上大理地圖，統率本族軍隊幫助蒙古征服堅持抗戰的各部落。蒙哥重新授予他「摩訶羅嵯」（梵語大王的意思）的稱號，命其管理雲南各族。

忽必烈征服了大理國都大理城之後，便留下大將兀良哈台率軍戍守並繼續征服所剩地區，自己北還關中。兀良哈台又用了將近一年的時間，才基本征服了大理全境。在這裡設置了十九個萬戶府，萬戶下設千戶、百戶，分管各地。

忽必烈的這次遠征，損失也是十分慘重的。因為路途艱險，氣候惡劣，軍中疾病流行，非戰爭傷亡十分巨大；加上大理國人民的英勇抵抗，原來是十萬軍隊到最後北還時剩下的還不到兩萬人。但通過這次遠征，消除了大理各部的割據紛爭，使雲南得以統一於後來的元朝中央政府管轄之下，從此結束了五百年的分裂歷史，這個意義是十分積極而深遠的。忽必烈對吐蕃、大理的征服為他自己積下了一筆巨大的政治資本，為今後滅亡南宋奠定了堅實的基礎。

忽必烈採用漢法治理漠南，無疑損害了蒙古貴族中傾向於遊牧經濟的一派及西域商人的利益。他在治理陝西、河南過程中積聚物力財力，修築開平城以及征吐蕃、大理之後在各族人士中獲取的威望，自然也威脅到了蒙哥的汗權。有些宗親大臣便在蒙哥面前挑撥說「忽必烈贏得了中原的人心」，指責「忽必烈王府的人經常擅權，奸利營私」等等。蒙哥對忽必烈疑心大起。

西元一二五七年，蒙哥解除了忽必烈的兵權，同時，派阿蘭答兒、劉太平等親信到陝西、河南鉤考錢穀，檢查忽必烈的財稅狀況。阿蘭答兒等羅織罪名，對忽必烈的手下進行大肆迫害，以達到打擊忽必烈的目的。忽必烈岌岌可危。這時，謀臣姚樞等人獻策，讓忽必烈把妻子、女兒送到汗庭為質，表明自己並無異志。這年十一月，他又親自去謁見蒙哥。兄弟相見，忽必烈誠摯的手足之情及滿腹委屈一齊湧上心頭，竟至滿眼淚花，喉頭哽咽而不能言。蒙哥見此，也觸動情懷，不由得疑慮全消，嘆言：「兄弟，什麼也不用說了！你好自珍重吧。」隨即下令停止鉤考。而忽必烈回府後也撤銷了設在邢州、陝西、河南的機構，調回了自己派出的官員。從母親處學會的謙恭、忍讓使忽必烈保全了自己，避免了一場不測之禍。

不久，在大舉攻伐南宋的過程中，忽必烈終於又重權在握。

逐鹿塞外得帝位，卻向中原認正統

西元一二五六年，出於掠奪的欲望和與忽必烈爭奪中原漢地控制權的動機，蒙哥決定親征南宋。他讓幼弟阿里不哥留守和林，自己率主力進軍西蜀；同時命塔察兒、張柔進攻長江中游，在東面配合；又命原在大理的兀良哈台引兵北上，形成南北夾擊之勢。

西元一二五八年年底，蒙哥軍攻至合州（今四川合川）。合州三面環水，形勢十分險要，知州王堅動員全體軍民拼死抵抗，致使蒙古軍連攻了五個多月也未能成功。蒙哥親臨前沿視察陣地時，身負重傷，於西元一二五九年七月死於軍中。

塔察兒率東路軍於西元一二五七年秋進圍樊城，但無功而返。蒙哥大怒，不得不請忽必烈出來統率東路軍攻宋。在忽必烈心中，中原早已是他的領地，征服南宋是他平天下、建霸業計畫的重要部分。在遭忌閒居的日子裡，他天天與幕僚謀劃進兵南宋的策略方針，運籌帷幄，早已了然心中。他曾對郝經感嘆：「現在缺的是時機啊！」蒙哥命他「出山」領兵，正是時機已到！他便欣然從開平南下，至西元一二五九年八月初已渡過淮河，接著進抵長江北岸。

這時，傳來了蒙哥的死訊。忽必烈的異母弟末哥還專程從漠北派來使者，請忽必烈趕緊回去，以他的威望「維繫天下人心」。忽必烈躊躇了：是馬上回去爭取那久已心儀的汗位，還是乘勝收穫南宋這塊唾手可得的土地呢？思量良久，忽必烈還是決定繼續攻打南宋。既已南下，就不能無功而返，何況拿下南宋就對爭取汗位又多了一份力量。忽必烈自信阿里不哥的力量尚不如自己，蒙古軍的主力全在征宋前線，也就是自己的手中呢！於是，忽必烈領兵進攻鄂州，突破了南宋長江防線，並與兀良哈台取得聯絡，形成南北夾擊之勢。南宋朝野震驚，急派宰相賈似道率軍前來援助鄂州。

然而，留在和林的阿里不哥等人卻不似忽必烈這麼氣沉心定。他們迫不及待地策劃起汗位繼承的問題。趁著忽必烈在征宋前線的時機，派阿蘭答兒發兵於漠北諸部，派脫里赤括兵於漠南，企圖以武力迅速控制和林政局。忽必烈的妻子察必聞知，派人責問：「發兵這樣的事，成吉思汗的曾孫真金在這裡，為什麼不讓他知道？！」她察覺有變，立刻秘密派人去報告忽必烈。

忽必烈得到密報，驚得跳了起來，立即召集幕僚。郝經說：「現在阿里不哥已經行動起來。

大王雖然握有重兵，但是，如果他宣稱有遺詔，正式繼位，我們還回得去嗎？願大王以社稷為重，與宋議和，而後親率輕騎，直奔燕都（今北京），使他們的陰謀奸計冰消瓦解。」寥寥數語，字字敲在忽必烈的心坎上。很快，在郝經等人的籌畫下，忽必烈制定了下列措施：派一支軍隊去堵住先帝靈輿，收大汗印璽；遣使通知旭烈兀、阿里不哥、末哥諸王會喪和林；差官到諸路撫慰；命王子真金鎮守燕京。試圖通過擺出一副老大哥的架勢，給人以先入為主的印象，使汗位能順理成章地到手。這時，正好南宋的賈似道遣使議和，請求稱臣，以江為界，每年納銀二十萬兩、絹二十萬匹。忽必烈當下同意，隨即北上。但忽必烈仍舊將大軍留在了江北，自己僅率一支親軍先行。為防阿里不哥遣使前來大軍中策反，忽必烈走到半路又回到軍中與諸位將領立下盟約。不久，阿里不哥的使者果真來到軍中，忽必烈手下的將領便如約把他們殺了。

西元一二五九年年底，忽必烈抵達燕京，第一件事就是將脫里赤征括的兵全部解散了。此時，阿里不哥傳來通知請忽必烈去漠北參加「忽里台」，會葬蒙哥。忽必烈置之不理，反命廉希憲先到開平去「審察事變」。廉希憲在開平鼓動了一大批宗王擁護忽必烈為汗。西元一二六〇年三月，忽必烈到達開平時，塔察兒、也先哥、合丹、末哥等一批有實力的王爺就急切地勸他召集「忽里台」，宣佈繼位。看到尚有一些地位較高的宗王如旭烈兀、別兒哥（拔都弟）等沒有赴會，忽必烈不免有些猶豫。廉希憲等人便私下對忽必烈說：「先發制人，後發人制。時機一失，就再也追不回來了。」於是，忽必烈欣然登上了汗位。

同年四月，阿里不哥得知忽必烈已搶先一步，便也在和林召集了另一個「忽里台」，在另一些王爺的擁戴下宣佈繼位。誰是真正的大汗？就只有靠武力來解決問題了。

雙方的爭奪首先在川陝一帶展開。阿里不哥為了獲得中原的物資支持，搶先策動駐紮在六盤山及成都一帶的大將起兵反對忽必烈。忽必烈派出廉希憲、商挺、劉黑馬、汪良臣、合丹等大將，全力以赴進行反擊。雙方在甘州會戰，結果，阿里不哥一方失敗。阿里不哥從此失去了西線的軍勢，失去了從川陝得到財力物資的機會。

無奈中，阿里不哥撤到西北面的謙謙州（今葉尼塞河中上游一帶），謀求向西北發展。他截殺了忽必烈派往察合台汗國掌政的阿卜失合兄弟，另派了阿魯忽去察合台汗國主持國事，要阿魯忽為他收集貨幣、給養和裝備。同時阻撓旭烈兀、別兒哥聲援忽必烈。西元一二六一年秋，阿里不哥回馬攻佔了和林，並向漠南進軍。忽必烈大怒，立刻率軍親征。雙方在昔木土腦兒（今蒙古蘇赫巴托省南部）遭遇。阿里不哥又一次大敗，逃回了謙謙州。在困境中，阿里不哥不斷向阿魯忽徵求財物，不斷增加當地賦稅，阿魯忽不堪其擾，又看到阿里不哥氣勢不振，遂倒戈投靠忽必烈，在阿里不哥後院點了一把火。而此時，忽必烈又得到了旭烈兀、別兒哥的支持，從此，阿里不哥處於十分孤立的地位。

西元一二六四年七月，走投無路的阿里不哥只好率領身邊將領、大臣到上都（即開平）表示歸順。忽必烈故意問他：「你說說看，按道理講，我們兄弟兩人，誰當繼承大位？」阿里不哥雖然滿心不服，但他承認失敗，因而回答：「原來我是對的，現在你是對的。」事後，忽必烈下詔：阿里不哥等成吉思汗的後裔不予問罪，但阿里不哥的謀臣全部伏誅。

忽必烈的勝利，也就是蒙古貴族中主張實施「漢法」的一派的勝利。從他即位之日起，忽必烈就開始大力推行漢法。

第一，忽必烈仿中原王朝的制度，創建了年號、國號和禮儀制度。蒙古人原以十二生肖紀年，沒有年號一說。忽必烈在即位之後，頒佈了一道《中統建元詔》，定當年（西元一二六〇年，農曆庚申年）為中統元年號，表明了以他為首的蒙古統治者要繼承中原封建王朝「前代之定制」，要統一全國、實現「天下一家」的意志。西元一二六四年八月，阿里不哥歸降後，他改年號為至元。西元一二七一年十一月，他又宣佈將「大蒙古」國號改為「大元」，取《易經》「大哉乾元」的意義，表示國家的極其廣大。西元一二六六年，他在燕京設立太廟，祭祀祖宗；西元一二七〇年，採納中原的禮儀制度，制定朝儀。

第二，建立中央集權的封建國家機構和職官制度。原來，大蒙古國也有一套國家制度，但要簡略得多，且沒有定制和章程。忽必烈即位以後，命劉秉忠、許衡考察中原前代典式，參照當今情況，逐步確定了以中書省、樞密院、禦史台三足鼎立格局為核心的國家機構和職官制度。在地方上設行中書省和路府州縣等常設機構，進行分級管理。官有常職，位有常員，食有常祿，權分上下，各有從屬。一切都依規章定制，井然有序。為加強中央集權，忽必烈還限制了蒙古諸王和漢人世侯的特權，不許他們擅徵賦役、擅招民戶、擅取官物等，進一步削弱蒙古舊俗中的奴隸制色彩。

第三，實行勸農政策，由重遊牧變為重農桑。忽必烈在中央專設了一個勸導督察農事的機構——勸農司（後改為司農司、大司農司），專管各地農業生產，並把「戶口增，田野辟」作為考核地方官吏的首要標準寫入了典章。每年還要採取一系列措施招集逃亡者，鼓勵開荒，發展屯田，興修水利，限制「抑良為奴」，禁止退耕為牧及妨礙農時的勞役等，使中原地區長期受破壞的農業生產得到了恢復和發展。

第四，承認和提倡以儒學為主體的漢族文化傳統，並設立孔廟和國子監，用漢文化教育勳戚子弟。他即位後，對許衡、姚樞、王鶚、竇默等儒士更加尊敬，許多漢儒被充實進了最高行政機構中擔任要職。忽必烈還支持各地學校的恢復和發展，這對於中原傳統文化的保存和儒士的培養十分有利。

同時，忽必烈還將他的統治中心從蒙古移到中原地區。起先，他升開平府為上都，以燕京為中都，自西元一二六六年起，在中都營造了新的皇宮和城牆，西元一二七二年中都改名為大都。從此，大都就成為他最大的和永久的政治中心。至於漠北的和林，則變成了地方機構宣慰司的治所。

通過這一系列漢化的改革，原先那個建立在大草原上的大蒙古國終於轉變成了元王朝，並使元初出現了比較穩定的「中統至元初治」。忽必烈在這個基礎上進而滅亡南宋，實現了中國新的大統一。

東晴西雪風雲定，南川北嶺日月同

忽必烈以一個新朝雄主的姿態登上了歷史舞臺，但大汗位下危機四伏：一是不甘心居於蒙古人統治下的漢人及其他族人的反抗和叛亂；二是蒙古宗王勳貴中不滿漢化政策的保守派勢力的挑戰和分裂奪權陰謀；三是遠在長江南岸的已「俯首稱臣」的南宋朝廷並非真的那麼順從，他們在江淮一帶常有反撲和騷擾，嚴重影響著中原的安定。

果然，西元一二六二年二月，忽必烈還在全神貫注地與阿里不哥較量的時候，山東爆發了李壇的叛亂。李壇，金末紅襖軍首領李全之子，是山東一帶著名的漢人世侯。蒙古滅金後，投附蒙古，為忽必烈所器重，封為山東益都行省長官、江淮大都督。他雖然降於蒙古，但一直認為這是一個「干戈爛漫」的亂世，「狐居兔穴，暮煙殘照」，蒙古統治中原未必就是定局，因此總在等待時機，成就自己的帝業。當忽必烈忙於與阿里不哥爭鬥時，內地防務空虛，李壇便趁機起事。

他以海州、漣水等三城（今江蘇東海至漣水沿海一帶）獻給南宋，殺盡蒙古戍軍後，揮兵北進益都。消息傳到漠南，忽必烈立即籌畫對策。他斷定李壇充其量只能佔據一個濟南，不會掀起更大的波瀾，但同時又積極調配各路蒙、漢軍隊從北方前線轉師，討伐李壇。

忽必烈對李壇的叛亂採取了穩妥的策略。他並沒有因一個李壇叛亂就猜疑其他所有漢人武裝，相反以一種信任之態派遣他們到伐李壇前線。如史天澤、張柔、嚴忠濟等被派為伐李壇的主力。

這是忽必烈審時度勢基礎上的一種自信和鎮定。實際上，這些漢人世侯並非毫無反叛之心。他們依恃手中的武裝，在蒙古與南宋之間一直鼠首兩端，謀求發展自己的勢力。李璮敢於與蒙古反目，是因為估計其他世侯必將風起回應。事實上，他也做了這方面的準備。忽必烈信賴的中書平章政事王文統就是李璮的岳丈和幕僚，兩人秘密來往，勾結已久。史天澤、張柔等其他漢人世侯與李璮關係也很密切。李璮認為，自己一旦起兵，這些人都會站到他這一邊，因而進據濟南之後就沒有更積極地行動，而是等待他的同胞們來回應。然而，忽必烈的信任卻徹底粉碎了李璮的夢想。其他漢人世侯除個別人外，不僅沒有回應，而且都服從忽必烈的調度，參加了討伐李璮的隊伍。他們認為忽必烈的統治基本上是可以接受的，而且他有強大的兵力；與其反對他，不如領受他的一份信任，繼續追隨他，這樣才能真正保全和發展自己。

如此一來，忽必烈的各路軍隊將李璮死死圍困在濟南城四個多月，李璮絕望之際，投大明湖自盡，卻又不幸未死而被俘。史天澤等深怕拔出蘿蔔帶出泥，不敢將他交忽必烈親審，便匆匆把李璮處死了。

李璮之變歷時雖不到半年，但影響卻很大。忽必烈由此感到，儘管統治漢地當用漢法，但漢人卻不能完全信賴。他最重用的王文統竟是李璮一黨，這使他震驚而憤怒，當即予以誅殺。他對推薦過王文統的劉秉忠、廉希憲、商挺、張易等都產生了懷疑。李璮與其他漢人世侯的秘密交往，他也看得很清楚。然而在局勢尚未穩定的時候，他還需要利用這些世侯力量，更不能自逼其反。因此，忽必烈一面安撫濟南一帶軍民，獎勵未參加叛亂的李璮部屬；一面不追究過去與李璮的來往關係，連史天澤等擅殺李璮也置之不問。這倒使漢人世侯很不自安起來，他們斷不敢再步李璮的後塵，反而只想投合忽必烈的心思，以消除他對自己的疑慮。在這種壓力下，聲望最高的史天澤也不得不主動向忽必烈請求削權。於是，各地軍閥、世侯紛紛效法。忽必烈乘機開始果斷地削奪世侯們的權力，其措施包括：在各地實行軍民分職，軍政民政各有所屬；漢人世侯的子弟不能擔任官職，已任官的一律罷免；取消世侯的世襲制；在各路設達魯花赤一官，由蒙古人充任，負責監督地方長官；等等。從此，地方軍閥的實權被剝奪了，他們對新王朝也就更加死心塌地了。

這時，本來就對托雷家族奪走汗位心懷不滿的窩闊台孫子海都，支持阿里不哥反對忽必烈遭失敗。他返回葉密立河聯合術赤後裔諸王，佔有窩闊台原來的封地，公然聲稱不服從元朝，割據稱雄。

忽必烈自然不能容忍。他先派察合台系的宗王八剌聯合察合台汗國國王木八剌沙進攻海都，其後又派人聯合術赤後王忙哥帖木兒出擊海都，自己則從嶺北源源不斷地發兵前去配合。海都與八剌、忙哥帖木兒等在西北地方一片混戰。忽必烈於西元一二六八年乘機進佔了軍事重鎮阿力麻里。為了把它建設成為抵禦西北叛王的根據地，忽必烈在這裡設官置署，遷來大量中原的勞力、工匠，進行軍墾民屯，設立驛站，增修道路。還在天山南北的別失八里、忽探、鴨兒看（今新疆沙車）、沙州（今甘肅敦煌西）等處設置驛站，以加強西北與內地的交通往來及對前線的支援。西元一二七一年，忽必烈派自己的兒子北平王那木罕建幕庭於阿力麻里，總鎮西北。後來，與那木罕同鎮西北的還有蒙哥之子昔里吉，阿里不哥之子明里帖木兒、藥木忽兒等。

然而，面對忽必烈的這份信任，昔里吉、明里帖木兒、藥木忽兒等人並沒有忘記父仇家恨，他們暗中勾結，於西元一二七六年發動叛亂，且「一石激起千層浪」，原先的海都、篤哇等大大小小的西北叛王乘機又抬頭，一時間，西北危機。忽必烈不得不急調兵力北上平叛，連攻宋主帥伯顏也被委派重任北上。好在叛軍是一團散沙，除了權欲和仇恨並無其他可以調動軍心民心的利益目標，又沒有像忽必烈那樣背倚一個廣大富饒的中原，因而很快在內部出現分化和爭奪權利的現象，從而最終歸於失敗。

初步平定西北諸王叛亂後，忽必烈在天山南北設置北庭都護府和若干宣慰司，進一步擴大屯田和移民，修築道路和驛站，將其納入元朝的管理體制。

西北藩王的叛亂，使忽必烈深深感到對東北地區也必須加強控制。西元一二八六年，忽必烈設東京行省，治咸平府（今遼寧開原北）。然而，早與海都有勾結的帖木格斡赤斤的後裔乃顏，卻不甘心俯首順從。他於西元一二八七年在東北發動叛亂。忽必烈親率大軍鎮壓，不出半年即平定叛軍，處死了乃顏。其後，雖有哈丹等人再起叛勢，但終難得逞。忽必烈在東北置遼陽行省，在叛王封地置萬戶府，削弱了藩王權力，鞏固了東北地區的統一。

忽必烈對他的叔伯兄弟們在遙遠的邊陲建立察合台汗國、欽察汗國及伊利汗國等，尚且可以容忍，只要他們在名義上歸順元朝，尊重他的帝位即可。然而隔江相望的南宋卻以它那美麗富饒的山水和發達的經濟，時時撩撥著忽必烈的心。一旦帝位稍穩，他便揮師南下。

但如何突破長江天險一直是忽必烈及其謀臣們深感棘手的問題。西元一二六一年夏，南宋潼川安撫使劉整向忽必烈投降，這對忽必烈來說確實是「天助神佑」。劉整是南宋驍將，因不附宰相賈似道而屢遭忌恨。他對南宋的防務十分熟悉，他向忽必烈獻策說：「攻宋的方略，應當從襄陽突破。如能得到襄陽，由漢水入長江，就可以平定南宋。」對此，忽必烈的謀臣中頗有不以為然者。但忽必烈卻接受了它。

忽必烈當即起用劉整，令其與阿術等共同進攻襄陽。西元一二六八年，蒙古兵臨襄陽城下，南宋守將呂文煥一面死守，一面向宋廷告急。而把持朝政的賈似道此時卻沉溺於聲色，既不願親往前線，又不肯派人前往增援。呂文煥獨守五年，終至樊城、襄陽相繼被破。慌亂中，呂文煥投降元朝。忽必烈當即任他為襄漢大都督，作為攻打南宋的前鋒。

攻克襄陽後，元軍便順江而下，長驅直入。西元一二七四年六月，忽必烈發佈伐宋詔書，命左丞相伯顏和平章政事阿術統帥二十萬大軍，水陸並進。臨行，忽必烈對伯顏說：「古時候，只有曹彬善取江南，你如果能做到不殺，就是我的曹彬。」（曹彬是北宋初年大將，率軍滅南唐時曾禁止部下殺掠。）忽必烈要的是統一江南各地，而不是像他的父祖那樣發動一次新的殺掠。

「天馬浮江，兵強將銳」，伯顏和阿術由漢水趨長江，以呂文煥為水軍前鋒；同時，由合答、劉整、塔出、董文炳進駐淮西，分兵博羅歡從東路取揚州。各路大軍節節推進。一年後，便直搗南宋都城臨安（今杭州）。宋廷罷免了賈似道，再三向忽必烈求和，表示可稱侄納幣，稱侄不許可稱侄孫，再不許可稱臣，只求存一小塊境土。對此，忽必烈決無憐憫之心，宋帝趙無可奈何，只得上表投降，自削帝號。

南宋也有一部分忠義頑強之士。臨安失陷後，大臣陸秀夫、張世傑、陳宜中等擁立廣王趙昰於福州，文天祥等也據南劍州等地頑強抵抗，力圖恢復。無奈大勢已去，元軍從各個方面步步進逼。文天祥、張世傑等雖一度恢復了廣東、江西一些地方，但終難抵擋元朝的刀鋒。趙昰逃亡到雷州灣裡，驚懼而死。陸秀夫又立趙昺，年僅八歲，可憐這小皇帝被圍困海上，終也逃不過葬身大海的厄運。西元一二七九年二月，陸秀夫不願被俘受辱，抱著小皇帝在崖山（今新會境內）投入滾滾的南海。南宋的國祚從此斷絕。

蒙回漢南分親疏，嗜利黷武追前功

忽必烈畢竟是一個蒙古貴族，他的出身和血緣歸屬決定了他天然地親近蒙古貴族，本能地保護同胞的階級利益。他的身上不可避免地打著民族和階級的烙印，保守、落後的一面漸漸地在他的統治中顯露出來。

在元朝建立之初，忽必烈便吸收金朝等推行民族分化政策的經驗，推行了「四等人制」。即依據不同的民族和被征服的先後，把全國各族人民分為蒙古人、色目人、漢人、南人四等。在任用官吏、法律地位、徵收賦稅、禮儀待遇以及其他權利和義務等方面，都有種種不平等的規定。蒙古人為元朝的「國族」，是忽必烈的「自家骨肉」，是最高貴的人等，凡是各級機構的實權職位都要掌握在這些「國姓」手中。忽必烈在開始還曾任史天澤和契丹人耶律鑄為丞相，但後來即規定：「不以漢人為相。」在入仕途徑上也優待蒙古、色目而限制漢人、南人。至於在法律上，更赤裸裸地規定，若四等人犯同樣罪，量刑依次加重。滅亡南宋後，為防止反抗勢力的興起，他在中原腹地及江南地區鎮戍蒙古探馬赤軍，進行嚴密的軍事防範，甚至禁止漢人、南人養狗、養鷹、習武練槍和結社、唱戲等。如此種種，都是為了保護本民族貴族的利益。李璮叛亂後，忽必烈對漢人疑心日重。隨著南宋的滅亡，一些可利用的漢人都利用過了，漢族軍閥的威脅也漸漸不存在了，忽必烈便開始疏遠他原來的漢人幕僚，重用起色目人來。

色目官員多以經商理財擅長，他們可以幫助元朝統治者搜刮財富，又不致像漢人軍閥那樣形成武裝集團。忽必烈最初在朝廷中兼用漢人和色目人，是為了二者能相互牽制。隨著大一統國家的形成和軍費、行政等財政開支的陡然增加，忽必烈越來越倚重這些能給他帶來豐厚收入的人。由此，阿合馬、盧世榮、桑哥三個「理財」之臣相繼執掌全國財政大權達二十一年之久。

阿合馬，花剌子模人，原為察必皇后的侍臣。因時常出入宮殿，為人巧言而精明，漸漸受到忽必烈的賞識。西元一二六二年起用他領中書省左右部諸路都轉運使，西元一二六四年即升任中書平章政事（相當於副宰相），專管財政事務。他以提高賦稅，增加鹽、茶、酒、醋等商品的課稅，官辦礦冶，鑄造農器官賣，大量發行紙鈔等手段，來斂取社會財富，邀寵於忽必烈。忽必烈高興地稱讚他是「明天地，察地理，盡人事」的稱職宰相。殊不知，阿合馬的所作所為激起了民怨，也引起了朝廷內部的派系之爭。

他為了實施掠奪性的斂財政策，到處安插自己的親信、黨羽，排擠主張「漢法」的官員。而且，他的子侄們也「雞犬升天」，占盡了元廷的高位肥差。他還大肆進行權錢交易，侵吞國庫大量財物。如此久了，各族人士的憤恨自然就歸結到他的頭上。一些漢法派大臣如史天澤、張文謙、廉希憲、許衡等紛紛起來抗爭，多次在忽必烈面前與他對抗爭執。忽必烈也看到了阿合馬的一些不法行為，但總難捨他在「理財」方面的才能，因而大多偏袒阿合馬。憑藉忽必烈的寵愛，阿合馬更加趾高氣揚，朝廷中漸漸無人再敢與之論爭了。但權勢的堤壩是擋不住民眾憤怒的洪水的。

西元一二八二年，益都千戶王著和高和尚等人在朝中官員的暗中支持下，乘忽必烈在察罕腦兒行宮之機，偽裝皇太子真金返回大都，誘騙阿合馬來到東宮，在門前以一把銅錘結束了阿合馬的性命。

事後，王著等人自然難逃一死。但人們終於敢向忽必烈揭露阿合馬的種種奸惡了。起初，忽必烈對阿合馬之死感到震怒，咆哮著要嚴懲兇手。但當得知阿合馬等人侵吞國庫裡的大量財寶時，他的心裡就像吞了蒼蠅一樣感到噁心，他恨阿合馬矇騙、利用他，恨他拿自己的權威和信任去挖大元的牆腳，甚至恨自己用人不明。他下令挖出阿合馬的屍首（此時阿合馬已被厚禮下葬），戮屍三百下，並讓狗食其肉。阿合馬的子侄全部處死，他們的家產全部沒收。

但是，阿合馬雖死，忽必烈卻依然需要像阿合馬那樣的人。南宋滅亡了，但祖先遺傳給他的嗜好征戰和掠奪的本性使得忽必烈的征服欲望依然不減，他還要遠征日本、越南、緬甸乃至爪哇等國。忽必烈曾對被元軍俘虜的日本人說：「我叫你們來朝拜我國，並不為逼你們，而是想給後世留下一個盛世之名。」反映了他急於宣威海外，仰慕漢唐盛世君王的思想。從西元一二七四年起，忽必烈在江南諸省招募水手，大造海船，多次發動對日本的遠征，又相繼對安南（今越南）、緬甸等地展開進攻。西元一二九二年，還千帆相攜闖入爪哇。規模龐大的遠征，需要源源不斷的巨額軍費，除此，給宗親勳貴的俸祿及賞賜也不斷增加。忽必烈實在是離不開那些能給他增加國庫收入的人，因此，繼阿合馬之後，盧世榮和桑哥又相繼得到忽必烈的重用。他們與阿合馬一脈相傳，甚至有過之。他們同樣弄得朝廷內外怨聲載道，結果也都難逃被誅殺的命運。但到處死桑哥時，忽必烈自己也已不久於人世了。英雄蓋世的忽必烈因為「理財」的問題而跌入由小人構制的泥潭，不能不說是忽必烈的一大悲劇。他因此在歷史上留下了「黷武嗜利」的罵名。

無奈日暮愁雲起，更嘆逝水直向東

悲劇是個連環套，如果這悲劇的根源在於人的天性的弱點，晚年的忽必烈日益暴露出他複歸舊巢、滯戀舊俗的一面。元初大刀闊斧進行的漢化改革漸漸停頓了，漢法派在失望之餘將目光投向了忽必烈的兒子真金。真金受父親及老師姚樞、竇默、許衡等人影響，對漢文化有較忽必烈年輕時更深的感情。由此，一場父子間的悲劇發生了。

真金是忽必烈與察必皇后的次子（長子早夭），從小在忽必烈的薰陶下接受了純厚的儒學教育。成年時，正值忽必烈創建元朝，他被封為燕王，掌中書令，後又兼樞密院使。他追隨父親的漢化改革，並在元初的政治風浪中經受了鍛煉，在漢法派人士眼裡，他是理所應當的皇位繼承人。當忽必烈親理財派，遠漢法派時，漢法派更急於從真金處取得支持。他們把按照中國歷代王朝的嫡長子繼位制預立皇太子一事作為「定國本」的大問題，一次一次地擺到忽必烈的面前。

確定嫡長子繼承、預立皇儲的制度是多數蒙古宗室成員難以接受的。忽必烈對此不免有些躊躇，遲遲未予決定。這可急壞了漢法派儒臣。一次，漢儒張雄飛覲見忽必烈。忽必烈躺在榻上問道：「有什麼急事嗎？」張雄飛伏身一拜後，說道：「老百姓有點積蓄，還懂得託付給後代。這麼大的一個國家，怎麼能不早立皇儲呢？如果蒙哥皇帝懂得這個道理，陛下今天能坐在皇位上嗎？」忽必烈聽到這最後一句，騰地一下坐起，臉上變了色，卻沒有發作。末了還讚嘆道：「你說得對啊！」西元一二七三年三月，他正式冊立真金為皇太子。

真金立為太子後，在東宮自有一套班子和一批官員，形成了一支新的漢法派力量。他們與先後以阿合馬、盧世榮、桑哥等為首的理財派展開了針鋒相對的鬥爭。真金十分厭惡阿合馬，甚至當著忽必烈的面責打他。王著等謀殺阿合馬雖只是假借了太子之名，但確與真金的間接支持分不開。阿合馬死後，真金的態度更加明朗，他對新任命的中書右丞相和禮霍孫說道：「阿合馬死於盜手，你擔任了中書丞相。凡是便國利民的事，你不要怕改弦更張。如果發生阻撓，我一定全力支持。」和禮霍孫正是恪守真金的旨意，嚴懲了阿合馬一黨，並準備繼續推行漢法。

兒子與自己的格格不入，很讓忽必烈惱火。阿合馬死後，在真金的影響下，朝中一派諱言財利之風，這實在不合忽必烈的心意。忽必烈罷去了和禮霍孫等人的官職，起用了盧世榮。真金則公開地講盧世榮不僅害民，而且是「國家的大蛀蟲」，支持一群御史對盧世榮進行彈劾。忽必烈為了自己的名譽，不得已誅殺了盧世榮，但結果卻是進一步抬高了真金的威望。

這時，一批漢法派官吏頭腦發熱，他們迫不及待地想用真金來取代忽必烈，以實現自己一方的政治主張。於是，他們奏請忽必烈禪位。西元一二八五年年初，南台御史上奏說：「皇帝年事已高，應當禪位給皇太子，皇后不應當干預朝政。」如此奏章，激起了忽必烈的雷霆大怒。他本來就對兒子深感不滿，現在則更加無法容忍了。他懷疑兒子是要除掉他，於是下令嚴加追查此事的幕後。

原本無辜的真金太子聽到這個消息，猶如大禍臨頭，又驚又怕。真金太子性格文弱柔順，有些書生意氣；他只是按他一貫的喜好和主張參與政治，並不敢有冒犯父皇的念頭。如今「忤逆犯上」的帽子要扣下來，他如何擔待得起？加上他自幼體弱多病，在這極度憂心恐慌中，竟至一病不起，突然夭亡。

兒子的死深深刺痛了忽必烈的心。自真金幼年時起，忽必烈就在他身上寄託了厚愛和期望；在創建元朝的過程中，兒子也確實不負眾望，成為自己的得力助手。雖然後來真金與自己的政見南轅北轍，但終究還是可以託付江山的可靠繼承人。真金的死使老年的忽必烈一蹶不振，此後八年，他一直忌諱再立皇太子一事，直到自己臨死前一年，才選定了真金的第三子鐵莫爾。仍在真金系中選接班人，這也許是老忽必烈想給亡兒的一點慰藉吧！

個人的悲劇畢竟還是小事，但真金之死給元朝帶來的悲劇影響卻是十分深遠的。漢法派失去了有力的支持和靠山，而新的儒臣們又沒有像劉秉忠、姚樞等隨忽必烈出山起家那樣的根基。從此，漢法派在朝中的力量便大大削弱了，漢法推行大體也就到此為止了，這也許是導致元王朝國祚不長的一個原因。

由於忽必烈中期以後漢化政策的停頓和「理財」等問題，元朝的政治變得混亂起來。朝中派系鬥爭十分激烈，地方上則因阿合馬、盧世榮、桑哥等的橫徵暴斂，鬧得民怨沸騰。由於階級矛盾的激化，從西元一二七六年起，江南一帶相繼爆發了反元武裝起義。較大的有黃華、陳桂龍、鍾明亮、楊鎮龍等幾支，人數有的達幾十萬之多，時間延續達二三十年之久。

然而，此時的忽必烈卻終日囿於深宮禁苑，衰老和疾病使他很少能接觸到外界的陽光和新鮮空氣，陪伴他的也只有年輕的南必皇后和兩個吐蕃喇嘛。他的長妻察必皇后早在西元一二八二年便因病去世了。察必貌美賢淑，與忽必烈感情篤洽，在忽必烈早期的政治生涯中起到了相當大的輔佐作用。她的離去是忽必烈晚年生活的第一次重大打擊。而南必皇后卻工於心計、有著較強的權欲。自西元一二八四年入主正宮之後，她以皇帝年老體弱不宜煩勞為由，插手朝政。大臣們的奏章多經她的手傳上，忽必烈的諭旨也常由她傳出。那兩個吐蕃喇嘛則整日圍著忽必烈誦經做法事，按宗教習俗影響和安排著忽必烈的生活起居。他們不斷地拉近忽必烈與「神」的距離，自然也就使他疏遠了他的臣民和國家。西元一二九四年，忽必烈以八十歲的高齡永久地告別了他親手締造的元帝國。

雖然，忽必烈死得並不轟轟烈烈，但在中國歷史上對他的評價，卻顯然超過了他那位英勇善戰的祖父成吉思汗。他是中國歷史上第一位入主中原並統一全國的少數民族皇帝，由於他能以宏大的氣魄和膽略「變夷為華」（魏源《元史新編》），革除蒙古舊弊，順應中原文化的潮流，從而受到中國歷代正統史家的讚譽。尤其是他開創的元朝，在地域上「北逾陰山，西極流沙，東盡遼左，南越海表」，極其廣闊。元朝人曾自豪地描述自己的國家「適千里者，如在戶庭，之萬里者，如出鄰家」。實為開天闢地前所未有。現在中國的疆域就是在忽必烈時定下的輪廓。在文化上相容並蓄，儒、道、釋、醫、卜並重，蒙文、漢文、波斯文通行，來自歐洲、西亞乃至非洲的商人、使節、傳教士徜徉在大都街頭，元朝的使團、商船直達紅海和東非海岸。東西方經濟文化的交流也是前所未有的活躍。這樣一個廣大、統一、開放的國家，對世界文明的進步都是具有重大意義的。

因此，忽必烈在歷史上有著不可磨滅的功績，那就是「廣大、統一孰能比？開放、融合堪稱頌」。

第十五章

明太祖　朱元璋

朱元璋是一個銳意進取又極富傳奇色彩的人物，他最不喜歡攀附歷史上的名人作為自己祖先的傳統陋習。做了皇帝以後，不管是發敕文還是傳口諭，他每每開口即稱：「予奉淮右布衣！」質樸、實事求是之中又頗具傲氣。洪武十一年（西元一三七八年），他在開國創業初具規模之後，命江陰侯吳良到濠州（今安徽鳳陽）督工新造他父母的陵墓——皇陵，又命以危素為代表的一代大文豪們起草了皇陵碑碑文。朱元璋不滿意這篇文士們吹捧美化的粉飾之文，於是親自撰寫了一通特述艱難往事，讓他的子子孫孫世世代代都可以看到，並能從中受到教育的御製碑文。這就是刻石至今仍屹立於安徽鳳陽明皇陵神道口之南的《大明皇陵之碑》。

御製皇陵碑文後，他又親自撰寫了《朱氏世德碑》和《龍興寺碑》。這三通碑文以不文不白、似通非通的韻語，記載著朱元璋的故事，頗具浩浩蕩蕩的威勢，又深情感人，催人淚下。這當事人的紀實之作，以最有價值的歷史資料的魅力，將人們引入了元末明初那段歷史的深處。

為求生而從戎

元天曆元年（西元一三二八年）秋九月，朱元璋出生在一個極其貧苦的農民家庭。他家先世居沛（今江蘇徐州），後輾轉遷徙到了濠州的鍾離鄉孤莊村。兄妹六人中，朱元璋最小，因而有幸被送進蒙館讀了幾個月的書。

至正四年（西元一三四四年），淮河流域遭受嚴重的旱災，父母相繼去世後，為生計所迫，朱元璋被送進皇覺寺剃度做了和尚。

社會矛盾劇烈發展，順帝至正十一年（西元一三五一年），終於迸發了洶湧澎湃的反元鬥爭浪潮，江淮流域各地區短衣草履的貧苦民眾頭包紅巾，手拿長槍、板斧，甚至竹竿、鋤頭起而攻城邑，殺元官，開倉散糧，破牢釋囚。反元的隊伍都無一例外地以彌勒降生、明王出世相號召，前後不過幾個月，就東起淮水西至漢水，把元政權「攔腰切做了兩段」。

朱元璋小名重八，所在的濠州也有郭子興、孫德崖等扯大旗起來造反，不久即攻佔了濠州城。當重八與少年放牛夥伴周德興正商量著投奔郭子興時，皇覺寺又被元軍燒毀，「為保身之計」，重八只有投奔郭子興一條生路了。

重八投軍後，辦事非常得力，足智多謀、敢作敢為；既長得身材魁偉，又勇於出力報效，因而很快嶄露頭角，得到郭子興的賞識，升為親兵九夫長。

作戰時重八身先士卒，所得戰利品從不取為一己之私，又努力學習文墨，一些從劉福通總部那裡發來的文告和戰友們的家信，都一一由他解說、宣讀和代寫，他竟是出落得格外能幹、勇敢、有見識、講義氣。不久，即在郭子興的軍中成為了有威望的人物。郭子興和他的小張夫人都把重八當作心腹看，遂決定以所撫好友馬公之女妻之，招贅重八為郭家的上門女婿。郭子興的義女馬氏，就是日後明朝的孝慈高皇后，她是顧大局、識大體、忍辱負重的賢妻，又是眾多子女的慈母，堪稱傑出的古代東方型的偉大女性。

促成了這件婚姻，重八作為郭元帥府的東床嬌客，自然身份不同了，從此軍中稱之為「朱公子」，文士們為他起名元璋，表字國瑞，即由此而來。

當時興起於濠州的共有五股勢力，除郭子興外，還有孫德崖、趙均用、彭大、芝麻李四人。五帥在一起議事，每每齟齬不得要領，而常常又是郭子興獨持一議，不與眾合。由於誰也不服誰，各自發號施令，他們佔據濠州大半年，除了向四鄉徵糧要草以外，勢力竟不能擴大發展一步。

郭子興聰明的小張夫人，早就覺察到郭子興脾氣不好，與眾齟齬遲早總會吃虧，因囑咐朱元璋時時追隨在郭子興身邊，細心地幫助郭子興斡旋排解。一次適逢朱元璋奉命外出，趙均用命孫德崖拘捕郭子興，進行火拼，元璋得訊奔回，助小張夫人和郭子興二子解救了郭子興。正值此時，元將賈魯進圍濠州，各帥這才又協力堅守濠州城池。為分散元軍兵力，元璋奉命領兵攻打五河，奪取定遠。在元軍合圍以前，他又出兵攻懷遠、安豐，招收壯丁以增強濠州的防守力量。元軍合圍以後，他又勇敢地領騎兵突圍而出，攻克含山、靈壁和虹縣，與濠州的城守相呼應，避免形成濠州孤城被困死的局面，從而振奮了濠州城守的士氣，迫使元軍不得不撤圍他去。

元軍撤退，彭大、趙均用等忙著稱王稱霸，唯獨朱元璋冷靜地認識到濠州缺糧缺兵。於是，他想方設法弄到一批鹽，賣到懷遠換軍糧，又回鍾離鄉豎旗招兵，鄉里的少年夥伴如今都風華正茂，魁梧雄偉的徐達、周德興等都來投效。其中徐達與朱元璋自小莫逆，十分契合，且徐達性格凝重，剛毅英武，日後成為有明開國功臣第一的中山王。先來的湯和也是朱元璋少年時的親密夥伴，從來喜愛並尊重元璋，其人倜儻有智謀，日後也為明朝開國的六王之一。邵榮則是一名英勇出眾的戰將。周德興、郭英、吳良等大都一直緊跟朱元璋開國創業，衝鋒陷陣，出生入死，成為朱元璋最可以依恃的基本隊伍，他們日後也大都官封列侯，《明史》中有傳而名垂青史。

徐達等來投以後，接踵來投的越來越多，朱元璋募兵七百餘人，充實了郭子興的力量。郭子興大喜，因命他為「鎮撫」之職，他正式成為帶兵的軍官。

朱元璋冷眼旁觀，清醒地認識到彭大、趙均用的部隊畏縮在濠州，缺乏訓練，紀律不好，沒有發展前途，日子長了還會鬧出事來。他稟告郭子興後，就帶著徐達、費聚等出濠州，往南略地定遠，招收了許多人馬，又用計降服了附近驢牌寨的民兵三千人，夜襲元將張知院，得精壯兩萬餘，又得驍將繆大亨，這是朱元璋所得到的一支生力軍。他充分認識到這支生力軍的價值，立刻重新組建，加強訓練，尤其著重紀律教育。至此，朱元璋有了以徐達等一大批知根知底的驍將，用以指揮這批他親自訓練的生力軍，為他日後的軍事活動和建明事業的發展奠定了強有力的基礎。

南略定遠時，朱元璋還得到了深沉而有計謀的馮國用和慓勇而多智略的馮國勝兩兄弟，兄弟兩人都喜歡讀書，精通兵法，是不可多得的人才。朱元璋因虛心向馮國用請教今後的發展方向，馮國用披誠與語：建康（南京）形勢險要，是古稱「龍蟠虎踞」的帝王之都，應奪之以為根據地，然後再擴充地盤。又說：在勢力發展之時不要貪子女玉帛，多做好事，約束軍紀，才能取得民眾支持，進而建功立業。朱元璋聞言大喜，以馮國用為幕僚，備顧問。

自定遠南下滁州的途中，定遠名儒李善長求見於軍門。他喜讀書多智謀，且善於料事，治法家學問。朱元璋傾心接納他，談得十分投機。李善長引導朱元璋了解漢高祖劉邦，學習劉邦，說是劉邦也是沛人，也是出身布衣，但為人豁達大度，知人善任，不嗜殺人，只五年功夫就平定天下，建成帝業。又說而今元朝已不得人心，到了土崩瓦解的地步，正是學習劉邦以成帝業的良機。這「法漢高所為」的一番推心置腹的暢談，如醍醐灌頂，為朱元璋注入了「榜樣」的生機，當即朱元璋留李善長在營掌書記，同下滁州。此後，李善長「為參謀，預機務，主饋餉，甚見親信」。李善長長於治事，善於做好橋樑，調和文士和武將之間、將軍與士卒之間的矛盾，又善於理財，每每被朱元璋稱之為蕭何。徐達最是眾良將之首，自然就是朱元璋心目中的韓信了。有明確的學習楷模和奮鬥目標，這是朱元璋由淮右布衣發展成為明朝的締造者，個人事業取得巨大成就的重要條件。

朱元璋下得滁州，增加了自己的知名度，這時，他的二哥、三哥均已去世，大嫂帶著二侄兒，二姐夫帶著外甥保兒都前來投奔。朱元璋於是將兩兒連同他在定遠收養的一個無父無母的沐姓孤兒，都收養為義子，命名文正、文忠、文英，同姓朱氏。後來，他又收養了二十來個聰明俊秀勇猛的小青年為義子。這群俊秀勇猛的孤苦小青年，從朱元璋和馬夫人那裡得到了他們所共同缺少的嚴父的培育和慈母的愛撫，在實戰中成長，成為朱元璋的心腹幹才，打仗時他們肯出力，緊要關頭至死不變，還是為朱元璋監軍視將的耳目。

濠州諸帥不和，孫德崖幾次欲加害郭子興，礙於朱元璋在滁州的勢力，而不敢貿然下手。郭子興乃率領本部人馬離開濠州來到滁州，並打算在滁州稱王。朱元璋勸說郭子興，滁州山城，無險可守，且不通舟楫之利，如若稱王，目標太大，引人注目，難免遭到攻擊，不便於發展。郭子興聽取了意見，放棄了稱王的念頭。倒是日後朱元璋做了明太祖，成全了郭子興生前在滁州稱王的願望，追冊郭子興為滁陽王。

滁州城小，軍糧不足，軍心不定，朱元璋建議郭子興南取和州（安徽和縣），移兵就食，郭子興乃令朱元璋取和州，得和州，後朱元璋升任總兵官，時值至正十五年（西元一三三五年）正月，朱元璋不足二十七歲。他因年輕名位不高，奉命總軍，怕僅憑一紙任命文書不足以服眾，於是先密其檄而不宣，在與己不相上下的諸將面前視事，不露聲色，他「剖決如流」，顯示了卓越的辦事才幹，又按期完成了共同議決分工的修築城防的工事，而其他諸將，皆因循拖拉，沒有完工。在聚會議事之時，諸將心服之後，朱元璋才拿出郭子興的任命檄文，南面坐而總軍。從此，這個從投軍為兵丁，而九夫長、而鎮撫、而總兵官的朱元璋，就成長為很有威望並鎮守一方的大將了。

就是在這年二月，劉福通迎立韓林兒為皇帝，稱小明王，建國號宋，年號龍鳳，並派人南下聯絡郭子興。郭子興不幸在三月病死，軍中推郭子興的內弟張天祐到小明王的亳都議事，不久，張天祐帶回小明王的命令，以郭子興之子郭天敘為都元帥，張天祐為右副元帥，朱元璋為左副元帥，統領郭子興原來的隊伍，軍中頒發命令和文告都用韓林兒的大宋國號和龍鳳年號。

由於郭天敘年輕無能，張天祐不過一介武夫，逢事均無能決斷，他們的地位雖然在朱元璋之上，但駕馭不了全軍，更駕馭不了朱元璋，朱元璋實際上已成為這支隊伍的主帥。

在和州的收穫還在於朱元璋得到了年輕且勇武非凡的戰將鄧愈，雖是強盜出身但不甘心打家劫舍而亟思建勳立業的人傑常遇春。到此時，徐達、常遇春、李文忠、湯和、鄧愈、沐英，明朝開國武臣之首的六王已是風雲際會了！

和州畢竟缺乏養大軍之糧，而跨過大江面對的太平（安徽當塗），即南臨米市蕪湖，東北達集慶（南京），東倚丹陽湖，環湖都是產糧區，不渡江如何得到軍糧？沒有軍糧又如何談得上發展？正在朱元璋為缺乏渡江船隻躊躇無奈之時，巢湖水軍頭領李國勝遣部將俞通海來商討軍事。原來，在巢湖周圍集結著許多不同派系的力量：有彭瑩玉的門徒；有結寨自保的水上豪傑；有與元朝勢力有瓜葛的水上力量。其中李國勝勢力較強，組織了前兩種力量與元朝的勢力鬥爭，吃了多次敗仗，故而遣俞通海前來求援於朱元璋。

朱元璋得訊大喜，親自到巢湖聯絡，勸求援者們雙方合力渡江，尋謀新的出路。正值五月梅雨，巢湖和江、河水滿，李國勝及其聯絡的各路巢湖水軍均駕船自巢湖駛出，揚帆往和州而來。朱元璋率領諸將，分領大軍登巢湖來船渡江，直達採石和太平。渡江成功是巢湖水軍所立的大功，李國勝居心不良，遂欲乘勢吞併朱元璋的軍隊而未果，反而斷送了自己的性命。李國勝的副手「雙刀趙」不欲與朱元璋合作，率部下離隊西去投徐壽輝，其他巢湖諸將日後隨朱元璋建立明朝成為「從渡江」級別的元勳。從此，朱元璋開始有了一支頗具規模的水軍。

走上獨立發展之路

元軍分兩路來包圍太平，朱元璋率眾拒守，郭天敘、張天祐則率軍進攻集慶，被元軍生擒殺死。這時，以郭子興舊部為基礎的這支隊伍，不管是名義上還是實際上都完全歸朱元璋指揮了，他走上了自己獨立發展的道路。

至正十六年（西元一三五六年）二月，朱元璋自太平親統水陸兩軍三攻集慶。三月，城破，元軍守將福壽敗死，朱元璋得陸軍三萬六千人，又得水寨元帥康茂才及麾下水軍，民眾共五十餘萬。這是朱元璋勢力發展的新契機。

他改集慶為應天府，以應天為根據地。但四面的形勢並不樂觀：東有元將定定扼據鎮江，東南有鹽梟出身的張士誠據有平江（蘇州），東北有青衣軍張明鑒佔據揚州，南有元將八思爾不花據有徽州（安徽歙縣），別不花據有甯國（安徽宣城），西面的池州（安徽貴池）已為徐壽輝的部將佔據。在東南的週邊，還有一個元朝勢力的包圍圈。然從全國的大形勢來看，元朝的統治中心大都在北方，元軍的主力也在北方，以劉福通、韓林兒為首的北方紅巾軍已分兵三路北伐，與元軍主力戰鬥正酣。元朝的統治早已被腰斬，命令不能南達，南方占地拒守的元朝官員均成了斷線風箏，互不統屬，各自為戰，擰不成一股繩，形不成大氣候。從另一角度看，朱元璋與元朝的勢力北隔小明王韓林兒，東隔張士誠，西隔徐壽輝、陳友諒，而這三股勢力則好像環繞著朱元璋的三顆衛星。故而朱元璋在危局中意識到自己危中有安，危中仍有有利時機。他充分地利用了這個實際上並不受敵的有利時機，壯大自己的力量。他遣徐達攻取鎮江，鄧愈奪下廣德，自己親攻甯國，又陸續遣將奪得江陰、常熟、池州、徽州、揚州等地。這期間的軍事活動，擴大了地盤，取得了足以拱衛應天的戰略據點。

從起用馮國用居帷幄和使李善長掌書記以來，在取得應天並向應天周圍發展勢力的過程中，朱元璋一直特別注意禮賢下士，羅致人才。從渡江下太平時，得太平儒士李習、陶安。陶安慷慨倡言：不殺戮、不擄掠、東取集慶，然後以兵臨四方，最終可以平天下。此議論深合朱元璋之意，乃留陶安為帥府令史，李習長於理事，則令其出任太平府知府。

攻取集慶以後，禮聘名儒秦從龍、陳遇，事無大小悉與秦、陳二人商議，史載其「寵禮之隆，勳戚大臣無與比者」。朱元璋為應天事多次到秦、陳兩家請教，尊稱他們為「先生」、「君子」，從來不直呼名字。

下徽州時得名儒朱升，朱升贈給朱元璋「高築牆、廣積糧、緩稱王」九個字，朱元璋銘記心中，並時時以之自我鞭策。下甯越，得葉兌，在以後規劃進取張士誠、方國珍和察罕帖木兒的三股勢力的部署上，葉兌為朱元璋斟酌了一個「籌之甚詳」的有益方案。後來在削平天下群雄以達到統一的步驟上，葉兌也為朱元璋做了合乎實際的設想。又得飽學儒士范常、許元、葉瓚玉等十餘人，朱元璋俱收羅在左右，稍有空暇，就安排他們兩人一組輪番為自己講經說史。

禮賢下士最著名的事例，莫如尊禮和重用劉基、宋濂、葉琛、章溢「浙東四先生」。至正二十年（西元一三六〇年），他禮聘四人至應天，居之以新築的應天「禮賢館」，寵禮之隆達到極點。劉基向朱元璋陳時務策十八條，深契朱元璋之心，大得賞識，從此劉基（字伯溫）成為朱元璋運籌帷幄的主角，佐破陳友諒、攻取張士誠、北伐中原，以成帝業，均是劉基一一為他具體謀劃。朱元璋既以漢高祖自期，乃視劉基為張良，每每直呼劉基為「吾子房」（子房，張良字）。宋濂乃一代儒學宗師，日常「敷陳王道」，進講經史，侍左右以備諮詢顧問，後來又為朱元璋培養兒子們，以太子朱標為首的一群年齡大的諸子均從宋濂課讀。葉琛、章溢也都是學識淵博、富於治才的人物，為朱元璋「宣力封疆」頗效巨勞。

朱元璋本不過幼年讀了幾個月私塾，而戎馬倥傯的歲月，難得他認識為學的重要性，逐日學有所進，日積月累，漸次到討論問題，每每引經據典，進而處理事務，講究尋求歷史借鑒。他常常親自撰寫文告和命令以治理封疆，指揮戰爭。即位後又親自御制四通教育全國臣民和學校生員的《大誥》，甚至還寫下了頗具風雅的《明太祖文集》，如他破陳友諒於鄱陽湖，追陳理於武昌之時，曾親率軍來到漢口河漫灘，那時正值初春，汛期未到，春意來臨，灘上長滿了苜蓿，他豪情滿懷，即情即景吟誦了：「馬渡灘頭苜蓿香，片雲片雨渡瀟湘，東風吹醒英雄夢，不是咸陽是洛陽。」

此時的他只打敗了陳友諒，還沒有奪取元大都，自然是有如漢高祖還沒有奪取到應奪得的咸陽了！朱元璋鞭策自己尚須進攻的文字寫得竟然是既有典故又十分美化和高雅，比喻貼切，意境也處理得極其妥當。

有了以應天為中心的根據地很重要，但更為難能可貴的是朱元璋重視根據地的軍事鎮守、生產恢復、政權建設乃至「禮樂教化」。

此時，朱元璋境土的四鄰已沒有元軍，東面、北面與張士誠為鄰，東南是方國珍，南鄰陳友定，西鄰陳友諒。其中張士誠最富，但遇事顧慮，多疑心重；陳友諒最強，野心大欲望高；方國珍和陳友定則完全意在保境，沒有遠大企圖。朱元璋在洞悉四周的情況後，決定對張士誠以守為攻，只以少數精兵扼守江陰、常州、長興幾個據點，張士誠即不敢向西進一步。對於陳友諒則以攻為守，使陳友諒總是窮於應付，不能集中兵力東下。總之，極力爭取軍事上的主動權，維繫一個較長時間的安定，以便於鞏固應天根據地的政權和恢復生產。

在開始攻取郡縣時，軍糧均徵取於民，名叫「寨糧」。畢竟因元末戰亂以來，壯丁從軍，水利失修，社會秩序不安定，生產情況不佳，所徵「寨糧」既不能滿足軍需，而人民亦難於應付。朱元璋在應天發展勢力，首先面臨的是軍糧不足的困難，他沒有像張明鑒的青衣軍那樣在揚州以人肉為軍食，喪失民心；也不能學苗帥楊完者之類，在江南「檢括」，抄掠得民間顆粒不存，以違逆民情。他以歷史為鑒，即仿效「漢武以屯田定西戎，魏武以務農足軍食」。至正十八年（西元一三五八年）二月，他任命康茂才為營田使，職責是專掌水利，修築堤防，康茂才盡心竭力，忠於職守，分巡各地，務使高處無旱災，低地不病澇，處處宣洩得宜，抓住了水利是農業的命脈這一主題做文章。又命各處的鎮守諸將分兵屯田，既可以收地利，使兵食充足，國有所賴，又可以減輕人民的「寨糧」負擔，取得人民支持。屯田令下，鎮守諸將邊鎮守邊屯田，其中以康茂才的一支屯田成績最顯著，得穀一萬五千餘石，甚得朱元璋贊許，以為諸將學習的典範。興屯足食之後，朱元璋下令不再向民眾徵收「寨糧」，於是大得民心。

在康茂才為營田使的同時，朱元璋又設置管理民兵萬戶府，專門組織農民在農閒之時練習武藝，以加強地方的保衛力量，穩定了社會秩序。這是同時並起的群雄們都先後失敗，而朱元璋則越來越得民心，並最後取得成功的重要原因之一。

至正二十一年（西元一三六一年）朱元璋立鹽法，設專門機構統一管理，然後由商人販鬻，取二十分之一為軍餉。又立錢法，設寶源局鑄大中通寶錢，以活躍商品交換。還立茶法，抽必要的稅收以資用度。這些都是朱元璋在以應天為中心的根據地實施的，與恢復農業生產相並行的經濟措施，實際上也是為明朝立國所做的準備。管理民兵萬戶府做了最基層的社會組織和治安工作，軍事據點有得力的武將主持鎮守，各地的民事則任用一批來投奔的知識份子為文臣做知府、知縣，故而在朱元璋的轄區內，很快建立起井井有條、安居樂業的社會秩序。

從吳國公、吳王而稱帝

「緩稱王」不是不稱王，「緩」是因為條件沒有成熟，在條件一步步成熟之後，不僅要稱王，還要稱帝。朱元璋的行動部署大體可以歸結為：一、在應天站穩腳跟；二、西向消滅恃強輕戰的勁敵陳友諒；三、東向消滅張士誠、方國珍，取得東南富庶地區；四、適時稱帝並高擎「恢復中華」的大旗，北伐元朝；五、西上四川，兼併明升；六、平定雲南的元朝梁王和大理段氏殘餘勢力；七、平定東北殘元將軍納哈出的勢力，完成統一。

在朱元璋經營應天根據地已見成效之時，至正二十年，徐壽輝下屬大將陳友諒殺徐壽輝而盡有湖廣、江西之地，成為群雄之中兵力最多、疆土最廣的人物，陳友諒的野心劇烈膨脹，竟錯誤地視朱元璋為籠中之鳥，可以手到擒來，於是遣使約張士誠共同圖謀夾攻朱元璋。陳友諒有大艦百餘艘，號混江龍、塞斷江、江海鼇等名目。又有中小型戰船幾百條，憑藉江漢地區的河湖，練就了強勁的水軍，大有「投戈斷江，舳艫千里」，順江而下，其鋒不可擋的架勢，導致了應天形勢的急劇動盪。

在危急之時，朱元璋聽取了劉基的意見，認為張士誠富足，但齷齪無大志，只想保住現時的地盤和眼前的利益，雖然答應了陳友諒東西夾擊的邀約，行動必然遲緩，可以完全對張士誠不介意。主要的危險是陳友諒，必須集中兵力迅速除之。第一戰在應天附近的盧龍山設伏，全殲陳友諒來犯的主力，收復太平，奪得安慶；第二戰又大敗陳友諒於江州（九江），得友諒驍將丁普郎、傅友德率軍來歸附，遂乘勝下蘄州（湖北浠水）、黃州（湖北黃岡），進逼武昌。另一支南下江西，取得洪都（江西南昌）。這年正月，小明王韓林兒正式冊封朱元璋為吳國公。在江州一戰以後，朱元璋的力量已優於陳友諒，是朱元璋與陳友諒最後一決雌雄的時候了！

此時，北方的形勢發生變化，元將察罕帖木兒的勢力在山東發展，又乘機進兵攻下了小明王的都城汴梁（今河南開封），小明王退保安豐，如安豐不保，應天就失去屏障。張士誠的部將呂珍，乘機圍攻安豐，安豐糧盡援絕，軍民饑困，劉福通求援於朱元璋，朱元璋親率兵出救，不料兵未到達，劉福通已被呂珍擊殺，朱元璋迎韓林兒到滁州居住。

朱元璋兵救安豐之時，陳友諒傾其全師東下，號稱六十萬眾。大艦數百艘，圍困洪都，洪都守將朱文正用盡一切防禦手段，咬住陳友諒，以等待朱元璋自安豐回師，雙方激戰於鄱陽湖，苦苦鏖兵三十六日，最後以朱元璋取得決戰的勝利，陳友諒中流矢死，部將張定邊載陳友諒屍及其子陳理歸武昌。這一戰朱元璋也付出了很大代價，事後他反思，深以自己救安豐為非，又慶倖陳友諒東下之時，犯了在湖口折而向南攻洪都的錯誤，如果陳友諒一直長驅東下，乘應天空虛而襲擊，後果將不堪設想。

至正二十四年（西元一三六四年）正月，朱元璋自立為吳王。二月，他親統兵征武昌，陳理請降，乃立湖廣行中書省，原來屬於陳友諒的疆土：漢水以南，贛州以西，韶州以北，辰州（湖南沅陵）以東的大片地方，都歸屬朱元璋。

輪到攻取張士誠了。張士誠向來與朱元璋處於敵對狀態，雙方十餘年來打打停停，所幸張士誠生性遲重，佔據了富庶的地區以後，只求守有，別無遠圖，打仗規模不大，生怕冒險吃虧，此前陳友諒來約夾攻朱元璋，張士誠口頭答應而實無行動，故而很難成為朱元璋發展的阻力。張士誠及其大臣們，胸中並無大志，日日修府第、建園池、養歌妓、玩古董，自然不是朱元璋的對手。朱元璋攻打張士誠時，不採取直搗平江的辦法，而是先攻湖、杭，去平江的枝葉，最後攻平江時，又強調不准挖掘城外墳墓，尤其是對張士誠在平江城外新築的母墓注意保護，入城不許燒殺擄掠，保持良好軍紀。張士誠滅亡之後，在浙東稱雄二十餘年，擁有水軍千艘和豐富漁鹽資源的方國珍，為朱元璋的大將湯和、朱亮祖、廖永忠的水陸兩軍擊敗，途窮而降。

也就是這一年，因韓林兒已在由滁州赴應天的途中，被廖永忠鑿沉舟船死於瓜州江滸，朱元璋正式去龍鳳年號，文書告敕均稱吳元年（西元一三六七年）。這時他擁有的地盤大體是湖北、湖南、江西、安徽、江蘇、浙江的全部，河南的東南部，是中國土地最肥沃、物產最富庶的地區。從此，他準備南征、北伐和西討。首先是南征，進軍福建、廣西；其次，在南征的同時，已在籌措更為重要的北伐，這是由朱元璋和劉基仔細商定的作戰計畫。

朱元璋尤重北伐將領的任命，以用兵持重謹慎的徐達為大將軍，以衝鋒陷陣、勇敢無敵的常遇春為副將軍，統兵北伐，發佈北伐檄文，以「驅逐胡虜，恢復中華」相號召，對北方地區的廣大漢族民眾起了明顯而廣泛的作用，檄文中又稱，「蒙古、色目……有願為臣民者，與中夏之人撫養無異」，緩和了普通的蒙古、色目民眾的反抗心理，於是由朱元璋領導的反元北伐就成為具有民族革命內涵的一次戰爭。戰爭進展迅速，洪武元年（西元一三六八年）八月即取得決定性勝利，徐達進入大都，元順帝北走上都（內蒙古自治區多倫北）。徐達、常遇春、李文忠等移兵山西、陝西，與元朝勢力擴廓帖木兒、李思齊等進行了更為激烈艱苦的戰爭。朱元璋在這場戰爭中痛失愛將常遇春。擴廓敗後奔和林（今蒙古人民共和國烏蘭巴托附近），朱元璋遣將分道進攻，反為擴廓帖木兒大敗而回，擴廓未死，成為懸在朱元璋心上的一件大事。此後，擴廓在北方死去，元順帝也死去，但元朝的殘餘力量仍然存在，稱為「北元」，總是企圖捲土重來，成為明朝歷史上的所謂「北虜」問題，明修長城為防「北虜」，始於朱元璋之時。

南征、北伐的同時，朱元璋在軍事進攻捷報頻傳的歡呼聲中，即皇帝位，建國號明，年號洪武，以應天為京師，立馬夫人為皇后，他就是中國歷史上著名的真正起自布衣的明太祖。

北方平定以後，朱元璋於洪武四年（西元一三七一年）出兵攻四川的夏，夏主明升乞降。

瞭解民間疾苦

明太祖做皇帝三十一載，他的自白是：「至如天子總攬萬機，晚眠早起，勞心焦思，唯憂天下之難治。」他的確是在「憂危積心，日勤不怠」，努力企望自己做個好皇帝。後世專門研究他的專家吳晗，也說明太祖「用全部精力、時間，管理他所手創的朱家皇朝。全國大大小小的政務，都要親自處理」，可謂「辛勤一生」。

明太祖曾述及他起自民間，辦事時主觀上「務有益於民」，又常常訓導他的兒子們穿草鞋步行下鄉，了解故鄉的風情，知曉農民的疾苦。他還是吃憶苦飯的真正發起者，那是做了皇帝以後，常命后妃們下廚親炊粗糲的飯食，召集子女們共餐，以砥礪自己不忘微時，並教育子女知民間疾苦，懂得祖先創業不易。由於他對農村的狀況和農民的疾苦比歷史上任何一個皇帝都知道得全面，領略得深刻，對農民為何起而反抗有切實的理解和同情，對農民反抗的威力最能品評，故而他做了皇帝以後，考慮鞏固明朝的中心環節是安頓農民。他博采歷代制度所長，其政治經濟措施的許多方面都致力於農民情況的改善，茲分條敘述如下：

一、獎勵墾荒，蠲免賦役

元末戰亂之後，中原草莽，人民稀少，北方近城，地多不治，山東往年大姓族居的村莊，存者甚少，全國出現了大量無主荒田。洪武元年，明太祖規定農民自己耕墾的無主荒田，即為己業。後又規定北方農戶人給土地十五畝，菜地兩畝，免租稅三年，多墾荒地者，可以「永不起科」。應該說，永不起科是不可能的，但確實實行了一段時間，不納田租大大地刺激了農民的墾荒積極性。

除召民墾荒外，還有由官府組織移民墾荒的，如徙蘇、松、嘉、湖、杭人口密集地區的無田之民四千餘戶往臨濠耕種。又徙江南民十四萬於鳳陽，遷山西民於河北，以促成勞力與土地的結合，緩解元末土地集中、耕墾者無土地的矛盾。這些措施不僅滿足了不少人的土地要求，而且使不少人成為自耕農，為明朝的農業生產和農村經濟的恢復，打下了基礎。

明初軍費浩繁，本來由於軍需，取之於民的費用有增無減，然而明太祖早在即位以前，就開始注意蠲免賦稅，他常常說：「四民之中，莫勞於農」，又說：「農民『身不離畎畝，手不釋耒耜，終歲勤勞，不得休息……凡一居處服用之間，必念農之勞，取之有制，用之有節，使之不至於饑寒……若複加之橫斂，則民不勝其苦矣！』」說明他對農民的作用、農民的疾苦認識深刻。他又常常說：「大戰亂後的農民，如初生之鳥不可拔其羽，如初植之木不可搖其根，要安養生息之。」在這種較為關注農民的思想指導下，他在至正二十五年（西元一三六五年）遣常遇春去攻打贛州時，就開始注意蠲免租稅，下令免其地去年的秋糧。從吳元年（西元一三六七年）至洪武十三年（西元一三八〇年），本是用兵征戰紛紛之年，而見於《明史．太祖本紀》記載的則常常是：或水旱災傷的蠲免，或輪番蠲免以恤民困，甚至是常常普免天下田租。直至太祖晚年，亦時有蠲免賑恤。不管怎麼說，對於農民獎勵耕墾、蠲免賦稅，總比土地兼併、橫徵暴斂好。

二、編造黃冊和魚鱗圖冊，以整頓稅役

明太祖在洪武十四年（西元一三八一年）下令全國範圍內整頓戶籍，編十戶為甲，十甲為里，

實行里甲制度，編造戶籍冊，冊面用黃紙裝訂以備御覽。編冊的目的是整頓清理戶籍，用以防範徵稅徭時的飛灑、詭寄的弊端。

洪武二十年（西元一三八七年）又命全國普遍清丈土地，編造記載田土佔有情況的魚鱗圖冊，並繪有田土狀況圖，意欲以魚鱗圖冊為經、黃冊為緯，作為定賦役的根據，杜絕產去稅存的弊端，儘量使賦役的徵收較為合理和有章可循。

三、注意興修水利，以利農業生產

前述在建明以前，明太祖已任命康茂才為營田使，專管督修水利。即位以後，更以水利為社會生產的根本。曾遣派國子生分行天下，督修水利，又命工部因全國各地地勢情況，計畫修建湖、堰、陂、塘。至洪武二十八年（西元一三九五年）統計，全國凡開塘堰四萬餘處，治理河流四千一百餘處，修陂渠、堤岸五千多處。一些年久失修的古老水利工程，如陝西的洪渠堰、四川的都江堰、廣西的靈渠、雲南的滇池等，都得到應有的淘挖和整治，重新發揮水利灌溉的效益。前輩明史專家孟森稱讚說：原來「天下舊有堰閘皆壞，河渠失修，旱潦之患動輒數千里為一災區。明祖於天下初定，全國大舉為之，建設之偉，無過於此」。

四、移徙豪強，抑制兼併勢力

明太祖對於豪強地主欺淩小民、武斷鄉曲，感受極深，稱帝後情不自已地採取一系列抑制打擊豪強的政策，如他曾籍沒蘇州、嘉興、松江、湖州等地富豪的土地，又鑒於富豪多聚族而居，形成了極大的在鄉勢力，於是將這些富豪成批地徙離本鄉，拔根而去，使之失去原有的基礎；又如徙江南富民於中都（安徽鳳陽），徙天下富民一萬四千餘戶於京師（南京）；又移山東、山西、江西富民於雲南，尤其是徙富可敵國的江南首富沈萬三於雲南。這種遷徙都是強制進行的，徙在京師、中都，既充實了這些地方的經濟，又便於控制；徙到雲南，既有利於邊地的開發，又可免去腹心地帶的矛盾尖銳。

早在洪武三年（西元一三七〇年），明太祖即有召見浙西富民之舉，告誡他們「循分守法」，不能「淩弱吞貧」，又下令禁止富戶以墾荒為名兼併土地。他還用嚴刑重法消滅怙惡不法的「奸頑豪富之家」，如在京師，抄殺豪民一百七十餘家。一時三吳大姓，或死或徙，浙江巨室故家，多以各種罪名傾其宗黨，使江、浙「富民豪族，剗削殆盡」。

五、嚴懲官吏貪污與屠戮約束功臣

明太祖親見元朝吏治敗壞，建明以後乃以嚴刑峻法整頓吏治。史載他奉法無私的典型事例特別感人。如愛將胡大海之子犯法當斬，而大海正出征在外，人們勸太祖勿誅大海子，以安大海之心。太祖說：「寧可使大海叛我，不可使我法不行」，表示了他按法辦事的決心，然後他親自手刃胡大海之子以行法。再是馬皇后所生的愛女安慶公主的駙馬歐陽倫，數犯茶禁，走私出境，又破壞馬政牟取暴利，太祖聞之，誅不逾時，還賞賜舉發此案的小吏。他對貪官污吏恨之入骨，懲治用法嚴酷，為千古罕見。如，他明確規定：地方管理民事之官，貪贓白銀六十兩，即斬首示眾。他以為官吏貪污之弊不革，欲成善政，不過是一句空話，對於情節嚴重的貪官，一經查出，剝皮實草做成標本，懸掛當地衙門的公座之旁，以為繼任者的鑒戒，知有所警惕，那剝皮實草的刑場，名之為「皮場廟」。洪武二十五年（西元一三九二年），又將處置貪官的要案編輯成《醒貪簡要錄》一冊，加以頒佈，強令官吏們閱讀，實欲千方百計告誡為官不可貪。明史專家吳晗就此說：「洪武一朝是歷史上封建政權對貪污進行鬥爭最激烈的時期，殺戮貪官污吏最多的時期。」明太祖做到了隨犯隨殺，嚴加懲處，雖然沒有使貪污絕跡，但嚴懲貪污總比任憑官吏貪欲橫流賄賂公行視而不見，要好得多。

至於明太祖大興胡惟庸、藍玉案，以屠戮約束功臣，如果換一個角度觀察，不難發現其中也有值得肯定的地方。功臣都是隨同明太祖打天下的人，其中大量出身貧苦，但亦有原是富足之戶，不論屬前屬後，他們隨著明朝的建立，因軍功得到土地和財物的賜予，上升成新權貴，無休止的經濟貪欲，使其中許多人早年即仗勢欺壓小民，破壞明朝的法紀。至正二十四年（西元一三六四年）明太祖告誡徐達、常遇春，要他們對自己的家奴加以約束，不可使家奴「恃勢驕恣，逾越禮法」，家奴是受主子驅使的，問題不在家奴，徐達是性恭謹處事慮精之人，都受到這種告誡，其他功臣決不比徐達更收斂，功臣們貪欲情況可想而知！

至洪武三年（西元一三七〇年），即出現功臣獲罪的情況眾多，罪名都是縱容童僕，倚勢冒法，淩暴鄉里。其實，從開始告誡徐達約束家奴起，就是在告誡功臣本人，只不過說法婉轉些！鑒於功臣們恃功犯法，屢誡不止的情況日益嚴重，明太祖特命工部造鐵榜，鑄上申誡條令，逐項規定處罰、處刑的法律，嚴重的還要處斬。然而立榜之後，涼國公藍玉仍蓄假子、莊奴數千，強佔東昌民田，百姓告狀，禦史審問，藍玉以亂棍驅走，又私買雲南鹽引破壞鹽法。營國公郭英恃功恃親私養惡奴，擅殺無辜。江夏侯周德興恃是太祖故人，營宅逾制，窮極奢華。德慶侯廖永忠器用僭用龍鳳。永嘉侯朱亮祖在嶺南尤貪婪殘暴，橫行不法。潁國公傅友德食祿三千石，其他賞賜亦厚，仍不斷乞請懷遠田千畝……總之，鐵榜條文抑止不了公侯的漫無止境的貪欲，為了穩定局面，明太祖不得不加大對新權貴打擊的力度，這也是胡惟庸、藍玉案產生並牽延蔓衍的原因之一，也就是皇家和功臣權、利分配的再規範，屠戮約束功臣很嚴酷，但並未濫及平民。

六、實行軍屯、商屯，減輕民間軍費負擔

明太祖在劉基的協助下實行軍衛法，按十人為小旗，五十人為總旗，一百零二人為百戶所，一千一百二十人為千戶所，五千六百人為衛，根據地勢的要害或駐千、百戶所，連郡則設衛，遍佈全國。衛、所士兵另有戶籍，世襲不改。又規定天下衛所兵員都要屯墾，大抵內地八分屯種，二分戍守，邊疆三七開，最要緊處屯守各半。每衛所都設管屯軍官，一軍受田五十畝為一分，給

耕牛農具，墾荒不徵，墾熟後畝徵一斗稱為屯田籽粒，用為軍糧。軍屯遍及全國，共八十九萬頃，相當全國墾田數十分之一強。這是採用古代寓兵於農的遺制，既不棄地利，又利用人力，使朝廷的養兵費用減少，人民的軍費負擔減輕。

在屯墾條件太差的邊疆，創開中之法，即招商人運糧至邊境，由官府付給專賣的鹽引，商人憑引至鹽產地兌鹽，進行自由買賣獲利，後來商人見邊境荒地多，於是雇人到邊地屯種，就近交糧以換鹽引，省去運費使鹽利更厚，這就是商屯。

七、其他利民的經濟和社會措施

獎勵種植經濟作物，主要是與衣著相關的桑、棉、麻及荒年可以充饑的柿、棗、栗等。建明以前曾下令規定：有田五至十畝的應種桑、棉、麻各半畝，不種桑的出絹一匹，不種棉、麻出布一匹，以示懲處。又規定地方官不督種的懲處。建明以後，更是三令五申種植經濟作物，具體規定：這是地方官考績的主要內容；凡按以上規定種植的免賦；違令不種的全家充軍；缺種子的官府供應；不懂種植方法的由戶部組織傳授。

為勸課農桑，規定每村設鼓一面，農時命有德老人擊鼓勸農，五更擂鼓，眾人聞鼓聲下田耕作，老人按冊點名，切實督耕不許遊惰，每月老人還應六次手持木鐸（鈴），在本村遊行宣講勸農務本的道理。

為勸農，洪武元年下詔不得徵田器稅，還買牛以濟缺耕畜的地方。又組織鄉村的居民為「社」，規定遇農忙時或農民有疾病，同社的人必須共同助病者耕耘，使土地不至荒蕪，疾病者可免饑饉。又告誡各官府使用民力在農閒，農忙時不可有工役興作。

在災荒之年除注意蠲免外，又規定賑濟和貸給災民米、布、鈔。後又在地方設預備倉貯糧米以濟荒歉，避免農戶流離失所。設惠民藥局給農戶醫藥，設養濟院收留孤貧。

放還奴婢為民，改善勞動者的地位。元代蒙古貴族帶進了蓄養奴隸的制度，使社會上實際存在數量很大的奴隸，其中許多在反元鬥爭中掙脫了奴隸鎖鏈。至此明太祖下詔，令昔日為奴的都放還為民，又申明庶民之家不許蓄奴，此規定以法律形式載入《大明律令》，故而明初奴隸數目大為減少，出現了大量自耕農。又規定限制僧、道數量，不准寺、觀勢力膨脹以免蠹財耗民，保證大量人手投入生產。

明太祖採取的七項政治經濟措施都是有利於社會生產恢復和發展的進步措施，由於這些措施才能產生「急速發展的前明經濟」，才有可能羅列和排比洪武年間墾田數位的逐年直線上升和稅糧收入的不斷增加、人口數目的不斷增殖、許多府縣的升格這社會繁榮的四大表現，也才有此後不久在中國封建經濟高度發展的基礎上所產生的資本主義萌芽。人們幾乎公認明太祖是個對社會生產的發展、社會的前進起了推動作用的值得肯定的歷史人物。

然而他也留下了不少的矛盾和困惑。

那就是貪婪的本能在明太祖身上惡性膨脹，使其所作所為充滿了矛盾，其中最根本的在於他把肥田沃土理所當然地留給自己的天潢貴冑、鳳子龍孫，並繼續賜給他的文武功臣。他誅戮了不少新權貴，但維護著產生新權貴的制度；他教育子女不忘祖輩的農家苦，但又實際上引導他們去做騎在農家頭上的「吸血鬼」！

他崇尚節儉、愛惜人才物力，提倡吃憶苦飯，但與之完全不能調和的，是他又重新把奴隸時代罪惡的人殉制度從歷史的垃圾堆中撿起來，甚至要求死後要用妃嬪生殉，南京明孝陵中生殉妃嬪就有四十餘位。她們賠上一條命，娘家就取得「太祖朝天女戶」的資格，可領到一些特殊的賦稅減免，父兄善於鑽營的還可得個一官半職。十三陵中的明成祖長陵有十六位生殉妃嬪，明仁宗的獻陵生殉從葬七位妃嬪，均有名有姓載在《明會典》中。這項生殉的做法經過成祖、仁宗、宣宗、景帝，一直到英宗的時代才廢除。

帝系如此，旁系的親王、郡王逝世也要人殉，明太祖不得不說是復活萬惡人殉制度的始作俑者。這在他一生的作為中雖不是主要的，但筆者不能不對此緘口不提，因為這亦是他一生中應重重抨擊的污點。

於玲　文

第十六章

清太宗　皇太極

盛夏的一天，漫無邊際的蒙古大草原驕陽似火。一支大軍正冒著酷熱圍獵。黃羊遍野，將士們個個躍馬彎弓，競相射殺黃羊。大軍的統帥儀錶堂堂，身材魁梧勇猛異常，只見他拉開強弓，「嗖」一聲射出一箭。箭出羊倒，一發即中。侍從們歡呼著跑過去取射中的黃羊。到跟前一看，他們不禁目瞪口呆：這一箭竟然貫穿兩隻黃羊！統帥頷首微笑，似乎對自己的這一箭感到滿意。

這位射藝精湛的統帥就是歷史上著名的清朝開國皇帝——清太宗皇太極，當時他還只是後金國的天聰汗。

智勇雙全，嗣登大位

西元一五九二年十一月二十八日，皇太極出生於費阿拉城（今遼寧省新賓縣永陵鄉）。他是努爾哈赤的第八個兒子，母親葉赫那拉氏當時備受努爾哈赤的寵愛。子以母貴，更何況皇太極天資聰睿，從小就懂得很多道理，因而極受努爾哈赤的疼愛，七歲時，父親就授權他主持一切家政。當時的努爾哈赤家族可謂龐大複雜，可小小年紀的皇太極事無巨細，竟能將如此一個繁雜紛亂的大家庭管理得有條不紊、秩序井然，儼然一個辦事幹練的成熟的政治家，深得努爾哈赤的讚賞。

皇太極降生的時候，東北正發生大亂，群雄並起，戰爭頻繁。西元一五八三年，努爾哈赤即以十三副鎧甲起兵，經過十年的艱苦奮鬥，統一了建州女真各部。接著，努爾哈赤馬不停蹄乘勝前進，不斷擴大成功之果。皇太極正是誕生在父親統一大業蒸蒸日上的時候。為了把皇太極培養成自己的一位得力幹將，努爾哈赤對他要求非常嚴格，從小時候起就帶著他出外打獵，教他騎馬射箭和行軍作戰。在父親的言傳身教之下，皇太極學會了一身好武藝，擅長騎射、步射，每射必中，從無虛發。長期的軍事鬥爭實踐更給他造就了一副健壯的體魄、剛毅的性格和頑強的意志。在東北，每到冬季氣候奇寒無比，官兵出行個個凍得發抖，而皇太極與平常一樣衣著單薄，戴著小窄帽，手不入袖，令部屬敬佩不已。西元一六三二年，皇太極率軍遠征察哈爾林丹汗，途中缺糧，就靠打獵捕食獸肉充饑。皇太極親率大軍圍獵，一人就射殺黃羊達五十八隻之多，足見其力氣之大，射藝之精。

不僅如此，皇太極還通曉文墨。據朝鮮史書記載，在努爾哈赤諸子和眾將中，只有皇太極識字。他愛好讀書，博覽群史，熟悉許多歷史典故，而且善於思考，富於謀略，是一個能文能武的難得人才。

青年時代的皇太極跟隨努爾哈赤馳騁疆場，飽經戰爭的磨煉，逐步顯示出傑出的軍事才能和非凡的聰明才智，在其父統一女真、征討明朝的戰爭中屢立戰功，到他即汗位前就已經嶄露頭角，威望顯赫。

西元一六一二年，皇太極跟隨父親參加討伐烏拉布占泰的戰鬥。此戰是他第一次參加的大規模行軍作戰。西元一六一八年，努爾哈赤下定決心征明，但對如何入邊還未考慮成熟。這時皇太極獻計，趁撫順遊擊李永芳大開馬市之際，派人扮作馬商潛入城中，然後率軍攻打撫順城，內外夾擊，必得撫順，從而打開入邊的一個缺口。努爾哈赤欣然贊同，依計而行，果然成功。

撫順城破，明朝舉國震動，趕忙調兵遣將，號稱四十七萬人的明軍鋪天蓋地般向後金國壓來，關係後金存亡的薩爾滸戰役發生了。是戰，明軍兵分四路直撲後金都城赫圖阿拉，採取的是分兵合擊的戰術；皇太極和父兄一起針鋒相對，採取合兵分擊的戰術，集中優勢兵力，各個擊破。皇太極自始至終參加了薩爾滸戰役。他率領精銳騎兵，轉戰三路，依靠騎兵野戰的優勢，一馬當先，突入明軍，先將其沖散，然後進行追殺，驍勇異常。明軍聞風喪膽，後金兵鋒所指斬敵無數。

皇太極不但十分勇武，而且多次施以計謀，誘敵上鉤，爾後置敵於死地。如在攻擊明劉軍時，皇太極派一個投降的明兵拿著另外一路明軍的統帥杜松的令箭到劉營前，故意激怒劉。劉有勇無謀，一上火更是昏了頭腦，他怕杜松搶頭功，急忙率軍加速前進。皇太極摸準了劉的為人，他事先率領一支騎兵拿著杜松的旗幟，在前方守候。待毫無防備的劉軍走到近前，八旗兵如排山倒海之勢突入其軍，於混亂之際一舉將其殲滅。劉亦力戰身亡。

薩爾滸一戰後金大獲全勝，皇太極立下了汗馬功勞。隨後，努爾哈赤同明朝在遼沈地區展開了激烈的爭奪，先後攻下了開原、鐵嶺、瀋陽、遼陽。皇太極是遼沈之戰的先鋒，英勇善戰，所部騎兵驍武兇悍，疾如閃電，攻擊力強，每戰總令明軍膽戰心寒。

後金軍奪取瀋陽後，明朝援軍急赴瀋陽，在渾河南岸與後金軍相遇。當時後金軍將領雅松看到明軍數量龐大，潮水般向自己湧來，嚇得轉馬就跑。明軍隨後放鳥槍緊追。皇太極聞訊，立刻上馬，率領所部精騎馳援。窮追不捨的明兵被突入其間的八旗鐵騎沖得七零八落、東逃西散。皇太極身先士卒，冒著槍林箭雨，勇往直前，直追殺明軍四十里外。皇太極渾河野戰奇跡般的勝利，贏得了父兄的備加賞識和將士們的由衷敬仰。事後努爾哈赤說：「我兒皇太極，父兄依賴他就像人的身體要依賴眼睛一樣。」

遼沈之戰使後金從明朝手裡奪取了富庶的遼河以東的全部地區。不久，後金遷都遼陽，後又遷都瀋陽。但是，後金並不滿足於已有成果。遼沈戰役之後，後金旌旗西向。皇太極和父兄一道繼續前進，征葉赫建奇功，馳援科爾沁，鏖戰廣寧城，縱橫遼西大地，節節勝利。直至寧遠受阻，努爾哈赤大懷忿恨之情而歸。

西元一六二六年，努爾哈赤去世。他生前沒有確定自己的繼承人，於是在諸兄弟子侄的擁戴下，皇太極登上了汗位寶座。

西元一六二六年十月二十日，皇太極即位，改明年為天聰元年。後金進入了一個新的發展階段。

銳意圖強，革舊布新

儘管經過父親幾十年的艱難創業，後金國已初具規模，為皇太極提供了廣闊的發展前景，但是皇太極即位之初面臨的形勢十分嚴峻，並不令人樂觀。

第一，民族矛盾尖銳。占遼沈地區絕大多數的漢族人民受到滿洲貴族殘酷的壓榨和奴役，尤其是努爾哈赤晚年奉行對漢人的屠殺政策，民族矛盾迅速激化。各個階層的漢人到處反抗，投毒、暗殺乃至武裝暴動蜂起。後金政權隨時都可能在漢人的反對聲中轟然崩塌。

第二，經濟蕭條。戰爭的蹂躪、屠殺政策的恐怖、奴隸制生產關係的落後，都使富庶的遼沈地區人丁大批死亡或逃離，田園荒廢，農業生產一塌糊塗；接踵而來的自然災難如雪上加霜，社會經濟千瘡百孔，瀕臨崩潰的邊緣。皇太極即位才半年就遇上了大饑荒，糧食奇缺，物價飛漲，甚至出現了人吃人的慘像。

第三，後金國東有朝鮮、西有蒙古、南有明朝，三大強鄰虎視眈眈，特別是明朝必欲先滅之而後快。後金處於三面環敵的不利的境地。

皇太極即位後，毅然實行改革，首要的一條是採取正確的對待漢人的政策。他認識到暴力解決不了問題，就採取了安撫、籠絡、收買漢人的手段。皇太極上諭強調安民乃治國之本，而安民則首重在安撫漢民。皇太極宣佈漢人和滿人一律平等，對待漢人不得存有任何民族偏見。針對漢人大量逃亡，皇太極規定從前漢宮漢民有打算潛逃，或與明朝勾結者，雖經告發也一概不論，只是日後不得重犯。皇太極頒佈許多法令，多方面改善漢人的政治、經濟狀況，提高他們的社會地位。

天聰初年，他派人丈量土地，把各地空餘的耕地歸公，劃給漢人耕種。又把原來每十三名男丁編為一莊，改為每八名男丁編為一莊，其餘漢人分屯別居，編為民戶，選擇清正的漢官管轄。並多次下令解放部分奴婢。經過皇太極和一些大臣的努力，漢人的基本利益得到了一定程度的保護，民族矛盾有所緩和。

對於漢族上層人物，皇太極十分重視，採取了異於努爾哈赤的政策。努爾哈赤晚年不重視漢官，滿洲貴族歧視漢官，甚至努爾哈赤曾下令凡讀書識字的紳士秀才統統殺掉。這激起了漢官的強烈不滿，有的身在後金心在明，有的還秘密與明朝勾勾搭搭。皇太極即位後認識到了漢官對後金政權鞏固、發展的重大作用，堅持優禮漢官，爭取他們對後金政權的支持與合作。對待范文程就是一個明顯的例子。

范文程是宋代范仲淹的後裔，滿腹經綸，足智多謀，努爾哈赤時期就已歸順後金，但一直得不到重用。皇太極即位後，把范文程安置到自己身邊，參與軍國大計，每逢議事必先與范文程商量。凡范文程起草的檔、奏疏，皇太極充分相信，多次不看即批准，並說范先生是不會有錯的。一次，皇太極請范文程吃飯。飯菜極為豐盛，擺的是異域珍味。范文程是個大孝子，他想到自己的父親還不曾享用過如此佳餚，因而遲遲不肯下筷。皇太極看出了范文程的心思，當即將這桌珍味撤下來，派人騎馬送到范家，賜給范文程的父親。范文程感動得淚如泉湧，發誓要竭盡犬馬之勞為皇太極效命。

對於明軍的降將，皇太極更是優厚有加，一律收留，並提供衣、食、奴僕、馬匹，配給妻室。對於明軍高級將領，皇太極視若至寶，待遇之厚、禮遇之優令人驚嘆。

明將祖大壽在西元一六三一年守大淩河城時即已投降後金，但是，當他被釋放去錦州策反後，卻一去不歸，又當上了明將，與清軍為敵，直至西元一六四一年錦州被圍糧盡援絕，才再度投降。皇太極等了他足足十年，但仍沒有多加責怪。皇太極說：「朕見人有過錯，就明說；從不計較別人對朕的舊惡。」皇太極不計舊惡，寬宏大度，令祖大壽及其部將感慨萬分，心悅誠服。

松山戰役後，清軍生擒明主將洪承疇。勸其降，洪承疇一口回絕，且大罵不止。皇太極毫不動怒，又命范文程勸降。洪承疇仍罵不絕口。但是，當房梁上有積塵落在襟袖上時，洪承疇幾次輕輕拂去。范文程把這個細節告訴了皇太極，說洪承疇如此愛惜衣服，更何況生命呢！於是皇太極親自去看望洪承疇，脫下自己身上的貂裘給他穿上，並輕聲說道：「先生不會感到冷吧？」洪承疇驚詫地望著皇太極，好半天才長嘆一聲，說：「真命世之主也。」這才叩頭請降。

皇太極即位後，所用心著力之處還在逐步推行政治改革，抑制滿洲權貴的權力，維護和鞏固自己的統治。在努爾哈赤統治時期，後金還未形成一套系統的行政機構，僅以八旗軍制行使國家職能，以八旗旗主共議國政，凡軍國大事由集體裁決，尤其是四大貝勒按月輪流執掌政務，權力極大。顯然，這與日益發展的君主專制是相悖的。皇太極當然不能容忍這種權力嚴重分散的狀況，於是決定採用漢法，實行政治改革，集中汗權。在此一過程中，漢官極力輔佐皇太極，發揮了重要的作用。

針對八旗旗主共議國政、權力過大的局面，皇太極在每旗各設一名總管大臣，參與國政，與諸貝勒並坐共議；此外，每旗還各設兩名佐管大臣，協助管理本旗事務。這八大臣、十六大臣都由皇太極親自任免，對皇太極負責，從而分割了八旗旗主的權力，打破了旗主對旗務的壟斷，將部分權力收歸汗。

皇太極十分重視學習漢族的政治經驗，參照《大明會典》，仿效明朝制度，設置國家各級機構。西元一六二九年，皇太極設文館，作為改革的諮詢機關。西元一六三六年，改文館為內三院，即內國史院、內秘書院、內弘文院，內三院設大學士、學士若干人，選用親信充任。大學士權力很大，直接參與機要，實已取代八旗旗主共議國政的體制。繼設文館後，皇太極又仿明制，於西元一六三一年設吏、戶、禮、兵、刑、工六部，每部以一名貝勒總理部務，其下設承政若干。六部雖由貝勒分掌，但他們必須對汗負責，他們與皇太極之間已由原先的並列關係轉為封建的君臣隸屬關係。不久。皇太極下令停止貝勒總理六部的權力，將貝勒置於國家機構之外，從而直接控制六部，達到獨立主持政務的目的。西元一六三六年，皇太極又設都察院，監督諸貝勒大臣的行動，隨時向皇太極彙報。西元一六三八年，設理藩院，負責管理蒙古事務，以後成為清朝統治少數民族的機構。

內三院、六部和都察院、理藩院合稱三院八衙門，這是皇太極仿明制建立的一整套比較完善的國家機構，它們逐步取代了原八旗旗主所行使的權力，加強了君權。

皇太極尤為關注的是抑制三大貝勒代善、阿敏、莽古爾泰的權力。皇太極能夠繼承汗位，是與諸兄弟子侄的擁戴分不開的，特別是三大貝勒擁戴最為有力，因此，皇太極即位後，對三大貝勒極為禮遇，繼續推行四大貝勒（另一人是皇太極）按月輪流執政的制度，上朝時與三大貝勒居南面共坐，儼然四個汗。在實力分配上，三大貝勒掌握著八旗中的四旗，遠遠超過皇太極掌握的兩旗。三大貝勒的強大勢力嚴重危及到皇太極的統治。皇太極開始採取有力措施，狠狠打擊三大貝勒勢力。西元一六二九年，皇太極以擔心三大貝勒操勞過度為由，削去他們按月輪流執政的權力。三大貝勒毫無理由拒絕皇太極這種「善意的關懷」，不得不稱「善」。

接下來，皇太極就向非努爾哈赤親子的阿敏開刀。阿敏早在擁立皇太極的時候，就曾要脅皇太極同意讓他出居外藩，自成一獨立王國。皇太極回絕了這一無理要求，對阿敏的厭惡劇增。西元一六二七年，後金第一次侵入朝鮮時，阿敏竟企圖佔據朝鮮，成為朝鮮實際上的統治者，結果陰謀失敗。皇太極因即位伊始，不好發作，但愈益感到有除掉阿敏的必要。西元一六二九年，皇太極伐明，先後攻克永平、遵化、灤州、遷安四城，派阿敏駐守。阿敏竟然坐受其他貝勒跪拜，儼如國君。後來明軍圍攻四城，阿敏驚慌失措，竟然下令屠城，然後倉惶逃離。皇太極大怒，一氣公佈了阿敏十六條罪狀，將其幽禁起來。不久，阿敏病死。

除掉阿敏後，皇太極把刀口轉向莽古爾泰。西元一六三一年，皇太極率大軍圍攻大淩河城。莽古爾泰因差遣人事問題與皇太極發生口角，竟然拔出佩刀五寸許，連連注視、撫摸，可見他不把皇太極放在心上。事後，莽古爾泰以酒後失態，叩頭請罪。皇太極餘怒未息，更不會放過這次打擊莽古爾泰的機會，乘機治罪於他，把他貶為一般貝勒。第二年，莽古爾泰暴死。

至此，三大貝勒只剩下大貝勒代善這股勢力。代善在擁立皇太極即位上功勞最大，戰功十分卓著，處事也比較穩重、謹慎，還主動放棄了與皇太極居南面並坐的地位，使皇太極南面獨尊。但是，皇太極仍不打算放過他，幾次嚴厲批評代善。西元一六三五年，代善設宴款待與皇太極關係不好的哈達公主，引起皇太極的強烈不滿。皇太極於是當著群臣面歷數代善的過失，大發雷霆，並聲稱另外推舉一人為汗，然後怒氣沖沖地回宮，杜門不出。諸貝勒大臣個個惶恐不安，他們一齊到朝門前跪請皇太極出朝聽政，保證大小事全由汗一人裁決。代善也受到了嚴重的處罰。經過這次打擊，代善一蹶不振，勢力一落千丈。

隨著威脅汗權的三大貝勒勢力的消除，皇太極獨立控制了八旗中的三旗，其他旗主再無力同他抗衡，至此皇太極的地位才得到真正的鞏固。

宏圖遠略，創建大清

皇太極不迷信軍事征討，更注意從政治上、策略上解決問題。他清醒而深刻地看到了局勢的嚴重性和軍事環境的危險所在，從而制定了和談與自固相結合，伴以軍事打擊的戰略方針。為此，皇太極首先向明朝高舉和談的旗幟。當時明朝遼東主將袁崇煥也急需時間來整頓邊防，修城築池，因而需要同後金達成某種妥協。於是，在皇太極送出和平的橄欖枝時，袁崇煥應手接過，雙方一拍即合，開始了漫長而毫無誠意的和談。為麻痹明朝，皇太極多次給袁崇煥去信，提出媾和條件。西元一六二九年，皇太極在信中甚至不書天聰年號，只寫己巳年，表示尊奉明朝正朔。他還要求朝鮮出面，從中穿針插線，並且幾次向明廷上書，向明稱臣。

在當時，「和」是有利於後金，不利於明朝的。明朝上下一致反對議和，怕重蹈宋金議和的覆轍。袁崇煥也不敢把皇太極的信件轉交崇禎帝。議和毫無誠意，其背後則是緊張的軍備活動和武力對峙。皇太極更借和談之機，發動了對朝鮮的侵略。

朝鮮位於遼寧省的東南面，歷來和中國十分友好。明朝建立後，中朝關係得到了進一步的發展，特別是西元一五九二年，中朝聯合作戰，擊退了日本對朝鮮的侵略。從此，朝鮮更加親近明朝。滿族勃興後，同明朝處於敵對狀態，夾在其間的朝鮮成了雙方爭取的對象。明朝意在聯絡朝鮮，夾擊後金；後金則企圖割斷朝鮮與明朝的關係，使之臣服於己，以除征明的後顧之憂。於是，後金千方百計拉攏朝鮮，企圖離間朝鮮與明朝的關係。但是，朝鮮並不買帳，依舊同明朝合作。薩爾滸之戰時，朝鮮還曾派兵一萬助明。之後，朝鮮允許明軍駐紮在其領土上，威脅、牽制後金。朝鮮成了明朝插進後金喉嚨裡的一根尖骨，皇太極必欲先拔之而後快。

西元一六二七年，即皇太極即位的第二年，皇太極乘朝鮮內亂，派阿敏等人率領三萬八旗軍入侵朝鮮，目的在於懲罰朝鮮，切斷朝鮮與明朝的聯繫，並伺機殲滅駐紮在朝鮮皮島的毛文龍部明軍。大軍侵朝，瀋陽城兵力單薄，為防明軍乘虛攻擊，皇太極率軍沿遼河紮營，虛張聲勢，果使明軍不敢輕舉妄動。

後金軍不宣而戰，突襲朝鮮。朝鮮毫無防備，倉促應戰，節節敗退。後金軍勢如破竹，不到半個月就佔領了大半個朝鮮。朝鮮國王李倧避居江華島，被迫求和。由於當時後金與明朝關係緊張，皇太極決定允和。於是，朝鮮與後金訂立盟約，結為兄弟之邦。皇太極用武力壓服了朝鮮。

其實，朝鮮並沒有真正屈服，堅持明為君、金為兄的外交原則，仍然允許明軍駐紮，並給予資助，也未按盟約規定數額向後金納貢。西元一六三六年，皇太極稱帝。朝鮮卻拒不承認皇太極的皇帝名號。皇太極遂決定第二次入侵朝鮮，親率十萬大軍再度跨過了鴨綠江。朝鮮雖有所戒備，但根本不是清軍的對手，很快國土大批淪喪。第二年，清軍圍攻朝鮮京城，朝鮮國王李倧四處逃竄，後不得不投降。兩國簽訂城下之盟，建立君臣關係，朝鮮斷絕同明朝的一切聯繫。

西元一六二七年，還是在後金第一次侵略朝鮮的戰爭剛剛結束，皇太極聽聞明軍在加緊修築錦州、大淩河、小淩河諸城，就立刻揮師西向，親率大軍直撲寧遠、錦州。一路上，後金軍掃除了明軍正在修築的幾座城池。不多久就兵臨錦州城下。

皇太極此次進攻寧、錦，期在必克，以張國威，並且報努爾哈赤兵敗寧遠之仇。怎奈錦州城十分堅固，守將趙率教拒不出戰，以大炮、箭石拼死守城，後金軍嚴重失利。鑒於此，皇太極率軍轉而攻打寧遠。寧遠主將正是去年挫敗努爾哈赤兵犯寧遠的袁崇煥，他依靠城牆堅固，放射紅衣大炮，後金軍一片片地倒下。皇太極不甘心再敗於袁崇煥手下，親率侍衛及諸貝勒衝擊，結果還是兵敗如山倒。這場戰鬥直打至第二天，後金蒙受重大的損失。皇太極與其父一樣，大懷忿恨之情，不得不恨恨而歸。此役就是後來明人大肆宣揚的「甯錦大捷」。

後金兩次兵敗寧遠，重要的原因是袁崇煥的一套堅城加大炮的戰術，使八旗兵喪失野戰的優勢。皇太極回到瀋陽，認真反思，吸取失利的教訓，及時調整戰術。針對明軍的堅城大炮，他決定依靠八旗騎兵的快速突擊，繞過堅固的軍事據地進行長距離的破襲戰，出人意外地出現在明朝中心地區，大肆破壞、騷擾、掠奪，動搖人心。如果非奪取城池不可，就不能像以前一樣採取強攻，而要轉為長時期的圍困，把主要兵力用於打擊援兵，從而使被圍城池糧盡援絕，不得不投降或內應獻城。皇太極後來與明朝的一系列戰爭基本上以這兩種戰術為指導思想，十分奏效。

從甯、錦前線回到瀋陽後，有人向皇太極報告明軍毛文龍部多次騷擾後金。皇太極聞訊，深知自己碰到了兩個勁敵——袁崇煥和毛文龍。

袁崇煥是位很有謀略和膽識的明將，對付後金頗有方法，先後兩次挫敗後金對寧遠的進攻，從而挽回了明朝在遼西的危局，從而被明朝統治集團視為頂樑柱。毛文龍是明朝駐遼東的一員武將，後逃至朝鮮皮島，募得精兵數萬，其中包括近百名敢死之士。毛文龍部駐於朝鮮皮島，從後方牽制後金，多次騷擾、襲擊後金軍民。後金軍因不習海戰，對其無可奈何。此二人一個在前，一個在後，在戰場上又都難以擊殺，看來得用妙計方可解決問題。

皇太極曾幾次誘降毛文龍，儘管遭到拒絕，皇太極仍多方活動。寧錦之戰後，皇太極加緊對毛的誘降，去信頻繁，給袁崇煥造成毛極有可能降金的假像。另外，袁崇煥為爭取時間整修邊防，急欲和談。皇太極乘機提出為防止毛文龍破壞，先殺之；還允諾毛文龍一死，議和必成。袁崇煥相信了，乃借出巡之機捕殺毛文龍。毛文龍一死，其部頓散，不少將領如孔有德、尚可喜降金。堅持多年的一個抗金根據地不復存在了。

毛文龍死後，後金少了後顧之憂。皇太極決定來個調虎離山之計，把袁崇煥引入北京，借明廷之手殺之。皇太極於西元一六二九年親率十萬八旗精騎繞過了堅固的寧錦防線，繞道內蒙古，從喜峰口突入塞內。明朝軍民一覺醒來，猛地發現後金軍如天兵天將般突然降落在家門口，不禁驚慌失措。後金軍長驅直入，連下數城，兵鋒直指北京城。明朝上下亂作一團，崇禎帝急調袁崇煥。

袁崇煥自寧遠馳援京師。他晝夜兼程，竟然搶到皇太極的前面。皇太極對袁軍的神速驚嘆不已，但他胸有成竹，早有打算。此後的幾天裡，皇太極率軍避開袁崇煥，在京師四周騷擾。袁崇煥尾追不舍，但他深知後金騎兵的厲害，沒有與之激戰，而是等待機會，出奇兵攻擊後金軍。

但是，皇太極不會等，崇禎帝也等不及了。皇太極命人放出風聲，揚言袁崇煥早與皇太極有密約，此次行動是袁崇煥引後金軍入關以奪取大明天下。崇禎帝將信將疑。幾天後，皇太極在德勝門外與明援軍展開激戰。袁崇煥屯兵廣渠門，皇太極命人率軍攻打廣渠門，未戰多久竟自動撤兵，轉攻其他地方。崇禎帝疑慮加深了。

這時，後金軍俘獲明朝兩個太監。皇太極欣喜，忙授意看守太監的將士故意在太監身邊耳語，說袁崇煥早降皇太極，此次撤兵是汗的計策等等，為一楊姓太監聽到。第二天，皇太極特意放跑楊太監。楊太監回到北京，將所聽以重大軍情報告給了崇禎帝。早已動疑的崇禎帝信之，立殺袁崇煥。皇太極聞訊，驚喜若狂，下令軍隊圍攻北京城，擊殺明驍將滿桂。爾後連下永平、遵化、灤州、遷安四城，留兵駐守，自己率軍回歸瀋陽。

此後，皇太極又先後於西元一六三四年、一六三六年、一六三八年、一六四二年四次派出大軍在山海關以外的薄弱關口破關而入，大肆破壞，飽掠一通，「殘毀」明境，削弱明朝實力。明朝人人驚恐，明軍更是聞風喪膽，不敢與八旗兵交鋒。

經過這些軍事打擊，明朝元氣大傷，一時難以恢復。皇太極乘隙把目光轉向了西鄰蒙古，加緊了解決蒙古問題的步驟。

明朝末期，蒙古分為漠南、漠北和漠西三部，各部均處於分裂狀態。察哈爾是漠南蒙古的一部，其首領林丹汗兵強馬壯，自稱蒙古大汗，勢力一度非常強大。明朝為了抵禦崛起的後金，支持、資助林丹汗，鼓動林丹汗同後金抗衡。林丹汗傲慢驕橫，不把後金放在眼裡。皇太極即位後，已經意識到林丹汗是後金在蒙古方向的障礙，早就積極準備征服察哈爾部。

皇太極利用林丹汗暴虐異常、四處侵擾而引起周圍部落的不滿，以豐厚的恩惠為誘餌，吹出合作共同抗擊林丹汗之風，得到了許多部落的回應。飽經察哈爾部侵淩的蒙古各部紛紛轉頭東向，倒向皇太極的懷抱。皇太極先後招撫了科爾沁、翁牛特等多部，建立起以自己為盟主、針對林丹汗的軍事政治同盟。隨後，皇太極開始用武力征服察哈爾。

西元一六二八年，皇太極曾率精騎突襲林丹汗，大挫其銳氣。西元一六三二年，皇太極率大軍遠征察哈爾，直搗林丹汗巢穴。大軍萬里疾馳，縱橫於茫茫的蒙古大草原。林丹汗如驚弓之鳥，倉惶西逃。皇太極窮追不捨，直趕四十餘日，才班師回朝。林丹汗逃至青海大草灘，病死。察哈爾部分崩離析，自此不振。皇太極聞訊，及時把對蒙古政策從征討變為招撫，於西元一六三五年派多爾袞、嶽托率一萬大軍前往招撫林丹汗餘部，收降了林丹汗正妃及兒子額哲。察哈爾部滅亡。

察哈爾部滅亡後，漠南蒙古各部紛紛歸附後金，尊奉皇太極為可汗。漠南蒙古統一了。其後幾年，皇太極又統一了漠北蒙古。

在征服察哈爾的過程中，皇太極獲得了一個意外的寶物，就是元朝傳國玉璽。這在皇太極看來，「天命」歸金，是上天允許他做天下命世之君。滿、漢、蒙各大臣紛紛上表祝賀，並祈願皇太極稱帝。皇太極「推辭再三」，方裝出順天應人的樣子，即皇帝寶座。

西元一六三六年五月十四日，皇太極在瀋陽稱帝，受「寬溫仁聖皇帝」的尊號，改元崇德，定國號為大清。皇太極是清朝名副其實的開國皇帝。

決戰松錦，壯志未酬

皇太極稱帝後，清朝的內外形勢發生了重大的變化。內部社會穩定，經濟發展，政權日臻完善；外部由於統一了蒙古，征服了朝鮮，已無後顧之憂，剩下的敵人就只有明朝了。到了這個時候，皇太極終於可以全力對付明朝了。

錦州是明朝設置在遼西的一大軍事重鎮，扼守著山海關，戰略地位十分重要。錦州城之外，有松山、杏山、塔山三城環衛，更遠處有重鎮寧遠，為錦州的堅強後盾。在皇太極看來，欲占北京、得中原，首先就得攻下山海關；欲下山海關，首先又必須攻取錦州地區。這是十分正確的。因為對偏隅東北的清朝而言，山海關是北京的屏障，錦州又是山海關的門戶。以前，皇太極曾數次入關侵擾，卻不敢長期駐留內地，除了清軍所到之處人民群眾紛紛反抗外，重要原因就是明軍擁有山海關，仍然控制著寧錦防線，隨時都可能切斷清軍的後路。在明、清決戰迫在眉睫之時，寧、錦一帶氣氛格外緊張。

終於，一場規模巨大，關係明、清存亡的戰略性大決戰在松（山）錦（州）拉開了序幕。

西元一六四〇年，皇太極命濟爾哈朗、多鐸率軍修築義州城，駐軍屯田，出動輕騎騷擾，逼迫明軍不能在山海關外寧、錦地方耕種。隨之，清軍由遠而近，逐步向錦州逼近。不久，清軍兵臨錦州城下，從而正式拉響了松錦決戰的號炮。

當時的錦州主將是十年前就已經投降後金的祖大壽，但此時他仍在為明朝效力，奮力抗擊清軍。祖大壽原是袁崇煥的部將，他沿用袁崇煥的堅城加大炮的戰術，憑藉錦州城的堅固，用大炮猛烈轟擊清軍，以守為主，不肯輕易出城迎戰。清軍在堅城大炮面前再度一籌莫展，幾次強攻都嚴重失利，損失慘重。皇太極命令清軍堅持長久的圍困戰術，搶收錦州周圍的糧食，並沿錦州四周各立八營，挖一條深深的長壕，如鐵桶般將錦州嚴密地封鎖包圍起來。西元一六四一年，錦州城的蒙古兵叛變，配合清軍攻佔了錦州外城。皇太極也調來多門紅衣大炮，向錦州城猛轟。錦州城危在旦夕。

祖大壽向明廷告急。明朝深知錦州安危關係重大，急忙派洪承疇率領近二十萬明軍馳援錦州。洪承疇久經戰陣，很有軍事經驗，他吸取了薩爾滸戰役中明軍分兵合擊而全軍覆沒的教訓，集中兵力，採取穩打穩紮的戰術，步步為營，以守為戰，逐步推進。清軍在此套戰術下面十分被動，再度嚴重受挫，損失慘重，主將多爾袞幾乎為明軍炮火擊斃。

告急書飛赴瀋陽。皇太極深知問題的嚴重性，親率大軍直奔錦州前線。晝夜兼程，行軍過急，引起他鼻血不止，但仍馬不停蹄。六天之後，皇太極到達松山附近的戚家堡，立即召集諸將研究敵情，商討破敵之策。

恰在此時，明軍戰術又發生了變化。崇禎帝在一些大臣的起哄下，下密詔命令洪承疇速戰速決，兵部尚書陳新甲更是一再督促迅速進軍。洪承疇知道與清軍對陣不可急躁，深忌速戰，但在朝廷的一而再再而三的催促下，不得不把糧草囤在杏山與塔山之間的筆架山上，自己率軍開路迅猛前進，至松山環形佈陣，與清軍對峙。皇太極聞聽，大喜，忙命精兵猛攻筆架山，擊敗塔山護糧明軍，盡奪明軍糧草。糧草一失，明軍頓時軍心大亂，形勢急轉直下。洪承疇乃決定突圍，把軍隊撤往松山。誰知皇太極早料此著，派重兵設伏。明軍半途遭清軍攔截，陣容大亂，兵將急相逃竄，最終全軍覆沒。

至此，明援軍還剩下洪承疇殘兵敗將一萬餘人，困守於松山城。皇太極率軍緊緊包圍松山城，亦沿城四周挖深壕困之。一六四二年，明軍副將夏承德降清，引清軍入城，活捉洪承疇。明朝救援錦州的二十萬大軍就這樣覆滅了。

被圍困達兩年之久的錦州早已筋疲力盡、糧盡援絕，聞聽松山失陷，待援無望，明軍軍心立即瓦解。祖大壽不得不再次獻城投降。繼錦州落入清軍手中，塔山、杏山亦相繼為清軍攻克。這樣，關外四城全部落入清軍手中，清朝取得了松錦決戰的完全勝利。

松錦決戰明軍遭受與金（清）對戰以來最慘重的失敗，精兵損失殆盡，錦州地區盡數落入清朝掌握之中，山海關毫無遮罩，完全暴露在清軍面前。清軍鐵騎入關、奪取明朝天下，已為期不遠了。

皇太極信心十足，雄心勃勃，積極準備興師直取北京、入主中原。然而天不由人。在松錦決戰之後，病魔就殘酷地折磨著他。西元一六四三年九月二十一日，他終於病逝於瀋陽，享年五十二歲。一個多月後，葬於瀋陽昭陵。清朝臣民根據他生前的文治武功，尊謚為「應天興國弘德彰武寬溫仁聖睿孝文皇帝」，廟號太宗。

作為東北的一個少數民族——滿族的最高統治者，皇太極率領八旗勁旅，席捲東北，橫掃明朝京畿地區，縱橫馳騁於遼闊的北中國，使滿族一躍而為統治民族而君臨天下；作為中國歷史上最後一個封建王朝——清朝的開國皇帝，皇太極銳意改革，勵精圖治，創建了國家政治制度，發展了社會經濟，宏圖遠略，使清朝最終由一個地方政權而成為取代明朝的中央政權。他文武雙全，有勇有謀，十戰九勝，是個能征慣戰的軍事家；他雄才偉略，治國有方，高屋建瓴，是個非凡超群的政治家。

黃珍德　文

國朝興亡史——開國

作　　者　趙國華、韓敏

發 行 人　林敬彬
主　　編　楊安瑜
編　　輯　吳培禎、李睿薇
封面設計　蔡致傑
編輯協力　陳于雯、高家宏

出　　版　大旗出版社
發　　行　大都會文化事業有限公司
11051 台北市信義區基隆路一段 432 號 4 樓之 9
讀者服務專線：（02）27235216
讀者服務傳真：（02）27235220
電子郵件信箱：metro@ms21.hinet.net
網　　　　址：www.metrobook.com.tw

郵政劃撥　14050529 大都會文化事業有限公司
出版日期　2022 年 01 月初版一刷
定　　價　450 元
I S B N　978-986-06020-4-3
書　　號　History-143

Metropolitan Culture Enterprise Co., Ltd.
4F-9, Double Hero Bldg., 432, Keelung Rd., Sec. 1,Taipei 11051, Taiwan
Tel:+886-2-2723-5216　Fax:+886-2-2723-5220
E-mail:metro@ms21.hinet.net
Web-site:www.metrobook.com.tw

◎本書由華中科技大學出版社授權繁體字版之出版發行。
◎本書如有缺頁、破損、裝訂錯誤，請寄回本公司更換。

國家圖書館出版品預行編目（CIP）資料

國朝興亡史：開國 / 趙國華、韓敏　著 . -- 初版 -- 臺北市：大旗出版：大都會文化發行 ,2022.01；352 面；17×23 公分 . -- (History-143)
ISBN 978-986-06020-4-3(平裝)

1. 帝王 2. 傳記 3. 中國

782.27　　　　110009456